中国文化元典关键词研究丛书

李建中 主编

兵家元典关键词研究

赵国华 著

人民出版社

总序　元典关键词的原创意蕴与现代价值

中华元典[①]是中国传统文化最早的宝库，中华元典关键词[②]则是宝库中的无价之宝。元典的创制者用"关键词"昭示他们对宇宙、社会和人生的观察与思考，元典的阐释者借"关键词"赓续、传承、阐扬、新变中国文化。中华元典关键词是中国人的名号与实质，是中国人之所以为中国人的文化依据，是轴心期[③]中国文化生生不息、亘古亘今的语义根源。后轴心期历朝历代的文化，常常以"关键词"之重释的方式回到文化元典：如西汉董学之重释"天人"、魏晋玄学之重释"三玄"、唐代韩柳之重释"道"、宋代程朱之重释"理"、明代王学之重释"心"……作为21世纪的中国学者，我们既要站在现代文明和思想的理论高度，

---

① "元典"一词的创制者冯天瑜将五经以及《论语》《墨子》《孟子》《老子》《庄子》《荀子》等先秦书认定为"中华元典"，冯著《中华元典精神》（上海人民出版社1994年版）对"中华元典"的创制、发展以及近代转换作出了具有原创性和开拓性的论述。

② "关键词"乃一比喻性所指，喻指核心的、重要的术语、概念、范畴和命题。这个意义上的"关键词研究"几乎与中华元典同时诞生。

③ 德国哲学家卡尔·雅斯贝尔斯《智慧之路》（柯锦华等译，中国国际广播出版社1988年版）第九章"人的历史"指出，以公元前500年为中心，约在前800年至前200年之间，人类精神的基础，同时独立地奠定于中国、印度、波斯、巴勒斯坦和希腊。正是在那个时期，才形成今天我们与之共同生活的这个"人"，发生于那个时期的精神历程构成了一个轴心，故可称之为"轴心时期"。雅斯贝尔斯所说的"轴心时期"在中国正好是春秋（前770—前476）和战国（前475—前221）时期。

又要面对现代社会错综复杂的文化问题，以“关键词”的方式返回文化元典，整体系统、深刻辩证地重新阐释中华元典关键词，重新揭示中华元典关键词的原创意蕴和现代价值。

中华元典关键词，以“词根”的方式沉潜，以“坐标”的方式呈现，以“转义”的方式再生，既是轴心期华夏文明生生不息的语义学根源，亦为中外文化和而不同的话语前提。因而，欲楬櫫元典关键词的原创意蕴及现代价值，须从词根性、坐标性和转义性之考察开始。元典关键词之语义考察，一是以五经以及儒墨道法兵诸家文化元典为文本依据，诠释中华元典关键词的词根性（关键词的文化源起与辞源学释义）；二是以历史时空为经纬，厘定中华元典关键词的坐标性（关键词如何标识不同时代的文化观念，如何贯通不同时代的文化命脉）；三是以世界为视域，诠解中华元典关键词的转义性（关键词的赓续、新创以及语义再生等）。这种“原生—沿生—再生”的语义考察，可为推进中华元典研究提供新的观念、方法和入思路径。

一

有一部名为《我的盛大希腊婚礼》的美国影片，讲述希腊侨民在美国的生活，其中一位希腊父亲逢人便说：你给我一个单词，英语、法语、德语、西班牙语都可以，我告诉你这个单词的希腊语词根。这段不乏喜剧意味的台词，道出一个不争的文化史事实：轴心时期的古希腊文明是西方文化的根柢之所在。从词源学的特定层面而论，西语的词根在古希腊，汉语的词根在先秦。中国文化关键词的“词根”深深地扎在先秦元典之中，如《周易》的“文”与“象”、《老子》的“道”与“德”、《庄子》的“言”与“意”、《礼记》的“乐”与“和”等等。这些单音节的词，在其所表述的特定领域之中，是最早的（本源），也是最根本的（本原），故可称为“元关键词”。凡与它相关的术语、范畴和命题，都以它为词根或者说从它的根基上生长出来。因此，就其“元生性”而言，它们既是先秦文化的关键词，又从源头上构成中华文化关键词的词根。

“人文之元，肇自太极，幽赞神明，《易》象惟先”①，作为中国历史上最负盛名的文学理论家，刘勰的文学理论书写，是从追溯“文”的词根性开始的。“文”，既是《文心雕龙》最大的关键词，又是《文心雕龙》五十篇所有带“文”的术语、概念、范畴和命题的词根：诸如人文、天文、文明、文化、文德、文心，又如文章、文体、文象、文采、文风、文骨等等。刘勰之论“文”，可归纳为两大内涵：一是文之道，二是文之体。若置换为当今文学基本原理的关键词，则前者相当于文学的本源和本质，后者相当于文学的内容和形式。而这两大义项的“文”，其词根性都在先秦元典即五经和诸子之中。

《文心雕龙》追原文之“道”，从天地的“玄黄色杂，方圆体分”讲起，“天玄地黄”出自《周易》坤卦上六的爻辞及《文言》，“天圆地方”出自《大戴礼记·曾子天圆篇》。刘勰接着讲，天以日月“垂丽天之象”，地以山川“铺理地之形”：前者出自《周易》离卦的《彖传》，后者出自《周易》的《系辞上》。刘勰由天地而“傍及万品”，自然界的万事万物都有自己的颜色和形体，所谓“动植皆文”，人为五行之秀、天地之心，岂能无文？而“天地之心”、“五行之秀”又出自《礼记·礼运篇》。人以自己的言辞来彰显道，正如天地万物以自己的色杂、体分来彰显道，这也就是文之“道”，或曰文学之本原和本质。刘勰从天地之“文”讲到人之“文”，无一处无来历，这“来历”便是包括《周易》和《礼记》在内的先秦元典。

① 范文澜：《文心雕龙注》上册，人民文学出版社 1958 年版，第 2 页。

就词根性而言，“文”还有更远的“来历”。《文心雕龙·原道》篇为追寻“文”之本，为揭示“文”之道，以“人文之元”为中心，论及三类“文”：第一类可称之为“人为之文”，准确地说，是处于人类文明滥觞期的人文创制，如八卦、九畴。第二类可称之为“神赐之文”，如河图、洛书。刘勰讲“河图孕乎八卦，洛书韫乎九畴”，可见人为之文是神赐之文所孕育的，或者说人之为文须“取象乎河洛”。第三类是前面谈到的天地自然之文，如日月叠壁、山川焕绮，如龙凤呈瑞、虎豹凝姿，如云霞雕色、草木贲华，如林籁结响、泉石激韵……关于这一类“文”，刘勰谈得最多也最有诗意，因为天地自然之文不仅是人之为文“远取诸物”的对象，亦为刘勰揭示文之道的立论依据。三大类别的“文”，各有其形色，各有其声貌，各有其质地，各有其涵泳，而它们共有的也是最为基本的特征是，因其有形色而能被感知。这一共同特征从何而来？原其词根，来源于“文”之甲骨文释义：人之文身，或曰文身之文。

甲骨文的“文”，从武丁时期到帝辛时期，均有“文身”之义：“象正立之人形，胸部有刻画之纹饰，故以文身之纹为文。”[①]《礼记·王制》有“被发文身”，许慎《说文解字》有“文，错画也，象交文”，而甲骨文“文”字形胸前的纹身即为“交文”“错画”。细读甲骨文的“文”，至少可见出三个层面的词根性。人类最早的“文”不仅是人为的，而且是描画于人的身体之上的，“人”与“文”整然一体，不可分离。此其一；“文”是人类最早的“刻画之纹饰”，或者说是远古人类所创造的文化的艺术的文本。此其二；作为人类最早的文化艺术创造，“文”的主要特征是可睹可观、可感可知，是人类感知觉的对象。此其三。而最后一点，正是“文”的基本特征。前文所说的“文”之三大类，人为之文、

① 徐中舒主编：《甲骨文字典》，四川辞书出版社2006年版，第996页。

神赐之文和天地自然之文，其中神赐之文还可以说是人为的，因为神或神文归根结底还是人的创造；而天地自然之文则与人为之文完全无关。因此，这三类“文”，只有在第三个层面（可观可感）才是完全相通或相同的：天地自然之文的“垂象”和“铺形”自不待言，神赐之文是“龙图献体，龟书呈貌”，这两大类文的“象”“形”“体”“貌”，与人为之文的“交文”“错画”，其最初的源头在甲骨文“文”字的“以文身之纹为文”之中。

如果说，“文之道”是指人类以自己所创造的“文”来言说或呈现“道”；那么“文之体”则是这种言说或呈现的文本化。前者揭示文学的本源和本质，后者表述文学的内容和形式，二者都是以“文”为词根，其词根性有着共通之处。刘勰论“文之体”与他论“文之道”一样，也是无一处无来历，而最初的来历依然是先秦元典。《原道》篇“龙图献体”，事本《周易》。《征圣》篇“明理以立体”，取象《周易》“夬”“离”二卦；又“辞尚体要”，语出《尚书·毕命》；又“政化贵文”“事迹贵文”“修身贵文”云云，实谓不同内容不同种类的文体，以“贵文”为共同特征。《宗经》篇“文能宗经，体有六义”，不仅尊五经为后世文学“大体”（或曰“体制”）之楷模或圭臬，更是视五经为后世文学体裁（或曰“体类”）之本根和源起。《序志》篇重提“《周书》论辞，贵乎体要”，又感叹“去圣久远，文体解散”，这是站在先秦五经的立场，评骘后世文学之弊端。

在“文之体”的特定层面而论，“文”之词根性依然可以追溯至甲骨文“文”字形的“文身之纹”和“刻画之纹饰”。刘勰《文心雕龙·序志》篇，开篇解诠书名中的“雕龙”一语，称“古来文章，雕缛成体”，这里的“古来文章”，既包括先秦诸子，如孔子的“文以足言”，《老子》的“五千精妙”，《庄子》的“辩雕万物”；亦包括五经，所谓“五经之含文也”，所谓“圣贤书辞，总称‘文章’，非采而何”。非雕缛何能成体？无纹饰何能称文？所以《征圣》篇赞美圣人的“文体”是“含章之玉牒，秉文之金科”，而后人著文习体，“征之周孔，则文有师矣”。

《序志》篇开篇推崇“雕缛成体”，与后章批评“饰羽尚画，文绣鞶帨”，看似相悖，实则相关。黄侃《文心雕龙札记》论及二者的关系时说：“此与后章‘文绣鞶帨，离本弥甚’之说，似有差违，实则彦和之意，以为文章本贵修饰，特去甚去泰耳。全书皆此旨。”[①] 在黄侃先生看来，“本贵修饰”与“去甚去泰”共同构成《文心雕龙》全书大旨；而就“文”这个关键词而言，二者均为其词根义之所在。“文章本贵修饰”自然是“文”的词根义，故“文”又可写作“纹”或“彣”；而文之修饰须“去甚去泰”，须恰到好处，也就是《尚书·毕命》说的“辞尚体要”，同样是“文”的词根义。我们看甲骨文的“文”字，那位正立之人，其胸前的纹身简洁明了，可谓“体要成辞（文）”。没有刻画之纹饰，不能称之为“文”；而多余的或过分的纹饰如文绣鞶帨如饰羽尚画，则背离了“文”之本旨：对“道”的言说和呈现。正是因为过度的文饰会遮蔽文对道的言说，刘勰才特别强调体要。

“文”的原型是“人”，所谓“象正立之人形”；“体”则是“人”本身，人的身体之总称。《说文·骨部》有“体，总十二属也”，段玉裁注称“十二属”为人体“首、身、手、足”所属的十二个部位。[②] 在人体的特定部位纹饰刻画便成了“文”，因而“体”是“文”的载体，“文”是“体”的文化的艺术的呈现，是人类最早创造出来的有生命有人格有灵魂有美感的“文体”。这种生命化人格化的“文之体”，在《文心雕龙》中时时可见。《谐隐》篇有“体目文字”，周振甫《文心雕龙今译》释“体目”为“人身主要部分”[③]。《俪辞》篇有“造化赋形，支体必双”，“体植必双，辞动有配”，用人体四肢的对称之美喻指文学的对句艺术即俪辞

① 黄侃：《文心雕龙札记》，华东师范大学出版社 1996 年版，第 276 页。

② 参见（清）段玉裁：《说文解字注》，上海古籍出版社 1981 年版，第 166 页。

③ 周振甫：《文心雕龙今译》，中华书局 1986 年版，第 136 页。

之美。《附会》篇有“才量学文，宜正体制：必以情志为神明，事义为骨髓，辞采为肌肤，宫商为声气”，将人体各部位与文体各部位一一相配。《时序》篇有“体貌英俊”，“体貌”用作动词，“谓加礼容而敬之”①，礼敬殷勤之面容，亦与人体相关。“文之体”，实乃“体之文”也。只有真正把握到“文”的词根性，方能明辨“文之体”，方能揭示“文之道”。

二

《诗经·大雅·文王》有“周虽旧邦，其命维新”，“旧邦”代表文化传统，“新命”则指新的文化使命或传统文化的新发展。轴心期时代最有代表性的几种文化类型，如古希腊、古罗马、巴比伦、埃及、印度等，有旧邦而无新命；而后轴心期时代的文化强国，如美国，如欧洲的一些国家，有新命而无旧邦，至少是没有像西周那样古老的旧邦。轴心期各国文化，诚如冯友兰先生所言，“惟我国家，亘古亘今，亦新亦旧”②。而中国传统文化的赓续、传承和新变，与元典关键词之词根性的生长密不可分。就文化关键词研究的特定层面而言，中国文化的生命力是通过元典关键词的生命力体现出来的。换言之，元典关键词强大旺盛的生命力，从观念和思想的深处激活了中国传统文化的生命力。源起于轴心时代、扎根于先秦元典的中华文化关键词，在其后漫长的演变历程中，以“词根”的方式沉潜，以“坐标”的方式呈现，既标举特定时空的文化观念，又接续前世与后代的文化命脉，从而成为不同历史时期的文化坐标。

① 范文澜：《文心雕龙注》下册，人民文学出版社 1958 年版，第 682 页。

② 冯友兰：《三松堂全集》第一卷，河南人民出版社 2000 年版，第 301 页。

《诗经·小雅·大东》有“周道如砥，其直如矢”，中国文化的发展之“道”，虽不似“周道”那样如砥如矢，而是坎坷曲折，但毕竟从轴心期走到了21世纪。道之绵延，或短或长，总得有个路标；而中国文化之“道”，绵延几千年，历经无数个路段或曰时段，每一个时段都有特定的文化坐标，而文化坐标上所书写的，便是属于这个时代的文化关键词。比如本文第一节所讨论过的“体”。在《诗》《礼》《易》以及《孟》《荀》等元典中，“体”意指身体之总属、主体之认知和与“用”相对的“本”。六朝创“体性”张扬生命风骨，三唐用“体貌”识鉴诗性品质，两宋有“文体”辨析文章种类，而清季以降则以“体用”应对中西文化冲突……一代有一代之“体”和之“所体”，不同时代以“体”为词根的关键词标识着特定时代的“体”和“所体”，而其根柢却在文化元典的“体”所先在铸成的生命本体、认知本体乃至哲学本体之中。由此可见，文化关键词的坐标性槃深柢固于词根性之中，并从词根性之中枝繁叶茂地生长出来。

从“词根”生长为“坐标”，这是文化关键词的发展之“道”；我们以“道”这个中国文化的元关键词为例，来讨论关键词的历史坐标性。“道”的本义很简单，也就是《说文解字》所说的“所行道也”，“一达谓之道”。[①]“道”最早的词性既可名亦可动，故《诗经》既有“周道如砥”亦有“不可道也”。当“道”在先秦元典中由形而下的“所行道”抽象为形而上的“天之道”时，就成了各家各派不得不道的关键词。《庄子·天下篇》说“《诗》以道志，《书》以道事，《礼》以道行，《乐》以道和，《易》以道阴阳，《春秋》以道名分”，可见儒家是用六经道自家的“道”，正如墨家用《墨子》道自家的“道”，道家用《老子》和《庄子》道自家的道，所谓各道其道，各名其名，各是其是，各非其非。

① （清）段玉裁：《说文解字注》，上海古籍出版社1981年版，第75页。

据《论语·里仁》，孔子说“朝闻道，夕死可矣”，足见“道”比个体生命更为重要。孔子又说“吾道一以贯之”，又可见“道”的恒长与永久；但这个“一以贯之”的“道”究竟何指？孔子自己没有说，而曾子解释为“忠恕”。然而，在不同的语境下，孔子的“道”又有不同的含义：或曰“仁”，或曰“义”，或曰“中庸”，或曰“孝悌”，或曰“方法”，或曰“技艺”……“道”在《论语》一书中出现60次，其释义已如此复杂；而在《孟子》一书中出现140次，其释义更加繁复，故司马谈《论六家要指》要说儒家“博而寡要”。至于道家的“道”，干脆是不可道也，亦即司马谈所言“其辞难知”。但换一个角度说，正是因为“道”在先秦五经及诸子文本中语义繁复，才使得她能够成为后世的文化坐标。作为中国文化的元关键词，“道”，正是因其“词根性”根柢槃深，其“坐标性”才可能枝叶峻茂。

《庄子·天下》篇有“道术”“方术”之分，这种分别既是语义的也是历史的。就语义层面而言，道术是“无乎不在”，是“天地之纯”，明于“道”者集“天人”“神人”“至人”“圣人”于一身；而方术只是“百家众技”，仅知晓一方之术者实乃“一曲之士”或者是“百家之学”中某家某派的“君子”。就其历史即时序层面而论，是先有“古之道术”“古人之大体”“古之人其备乎”，后有“天下治方术者多矣”“天下之人各为其所欲焉以自为方”。当“后世之学者”谙于“道”时，则“道术将为天下裂”。战国诸子百家，均为“道术”裂变之后的一方之术即“方术”，庄子一家亦不能例外，虽然他自己不太会承认。

“道术”的词根是“道”，就“道”这个关键词而论，其汉语词根性与历史坐标性之关联，亦发生在汉语语义与历史时序两个不同的层面。“道”在先秦元典中语义之繁复已如前述，甚至可以说，先秦元典中的“道”，其义项之多元，语用之复杂，词性转换之灵活，组词功能之强大，已足以胜任它将要在先秦之后所需承担的历史坐标性表达。仅就学术史的层面论，后元典时代，从两汉经学到魏晋玄学，从唐代三教合流到宋代儒学新生，从明代心学到清代朴学，从近代西学东渐到现代中西对撞，一直到当代的国学复兴，“道”关键词在不同历史时期的坐标性书写或当下诠释，均可以在先秦元典中寻找或发掘到各自所需要的语义的和思想的资源。

两汉经学的“道”，用作动词，是对先秦儒家经书的解说；用作名词，则是汉代经学家所诂训所传疏出来的先秦儒家经书的微言大义。如董仲舒的《春秋繁露》，既是繁露（细解细说）《春秋》，也是《春秋》之道的展开和诠解（即繁露）。当然，《春秋繁露》只有十之五六的篇幅道《春秋》（主要是《春秋公羊传》）之道，而余下的篇幅，或道《周易》的天地阴阳之道，或道《尚书·洪范》的五行五事之道，或道《三礼》的郊禘祭祀之道。

如果说，“道”作为两汉经学的文化坐标，其要义是“道（传疏）”五经之“道（经义）”；那么，到了魏晋玄学，其作为文化坐标的“道”，则演变为“道（清谈）”《老》《庄》《易》三玄之“道（有无本末）”。魏晋玄学的开创性也是代表性人物王弼，用他的《老子指略》《老子道德经注》道老子之道，用《周易略例》《周易注》道《周易》之道。王弼《老子指略》：“夫‘道’也者，取乎万物之所由也……故其大归也，论太始之原以明自然之性，演幽冥之极以定惑罔之迷。”① 这是对先秦原始道家之“道”的再阐释。当然，王弼还有《论语释疑》，但他是用道家的“道”来道孔子的“道”，如王弼解释孔子的“志于道”：“道者，无之称也，无不通也，无不由也。况之曰道，寂然无体，不可为象。是道不可体，故但志慕而已。”② 以道家的“无”说儒家的“道”，这是王弼也是魏晋玄

---

① 楼宇烈：《王弼集校释》上册，中华书局1980年版，第196页。

② 楼宇烈：《王弼集校释》上册，中华书局1980年版，第624页。

学“道”的重要特征。刘勰讲“道沿圣以垂文”，两汉经学家心目中的“圣”无疑是孔子，而魏晋玄学家心目中的“圣”则是老庄。不同的时代，所宗所师之“圣”各不相同，故所尊所明之“道”亦各不相同。两汉经学与魏晋玄学，其文化坐标上都书写着一个“道”字，但“道”（用作名词）之内涵大异其旨，“道”（用作动词）之方式亦大异其趣。

到了唐代，作为文化坐标的“道”，宗教味道特浓：既是道教之道，亦为佛禅之道。初唐李氏父子，奉道教为国教；时至中唐，佛教势力愈来愈大，以至于韩愈要写《原道》来探求儒道之原，以排斥佛老之说。韩愈站在中唐回望先秦，他发现：正宗的儒家之道，由尧舜禹汤而文武周公，由孔子而孟子，孟轲之后，“道”不得其传焉。韩愈在这里做了两件事：一是为儒家的“道”建立谱系，而这个谱系的根之深、源之远，是佛老杨墨完全无法比拟的；二是从国计民生的层面，实实在在地讨论儒道之利国利民，佛老之害国害民。这两件事，指向同一个目标：在唐代的文化坐标上，重写重述重释“道”这个关键词。

宋型文化与唐型文化有诸多差异，就“道”而言，以韩愈为代表的谱系重建者，是摒除“道”关键词中的佛老成分，而还原一个先王之道，一个博爱仁义之道。宋型文化的“道”当然也是儒家的，但宋代理学家的道既不排佛亦不斥老，而是引佛老入儒道以成新儒学。程颢程颐兄弟，同为新儒学，但二人对原始儒“道”的添加或曰新创各有侧重：程颢以“心”释“道”，开启了后来的陆王心学；程颐由“道”而推出“理”，以形成程朱理学。

说到宋代的文化坐标，我突然联想到北宋末年水泊梁山杏黄旗上的四个大字：替天行道。其实，宋江们的“道”既不是程朱理学的明德之道，亦非阳明心学的心性之道，而是与王学左派相关的百姓日用之道。这一点，我们从李贽的《容与堂本忠义水浒传序》可以读出。以李贽为代表的王学异端，用他的《焚书》《藏书》以及《水浒》评点，在明代的文化坐标中，为“道”添加了极有思想性启蒙性的内涵。向上，承接上了《周易》的忧患之道；向下，开启了清代三大思想家顾、黄、王的启蒙之道。

清季以降，作为文化坐标的“道”，有两个新义项值得注意。一是以“道—器（技）”博弈应对外族进攻；二是以“道—logos”的对谈应对中西文化冲突。鸦片战争之后，最早“开眼看世界”的中国知识分子已经痛苦地意识到：中国传统文化并不优于西方近代文化，甚至在某些方面还落后于“外夷”。于是，以魏源的“师夷长技以制夷”为口号，终于提出了学习西方的问题，从而在“器”和“技”（亦为“道”的义项之一）即物质及科学技术层面率先开启了中国文化的近代化历程。“道”的词根性之中，既可以是名词也可以是动词，这与希腊语的logos正好可以互译互释。钱锺书《管锥编》释《老子王弼注》的“道可道，非常道”，称“古希腊文‘道’（logos）兼‘理’（ratio）与‘言’（oratio）两义，可以相参”①。由此可见，不同时代对元典关键词“道”的不同之“道”（言说），标识着不同时代之文化的核心价值、认知路径和言说方式。

三

关键词研究作为一种方法，可称之为“历史语义学”（historical semantics）。② 就“语义”的层面论，本文所讨论的中华元典关键词的词根性、坐标性和转义性，依次构成特定关键词的元生义、衍生义和再生义；就“历史”的层面论，元典关键词的元生义形成轴心期华夏文明的

---

① 钱锺书：《管锥编》第二册，中华书局1986年版，第408页。

② 参见［英］雷蒙·威廉斯：《关键词：文化与社会的词汇》之《译者导读》，刘建基译，生活·读书·新知三联书店2016年版，第13—22页。

文化根柢，衍生义构成中国各个历史时期的文化坐标，再生义铸成现代性语境下中国文化的话语权和软实力。

在世界文化史的范围内考察，作为轴心期诸种文明之一的中华文化，之所以能绵延不绝、传承至今，与中华文化元典关键词的再生性特质是密不可分的。在文化多元的全球化时代，中华元典关键词以词根性固其本，以坐标性续其脉，以再生性创其新，从而在与异域文化平等对话的过程中获得阐释有效性和现代转义。在全球化时代的语境下，正是中国文化关键词的再生性赋予了中国文化以现代转型之机。这种再生性、转义性不仅折射出中国文化现在所面临的传统与现代、东方与西方的冲突、对话、交流及融合，更展示出中国文化亘古不灭的盎然生机和它极为充沛的应对力、转换力、更新力与传承力。

元典关键词的现代再生性大体上有着三种不同的类型。一是古今恒长型，二是古今变异型，三是古今悖反型。先说第一种。这类关键词有着强大、旺盛和恒久的生命力，从先秦“活”到当下，从轴心期时代“活”到全球化时代。比如本文第一节讨论过的元关键词“文”：“文之为德也大矣”！如果说，《易》之“天文”“人文”之分、“以文教化”之用以及“文言”之美，已在源头上赋予“文”以多元性和开放性；那么，现代社会仍然频繁使用的“文明”“文化”“文学”“文章”乃至“文体”“文辞”等关键词，就先天地秉有广阔的再阐释空间以及在现代语境下转义、通约和再生的巨大潜能。“文”如此，“和”亦然。“和”在先秦元典中频繁出场，或呈宇宙之“和”（如《老子·四十二章》“万物负阴而抱阳，冲气以为和”），或奏音乐之“和”（如《尚书·尧典》“声依永，律和声，八音克谐，无相夺伦，神人以和”），或举人伦之“和”（如《礼记·儒行》“礼之以和为贵”），或标人格之“和”（如《论语·子路》“君子和而不同”）等等。“和”关键词的谐和、调和、协和、圆和、中和等含义延展于中国文化的方方面面，成为中国文化最具再生力、承续力的“元关键词”之一。

《荀子·正名》：“若有王者起，必将有循于旧名，有作于新名。”王先谦案曰：“作者，变也。”① 故知“有循于旧名”者属于古今恒久型，而“有作于新名”者则属于古今变异型。所谓“新名”，可以是新造的，也可以是外来的，但更多的是借旧名以说新义，所谓“名”虽存而“实”已变也，本文所讨论的“转义性”或“再生性”即包含此类。以“民”为例。据学者考证，金文中的“民”描画的是人的眼睛，锥刺其中，意指正在受刑罚的奴隶。② 可见最早的“民”虽有人之形体却无人之地位与权利。《说文·民部》：“民，众萌也。”段注：“萌，犹懵懵无知皃也。”③《荀子·礼论》：“外是，民也。”杨倞注曰：“民，民氓无所知也。”④ 就“懵懵无知见”这一义项而言，“民”又可训为“冥”或“瞑”：前者如刘知几《史通·自叙》“民者，冥也，冥然罔知”，后者如董仲舒《春秋繁露·深察名号》“民者，瞑也”。就“民”“氓”互训而言，《说文·民部》有“氓，民也”，段玉裁注引了两条语料，一条出自《诗经·卫风·氓》（“氓之蚩蚩”），一条出自《孟子·公孙丑上》（“则天下之民悦而愿为之氓矣”），段注曰：“盖自他归往之民则谓之氓。”⑤ 无论是那位抱布贸丝、二三其德的“氓”，还是那些因不堪赋税之重负而远走他乡的“氓”，都是没有社会地位，甚至没有固定居所的游民。我们今天常说“人民”，而在古代社会，“人”与“民”其实是两个不同的等级。《说文·人部》：“人，天地之性最贵者也。”⑥ 孟子讲“民贵君轻”，显然是对“君贵民贱”之社会现实的义愤和批判。现代社会常常使用的“人民”，“民”与“人”

① （清）王先谦：《荀子集解》下册，中华书局 1988 年版，第 414 页。

② 参见左民安：《细说汉字——1000 个汉字的起源与演变》，九州出版社 2005 年版，第 114 页。

③ （清）段玉裁：《说文解字注》，上海古籍出版社 1981 年版，第 627 页。

④ （清）王先谦：《荀子集解》下册，中华书局 1988 年版，第 358 页。

⑤ （清）段玉裁：《说文解字注》，上海古籍出版社 1981 年版，第 627 页。

⑥ （清）段玉裁：《说文解字注》，上海古籍出版社 1981 年版，第 365 页。

不仅同义，而且“民”之中新增了“民权”“民生”“民主”等现代义项，“人民”于是成为一个有着鲜明意识形态特征的关键词，而“民主”也由古代的“为民作主”而新变为“民为主人”。1949年9月第一届“中国人民政治协商会议”期间，黄炎培曾对民盟同仁说：“人民共和国才把‘民’当做‘人’，须自家堂堂地还我做个人！”①“民”的地位的提高，“民”的性质的转变，是“民”这个文化关键词古今变异的确证。

文化元典关键词的现代转义性，第三种类型是古今悖反。前文所提到的“民主”语义的古今变异，其实也是一种悖反。可见，变异的极致就是悖反。我们以“鬼”为例，来看看这一类关键词如何从变异走向悖反。殷商时代，“鬼”，不仅与“神”同义，而且是地位很高的“神”。到了周代，鬼是指祖先神，《论语·为政》：“子曰：‘非鬼而祭之，谄也。’”孔子这里说的“鬼”指的就是已死的祖先。《楚辞·九歌》是一组用于祭祀的歌诗，其中《山鬼》祭爱笃情深的神女，《国殇》祭为国捐躯的将士，一位是“山中人兮芳杜若，饮石泉兮荫松柏”，一位是“身既死兮神以灵，魂魄毅兮为鬼雄”，或缠绵或壮烈，或柔美或阳刚，《九歌》所描写的“鬼”都是美的形象。佛教传入中国后，“鬼神”之“鬼”变为“魔鬼”之“鬼”，“鬼”的形象于是由正面而变为负面，由美而变为丑。这种悖反式变异一直延续到当下。现代社会，无神论者视“鬼”为子虚乌有，斥之为封建迷信。日常生活话语，带“鬼”的词多为贬义，诸如“鬼话”“见鬼”“鬼相信”“鬼头鬼脑”等等。关键词的古今悖反，缘于历史文化的变迁，具有某种合理性。但也有一种并不具备合理性的误读和曲解，如“封建”。“封建”的本义是指“封蕃建国”的分封制，后人却误读为中央大一统的郡县制。冯天瑜先生的《封建考论》对此有深入的研究和精当的论述，此不赘。更有一种比“误读”更厉害的“诬读”

① 张量：《历史一刻》，《中国新闻周刊》2009年第32期。

即“诬陷式解读”，如“文革”十年对中国传统文化诸多关键词的批判。对于被“诬读”的关键词，需要正本清源，需要拨乱反正，这也是中华元典关键词研究的题中之义。

“关键词”之英文 KEY WORD 中的 KEY 有“钥匙”之义，而中华元典关键词正是开启中国文化之现代意义世界的钥匙，是贯通轴心时代与全球化时代华夏文明的密码，是让古老的中国诗性智慧在今日焕乎为盛、郁哉可从的点金棒，是历经多次风雨仍然支撑民族精神不死的文化心灵！因而，要实现中国文化的现代化，“关键词”不失为一个很好的切入点。它在那个文明炳耀的遥远时代里奏出温润和煦的无声乐曲，于代代相续的传承中会通而适变，历久而弥新。

李建中

2020 年 12 月

目　录

导　论

中国兵家元典关键词研究，首先需要确认“兵家”和“兵家元典”两个概念，只有确认了这两个概念之后，才能够理清兵家元典关键词系统。这里拟通过对中国兵家起源的考释，论述先秦兵家及其经典著作，再对兵家元典作出学术辨析，梳理兵家元典关键词系统，进而说明中国兵学的理论特征。

一、何谓兵家

中国兵家作为一个学术派别，大抵发轫于殷周之际，春秋末期形成独立的学术体系，西汉后期得到明确的学术定位，前后经历了千载时光。

“兵家”的称谓，最早见于春秋末期。《孙子兵法·计》说：“攻其无备，出其不意，此兵家之胜，不可先传也。”这里所谓“兵家”，通常被解释为军事家，而非专指军事学家。通观《孙子兵法》全书，孙子对军事统帅的称谓，使用过“将”“智将”“良将”“贤将”“知兵者”“知兵之将”“善战者”“善用兵者”“善出奇者”“善动敌者”“善攻者”“善守者”，其中使用较多的是“将”和“善战者”，仅有一处使用“兵家”。

这表明即使以“兵家”指代军事统帅，也不是孙子的习惯用语。

战国时期，伴随急剧的社会转型，顺应时代的政治需要，诸子蜂起，百家争鸣。诸子百家的学术评论，或者就某位学人置评，或者以某个学派立论。荀子抨击它嚣和魏牟、陈仲和史鳍、墨翟和宋钘、慎到和田骈、惠施和邓析、子思和孟轲，而表彰仲尼和子弓；又说“墨子蔽于用而不知文，宋子蔽于欲而不知得，慎子蔽于法而不知贤，申子蔽于埶而不知知，惠子蔽于辞而不知实，庄子蔽于天而不知人”①。吕氏门客评点先秦诸子，认为“老聃贵柔，孔子贵仁，墨翟贵廉，关尹贵清，子列子贵虚，陈骈贵齐，阳生贵己，孙膑贵势，王廖贵先，兒良贵后”②。韩非评述前期法家，认为“申不害言术，而公孙鞅为法”③，又作专篇讨论儒、墨两家“显学”。但从这些评论来看，都没有使用“兵家”一语，只有《吕氏春秋》论及孙膑、王廖和兒良，注意到兵家的学术特征。

在中国学术史上，真正把先秦诸子当作学派来研究，是汉代学者的治学趋向。司马谈撰写《论六家要指》，把先秦诸子分为阴阳、儒、墨、名、法、道德六家，逐个评论各家思想及其利弊。这是从学派的角度来评论先秦诸子，只是仍未提及兵家。到了西汉后期，汉成帝“使谒者陈农求遗书于天下，诏光禄大夫刘向校经传、诸子、诗赋，步兵校尉任宏校兵书，太史令尹咸校数术，侍医李柱国校方技”④。这是一次系统的历史文献整理工作，任宏负责校定传世兵书。这项工作的程序是每位负责人校定一部典籍，都交给刘向“条其篇目，撮其指意”⑤，最后汇辑为《别

---

① （清）王先谦：《荀子集解》卷一五《解蔽》，中华书局1988年版，第392—393页。

② 陈奇猷：《吕氏春秋校释》卷一七《不二》，学林出版社1984年版，第1123—1124页。

③ （清）王先慎：《韩非子集解》卷一七《定法》，中华书局1998年版，第397页。

④ 《汉书》卷三〇《艺文志》。

⑤ 《汉书》卷三〇《艺文志》。

录》。在刘向去世后，刘歆在《别录》的基础上，编撰出《七略》，把所有典籍分为“六艺”“诸子”“诗赋”“兵书”“术数”“方技”六大类，并且概括说明了每一个大类的学术特征，从而建构起一个完整的学术体系。在这个学术体系中，兵家没有被纳入诸子的序列，而是以“兵书略”的名义，与“六艺”“诸子”“诗赋”“术数”“方技”并列编排，成为一个相对独立的学术体系。① 这个学术体系的建构，呈现出先秦以来的整体学术面貌，也反映出先秦兵家的主要学术成就。所以，经过这次历史文献整理工作，兵家的学术地位得以确立。

汉代使用“兵家”的称谓，明显地较以往普遍一些。《淮南子·兵略训》说：“兵家或言曰：‘少可以耦众。’此言所将，非言所战也。”这里所谓“兵家”，可以解释为军事学家，而不是泛指军事家。汉哀帝时，杨雄上书议事说：“六经之治，贵于未乱；兵家之胜，贵于未战。”②这里所谓“兵家”，与“六经”相对称，分明是就学派而言。不过，把先秦兵家当作一个学派来进行系统研究，则肇始于“任宏论次兵书为四种”③。任宏确认“兵书四种”，即着眼于中国兵学的基本内涵，把当时保存的兵书区分为“权谋”“形势”“阴阳”“技巧”四个组成部分，并且解释说：“权谋者，以正守国，以奇用兵，先计而后战，兼形势，包阴阳，用技巧者也。”“形势者，雷动风举，后发而先至，离合背乡，变化无常，以轻疾制敌者也。”“阴阳者，顺时而发，推刑德，随斗击，因五胜，假鬼神而为助者也。”“技巧者，习手足，便器械，积机关，以立攻

---

① 详见赵国华：《论汉代兵学文献整理的成就》，《赵国华史学论文初编》，湖北人民出版社 2002 年版，第 281—295 页。

② 《汉书》卷九四下《匈奴传下》。与此相似的说法，又见班固称赞赵充国说：“兵家之策，惟在不战。”（《汉书》卷一百《叙传》）冯衍劝鲍永“览《六经》之论，观孙吴之策”（《后汉书》卷二八上《冯衍传》）。

③ 《汉书》卷三〇《艺文志》。

守之胜者也。"[①] 这一系统的分类和解释，既是中国最早的兵书分类，又具有学术评论的旨趣，可以说是汉代学术的一大成就。

在兵家的学术地位确立之后，兵家的源流成为一个学术话题。班固编撰《汉书·艺文志》，就这一问题明确地指出："兵家者，盖出古司马之职，王官之武备也。"这是说兵家出于司马一职，司马为西周时期的职官，所以兵家产生于周代。班固是一位经学家，比较熟悉儒家经典，进而解释兵家说："《洪范》八政，八曰师。孔子曰为国者'足食足兵'，'以不教民战，是谓弃之'，明兵之重也。《易》曰'古者弦木为弧，剡木为矢，弧矢之利，以威天下'，其用上矣。后世燿金为刃，割革为甲，器械甚备。下及汤、武受命，以师克乱而济百姓，动之以仁义，行之以礼让，《司马法》是其遗事也。"[②] 这里借用《周易》《尚书》之言、孔子之语、商汤王和周武王受命之事来诠释兵家，可谓典型的引儒释兵。到了春秋战国时期，权诈之兵取代节制之师，战争形式发生了重大转变。班固关注到这一点，又接着上文说："自春秋至于战国，出奇设伏，变诈之兵并作。"[③] 在这种历史背景下，先秦兵家纷纷登场，"吴有孙武，齐有孙膑，魏有吴起，秦有商鞅，皆禽敌立胜，垂著篇籍"[④]。这些兵书历经秦朝，一直保存到西汉初年。"汉兴，张良、韩信序次兵法，凡百八十二家，删取要用，定著三十五家。诸吕用事而盗取之。武帝时，军政杨朴捃摭遗逸，纪奏兵录，犹未能备。至于孝成，命任宏论次兵书为四种。"[⑤] 通过这一大段论述，兵家的源流就呈现在世人的面前，由此成为一种学术共识。

---

① 《汉书》卷三〇《艺文志》。

② 《汉书》卷三〇《艺文志》。

③ 《汉书》卷三〇《艺文志》。

④ 《汉书》卷二三《刑法志》。

⑤ 《汉书》卷三〇《艺文志》。

从西汉后期到唐朝初年，中国传统学术的发展和图书分类的变化，改变着兵家的学术地位。西晋荀勖编撰《新簿》，创立甲、乙、丙、丁四部分类法，其中乙部著录古诸子家、近世诸子家、兵书、兵家、数术的典籍，即把兵家与诸子、术数归为一类。南朝刘宋王俭编撰《七志》，分别列出经典、诸子、文翰、军书、阴阳、术艺、图谱七大类，是沿袭《七略》的分类法，把兵家与经典、诸子等各自作为一类。萧梁阮孝绪编撰《七录》，又分别列出经典、记传、子兵、文集、技术、佛、道七大类，则是把兵家与诸子合为一类，同经典、记传、文集等并列。唐初编撰《隋书·经籍志》，创立经、史、子、集四部分类法，把兵家与儒、道、墨、法、名、农、纵横家等归为一类。这样一来，兵家被归入诸子行列，就成为一种不刊之论。

二、先秦时代的兵家

先秦兵家作为一个学派，从殷周之际到战国末年，涌现出一批代表人物。这主要是指齐太公、司马穰苴、孙子、吴起、孙膑、尉缭等人。他们作为兵学研究的主体，都以不同的形式参与兵学研究，对中国兵学的发展做出了重要的贡献。当然，兵学研究并不限于兵学家，一些政治家、思想家如老子、孔子、墨子、商鞅、孟子、荀子、韩非等人，在他们的著述里也讨论过一些军事问题，成为中国兵学的重要组成部分。然而，自从汉代以降，有关先秦兵家的代表人物，在学术界缺乏应有的共识，始终处于真伪参半、众说纷纭的境地，所以需要作一些解释。

齐太公，姓姜名尚，又称吕牙、吕尚，是殷周之际的一位传奇人物，也是齐国的开国君主。他在人生暮年登上政治舞台，无论是辅佐周文王进行削弱商朝的活动，与周武王共同指挥推翻商朝的战争，还是辅佐周成王巩固周朝的统治，治理齐国成为东方大国，都留下了辉煌的成就。司马迁记述这段历史，认定齐太公是一位卓越的谋略家，在叙述周文王兴邦时说“太公之谋计居多”，在叙述周武王伐商时说“师尚父谋居多”，特别是说齐太公辅佐周文王，“其事多兵权与奇计，故后世之言兵及周之阴权皆宗太公为本谋”①。直到唐初，唐太宗为了表彰齐太公，下令在磻溪设立太公庙。神龙二年（706），唐中宗诏令在长安、洛阳两京设立太公庙。开元十九年（731），唐玄宗再度在长安设立太公庙，后又进封齐太公为武成王，改太公庙为武成王庙。这些太公庙或武成王庙，都主要是祭祀齐太公，就像文庙供奉孔子一样。② 武成王庙作为兵家的圣殿，彰显出齐太公的崇高地位，唐宋时代一直沿袭下来。所以，追溯中国兵家的源流，齐太公堪称兵家始祖。

有关孙子的生平事迹，原本有司马迁的记述，却遭到后世学者质疑。宋代叶适说：“凡谓（司马）穰苴、孙武者，皆辩士妄相标指，非事实。”③ 清代全祖望接着说：“水心疑吴原未尝有此人，而其书其事皆纵横家伪为者，可以补《七略》之遗，破千古之惑。”④ 近人钱穆作出论断，孙武“其人与书，盖皆出后人伪托”，“其人则自齐之孙膑而误”⑤。对于这类质疑之声，也有学者加以辩驳。宋代陈傅良说：“自六经道散而诸子作，盖各有所长，而知兵未有过孙子者。”⑥ 清代孙星衍说：“孙子为吴

---

① （汉）司马迁：《史记》卷三二《齐太公世家》。

② 详见赵国华：《中国兵学史》，福建人民出版社 2004 年版，第 363—365 页。

③ （南宋）叶适：《习学记言序目》卷四六《孙子》，中华书局 2009 年版，第 675 页。

④ （清）全祖望：《鲒埼亭集》卷二九《孙武子论》，四部丛刊本。

⑤ 钱穆：《孙武辨》，载《先秦诸子系年考辨》，上海书店 1992 年版，第 10、11 页。

⑥ （南宋）陈傅良：《止斋先生文集》卷四〇《孙子发微序》，四部丛刊本。

将兵，以三万破楚二十万，入郢，威齐晋之功，归之子胥，故《春秋传》不载其名，盖功成不受官。”[①] 近人陈清泉编译日本学者的著作，也明确地指出：“孙武被擢为吴将，破楚入郢，实伟勋也。然《左传》记破楚事，而不见武之名，故叶适及陈振孙对孙武有疑辞。……盖不知武在阵中，只为吴客卿，而运筹决策，吴之将军，表面上为伍员也。”[②] 不过，这类辩驳缺乏新的证据，仍旧显得有气无力。直到山东临沂银雀山汉简的发现，这一问题才算找到了答案。银雀山汉简抄录于《史记》成书之前，其中有《见吴王》一篇，叙述孙子与吴王阖闾会晤及吴宫教战的情景，与《史记·孙子列传》相对照，内容大致相同，只是该篇末记下全篇字数为“千□十五”，超过《孙子列传》两倍，明显地更为翔实。司马迁依据有限的资料，第一个为孙子立传。《孙子列传》与其他传记一样，并非凭空杜撰故事，而是严谨地编纂历史。所以，要了解孙子的生平事迹，还有赖于司马迁的传记。[③]

在先秦历史上，吴起作为一位政治家，可以与商鞅媲美；作为一位兵学家，总是与孙子并称。如在战国后期，临武君与荀子讨论军事问题，称赞“善用兵者，感忽悠暗，莫知其所从出，孙吴用之，无敌于天下”[④]；尉缭认为“有提十万之众而天下莫当者谁，曰桓公也。有提七万之众而天下莫当者谁，曰吴起也。有提三万之众而天下莫当者谁，曰武子也”[⑤]；韩非说“境内皆言兵，藏孙吴之书者，家有之”[⑥]。这里所谓“孙吴”，通常被解释为孙子、吴起的合称。司马迁编修《史记》，也把吴起

---

① （清）孙星衍：《孙子兵法序》，《孙子十家注》，清嘉庆二年刊本。

② 陈清泉：《诸子百家考》，商务印书馆 1933 年版，第 326 页。

③ 参见赵国华：《司马迁与孙子学》，《史记论丛》第八辑，中国文史出版社 2011 年版，第 336—348 页。

④ 《荀子集解》卷一〇《议兵》，第 266 页。

⑤ 《尉缭子·制谈》。

⑥ 《韩非子集解》卷一九《五蠹》，第 452 页。

与孙子合为一卷，称作《孙子吴起列传》，详细地记述了吴起的生平事迹。自从汉代以降，“孙吴”就成了一种习惯用语，如汉武帝偏爱霍去病，“尝欲教之孙吴兵法”①；曹操“行军用师，大较依孙吴之法”②；匈奴人刘渊喜欢读书，“尤好《春秋左氏传》《孙吴兵法》，略皆诵之”③。这样说来，犹如儒家有“周孔”“孔孟”，道家有“黄老”“老庄”，“孙吴”的称谓作为兵家的术语，贯穿于整个中国兵学史。

孙膑作为一位兵学家，主要活跃在齐威王时期。司马迁明言“孙武既死，后百余岁有孙膑”④，应该有可靠的依据。然而，因为《史记·孙子列传》记述孙武、孙膑两人，就有些学者提出质疑，甚至把孙武、孙膑视作一人。本来，汉代学者已经区分两个孙子，说一个是“吴孙子”，另一个是“齐孙子”，不可以混为一谈。参照银雀山汉简，其中既有“吴王问孙子”，又有“齐威王问孙子”。按照通常的释读，前一个“孙子”指孙武，后一个“孙子”指孙膑，孙武和孙膑本是两个人。还有学者认为“孙吴”的称谓不是孙武、吴起的合称，而是孙膑、吴起的合称。这更不合乎历史实际，因为吴起成名时间早于孙膑，而且名声大于孙膑，仅凭这两点，要说孙膑、吴起并称，也只能称作“吴孙”，而不会合称“孙吴”。“孙吴”的合称指孙武、吴起两人，殆无疑义。

在先秦兵家代表人物中间，尉缭的生平事迹最为模糊，仅有《尉缭子·天官》《史记·秦始皇本纪》的两段记述。前者记述尉缭和魏惠王的对谈，后者记述尉缭和秦王嬴政的交往。从魏惠王最后一年（前319年），到秦王嬴政十年（前237），前后相隔近80年。若是同一个尉缭，

---

① 《史记》卷一一一《卫将军骠骑列传》。

② 《三国志》卷一《武帝纪》注引《魏书》。

③ 《晋书》卷一〇一《刘元海载记》。

④ 《史记》卷六五《孙子吴起列传》。

不可能与魏、秦两国君主相处。所以钱穆考辨说："窃疑《史记》载缭事，已不足尽信，书又称梁惠王问，则出依托。其殆秦宾客之所为，而或经后人之羼乱者耶？"[①] 其实，在缺乏反证之前，仍应根据《史记》的记载，确认尉缭为战国后期人，曾经到过秦都咸阳，进行游说活动，被秦王嬴政任命为国尉，为秦国统一天下做过一定的贡献。

三、兵家元典的生成与流传

中国兵家元典，即先秦兵家的代表著作，代表着兵家的最高成就。这主要指《孙子兵法》《吴子兵法》《司马法》《孙膑兵法》《尉缭子》《六韬》。但从汉代到民国时期，有关兵家元典的生成问题，出现了许多不同的说法，还需要作一些解释。

中国兵家的代表著作，通常称为"兵书"，又称"兵经""武经"。"兵书"的称谓始于西汉后期，如任宏校定传世兵书，"论次兵书为四种"，即把历代兵书分为"权谋""形势""阴阳""技巧"四大类，总括为"兵书略"。"兵经"的称谓始于南朝，如宋孝武帝时周朗上书说："男子十三至十七，皆令学经；十八至二十，尽使修武。训以书记图律，忠孝仁义之礼，廉让勤恭之则；授以兵经战略，军部舟骑之容，挽强击刺之法。"[②] 刘勰评论《孙子兵法》时说："孙武兵经，辞如珠玉，岂以习武而不晓文也。"[③]《隋书·经籍志》兵家类著录张子尚注《孙武兵经》二卷。"武经"的称谓始于唐代，如白居易撰文称："早练武经，累从军职。"[④]

① 钱穆：《尉缭辨》，载《先秦诸子系年考辨》，上海书店 1992 年版，第 457 页。

② 《宋书》卷八二《周朗传》。

③ 《文心雕龙·程器》。

④ 《白居易集》卷五四《除王仳检校户部尚书充灵盐节度使制》。

杜牧作诗说："周孔传文教，萧曹授武经。"[①]宋仁宗诏令曾公亮、丁度等人编撰的《武经总要》，是最早以"武经"命名的一部官修兵书。元丰六年（1083），宋神宗诏令刊行《孙子兵法》《吴子兵法》《司马法》《尉缭子》《六韬》《三略》《李卫公问对》，统称为《武经七书》。《武经七书》作为兵家的代表作，由此得到了广泛的传播。

然而，自疑古辨伪之风起，兵家元典遭到质疑。宋代陈振孙说："今武举以《七书》试士，谓之武经。其间《孙》《吴》《司马法》，或是古书；《三略》《尉缭子》，亦有可疑；《六韬》《问对》，伪妄明白，而立之学官，置师弟子，伏而读之，未有言其非者。"[②]这一说法貌似中肯。到了清朝前期，有些学者越过怀疑的界线，全盘否认兵家元典。如姚鼐说："世所有论兵书，诚为周人作者，惟《孙武子》耳，而不必为武自著，若其余皆伪而已。"[③]姚际恒撰著《古今伪书考》，竟然把《六韬》《司马法》《吴子》《尉缭子》《李卫公问对》等，全部认定为伪书。这种说法流传较广，影响到民国学术界。梁启超梳理清代学术，总括古籍辨伪成就说：全部伪绝对决定者，如《阴符经》《六韬》《尉缭子》，为汉以后人伪撰；全部伪大略决定者，如《吴子》《司马法》，大约西汉人伪撰；作者及时代错误者，如《孙子》十三篇，旧题孙武作，不可信，当是孙膑所作，或成书于战国末年。[④]这些"考证"的结论，显然失之偏颇，对兵家元典研究产生了极大的负面作用。所以，20世纪以来出版的相关著述，无论是中国哲学史、思想史还是中国学术史、文化史，都很少

---

① 这首诗题为《分司东都寓居履道叨承川尹刘侍郎大夫恩知上四十韵》，或说是许浑所作，见《校编全唐诗》，湖北人民出版社2001年版，第2738页。

② （南宋）陈振孙：《直斋书录解题》卷一二《兵书类》。

③ （清）姚鼐：《惜抱轩全集·文集》卷五《读〈司马法〉〈六韬〉》。

④ 参见梁启超：《中国近三百年学术史》，《梁启超全集》第十五卷，北京出版社1999年版，第4561页。

涉及兵家元典，除孙子学有所进展之外，对其他兵学元典都缺乏研究。

20 世纪 70 年代以来，随着一批出土文献的问世，这一学术状况得到改观。有的出土文献含有兵学元典的内容，成为重新认识先秦兵家的关键因素。其中较重要的出土文献包括：1972 年在山东临沂银雀山发现的汉简，含有《孙子兵法》《孙膑兵法》《尉缭子》《六韬》《守法守令十三篇》；1973 年在河北定县发现的汉简，含有《太公》《六韬》；1978 年在青海大通上孙家寨发现的汉简，含有《孙子兵法》。正是有了这些文献资料，人们开始另眼看待兵家元典，即使不完全承认兵家元典都是先秦兵家的代表著作，也不再把兵家元典当作伪书来对待。也正是有了这些文献资料，人们开始重新探讨兵家元典，把传世文献与出土文献相结合，对《孙子兵法》《孙膑兵法》《尉缭子》《六韬》都作出不少新的诠释。这样一来，兵家元典研究就呈现出一种新面貌。

《孙子兵法》作为现存最早的兵家元典，既是中国兵学产生的标志著作，又是中国兵学发展的核心内容。根据《史记 · 孙子吴起列传》和银雀山汉简《见吴王》的记述，这部著作的完成时间不晚于吴王阖闾三年（前 512），也就是在孙子进见吴王阖闾之前，而它最早的文本就是传世的十三篇。从考古资料来看，汉代东起东海郡（辖今山东临沂），西到金城郡（辖今青海大通），都有人研读《孙子兵法》。这表明司马迁所谓“世俗所称师旅，皆道《孙子》十三篇、吴起《兵法》”[①]，应该合乎历史实际。今本十三篇依次是《计》《作战》《谋攻》《形》《势》《虚实》《军争》《九变》《行军》《地形》《九地》《火攻》《用间》，主要以舍事言理的方式，论述战争、战争指导和军队建设问题，构筑了一个完整的军事理论体系。

《吴子兵法》一书，《汉书 · 艺文志》著录 48 篇，唐代以后仅存 6

① 《史记》卷六五《孙子吴起列传》。

篇。宋代施子美、晁公武、高似孙、王应麟、陈振孙等认为是吴起所著。明代刘寅疑为“后人删而取之”[①]，宋濂、王阳明说是吴起所著，胡应麟则说“《吴起》或未必起自著，要亦战国人掇其议论成编，非后世伪作也”[②]。自从清代以降，伴随疑古辨伪之风，《吴子兵法》备受质疑。姚鼐、姚际恒和梁启超、郭沫若都认为《吴子兵法》是伪书。然观此类质疑，仅凭个别文字下结论，未免显得唐突。其实，《吴子兵法》从未失传，汉唐之间先后有任宏、贾诩、陆希声的整理和注释，或许有所增益和删改，但不能死抠个别文字，就轻率地判定为伪书。何况自从战国以降，《吴子兵法》与《孙子兵法》总是相提并论，被人们合称为《孙吴兵法》，甚至有人提出“吴正孙奇”的观点，也有一定的道理。

《司马法》是一部较难读的兵家元典，大致成书于齐威王时期。齐威王“用兵行威，大放穰苴之法，而诸侯朝齐。齐威王使大夫追论古者司马兵法，而附穰苴于其中，因号曰《司马穰苴兵法》”[③]。这说明《司马法》的成书，是齐国大夫的集体成果，而要归功于齐威王。《司马法》的内容包括两个部分：一是“古者司马兵法”，一是司马穰苴所著的兵法，而以前者为主要内容。所谓“古者司马兵法”，应该与《周礼》所载的大司马法比较接近，保存着西周时期的军礼，但到齐威王时可能已经散佚，所以需要重新加以整理。刘歆在《七略》的分类中，把《司马法》列入《兵书略》。班固编撰《汉书·艺文志》，把它从《兵书略》移出，置于《六艺略》礼类，改称《军礼司马法》，著录155篇。《隋书·经籍志》仅存3卷，篇幅较以前锐减。这表明《司马法》在流传过程中，散失严重，并且屡经后人的整理，而流传至今的《司马法》5篇，应该是齐威王时整理的《司马穰苴兵法》的残本。

---

① （明）刘寅：《武经七书直解·凡例》。

② （明）胡应麟：《少室山房笔丛》。

③ 《史记》卷六四《司马穰苴列传》。

《孙膑兵法》，又称《齐孙子》，成书于孙膑受刑之后，所以司马迁说："孙子膑脚，而论兵法。"①《汉书·艺文志》著录89篇、图4卷，其中包括孙氏后学的著述。大约在东汉末年，《孙膑兵法》已经散佚，不再为人们所称道，《隋书·经籍志》以下，就不见于任何著录。宋代以后，许多学者由此产生疑问，甚至否认有两部《孙子兵法》，把《吴孙子》当作《齐孙子》，认为《孙子兵法》十三篇系孙膑所撰。直到1972年4月，在山东临沂银雀山汉墓发掘出《孙膑兵法》残简364枚，约有11000多字，证明两部《孙子兵法》的真实性，使《孙膑兵法》在失传1700多年之后，得以重见天日。经过有关专家的整理，这部兵书被分为上、下两编，凡是写有"孙子曰"的竹简，被列入"上编"；没有写"孙子曰"的竹简，被列入"下编"。全书分为30篇，有的比较完整，有的残缺不全，甚至难以连缀成篇；有的为孙膑自撰，有的为孙膑的弟子所编。正是凭借这部出土文献，人们了解到孙膑的兵学理论。

《尉缭子》一书，原本为尉缭所撰，成书于战国后期，向来无人质疑。但自宋代陈振孙提出质疑之后，总有一些学者认为它是一部伪书。如清代姚鼐说："尉缭之书，不能论兵形势，反杂商鞅刑名之说，盖后人杂取苟以成书而已。"② 近人钱穆亦说："窃疑《史记》载缭事，已不足尽信，书又称梁惠王问，则出依托。其殆秦宾客之所为，而或经后人之羼乱者耶?"③这类说法出自臆断，并不能解决问题。山东临沂银雀山汉墓出土了《尉缭子》残简，经过有关专家整理认定，这批残简的内容与今本大致相同，因而以铁的事实证明，《尉缭子》伪托说不攻自破。这部著作继承和发展了兵家的军事理论，汲取了战国法家的政治思想，还用一半的篇幅记载各种军事制度和条例，足以填补先秦军事史料的空缺。

① 《史记》卷一三〇《太史公自序》。

② （清）姚鼐：《惜抱轩全集·文集》卷五《读〈司马法〉〈六韬〉》。

③ 钱穆：《尉缭辨》，载《先秦诸子系年考辨》，上海书店1992年版，第457页。

《六韬》作为一部兵家元典，也应该给予特别关注。刘歆的《七略》有兵书略，著录《太公》237篇，包括《谋》81篇、《言》71篇、《兵》85篇。清代沈钦韩推断："《谋》者即太公之《阴谋》，《言》者即太公之《金匮》，凡善言书诸金版，《大戴记·践阼篇》《吕览》《新书》《淮南》《说苑》所称皆是；《兵》者即《太公兵法》，《说苑·指武篇》引《太公兵法》。"① 班固编撰《汉书·艺文志》，把《太公》删出《兵书略》，移入《诸子略》道家类，注称"吕望为周师尚父，本有道者，或有近世又以为太公术者所增加也"。这是说《太公》本为齐太公所著，而有后学增补的内容。据《庄子·徐无鬼》所载和晋代司马彪、崔譔考释，《六韬》成书不晚于战国中期②，在汉魏之际流传很广。《隋书·经籍志》称《太公六韬》，注谓"梁六卷，周文王师姜望撰"。今本《六韬》6卷60篇，是采用问对体裁编撰而成，较全面地论述了战争、战争指导和军队建设问题，因而被称为先秦兵家的集大成之作。但据司马迁的记述，张良流亡下邳期间，圯上老人授与《太公兵法》，这部兵书后来改称《黄石公三略》，一直流传至今。唐代李靖梳理兵学的脉络，认为"张良所学，太公《六韬》《三略》是也"③。这样说来，《太公兵法》与《六韬》《三略》究竟是什么关系，有待于进一步考证。

当然，要充分地认识先秦兵家，还必须关注其他一些兵学著作。这主要包括两类情形：一是先秦兵家元典之外的兵学论著，二是秦汉以后的兵学著作。

先秦兵家元典之外的兵学著作，主要有两种情形：一些不属于兵家的诸子论著，如在《管子》《墨子》《商君书》《荀子》《鹖冠子》《吕氏

① （清）沈钦韩：《汉书疏证》，上海古籍出版社2006年版。

② 《庄子·徐无鬼》提及《金版》《六弢》，司马彪、崔譔注称："《金版》《六弢》，皆《周书》篇名，本又作《六韬》，谓《太公六韬》：文、武、虎、豹、龙、犬也。"

③ 《李卫公问对》卷上。

春秋》诸书中，都有专门讨论军事问题的篇章，都是先秦时期重要的兵学成果；另一些早已佚失的兵学著作，根据《汉书·艺文志》的著录，就有《伍子胥》《范蠡》《大夫种》《李子》《庞煖》《兒良》《孙轸》《魏公子》等，而今只能看到一些佚文。① 这些兵学著作对于全面认识先秦兵家，仍有一定的学术意义。

秦汉以后较受人关注的兵学著作，主要有秦汉之际流传的《黄石公三略》、记述李靖和唐太宗论兵的《李卫公问对》、唐代李筌的《太白阴经》、宋代许洞的《虎钤经》、曾公亮等的《武经总要》、明代戚继光的《纪效新书》《练兵实纪》、茅元仪的《武备志》。特别是北宋元丰六年(1083)，宋神宗下诏校定《孙子兵法》《吴子兵法》《司马法》《尉缭子》《六韬》《三略》《李卫公问对》为“武经七书”，雕版印刷，在全国范围内发行，其后研究“武经七书”的代表作有宋代施子美的《施氏七书讲义》、明代刘寅的《武经七书直解》、清代朱墉的《武经七书直解》等。这些兵学著作对认识和理解兵家元典关键词的衍生和嬗变，都是重要的基本资料。

需要指出的是，在近代中国与西方文化撞击和融合的过程中，清朝廷组建军事翻译机构，集中军事翻译人员，开展西方军事著作编译活动，出版了一批西方军事著作。最初的译著侧重于军事技术层面，如《火器略说》《防海新论》《船阵图说》等，而后的译著关注到军事理论层面，如《战法学》《战略学》《大战学理》等②。这些译著使用了一批新的军事概念，介绍了一些新的军事理论，促进了中国传统兵学向近代

① 如《伍子胥》，即《伍子胥兵法》，《汉书·艺文志》著录10篇、图10卷，宋代以后亡佚。1983年在湖北荆州张家山汉墓出土一批竹简，其中包括《盖庐》九章，即被认定为《伍子胥兵法》。

② 《大战学理》，即德国军事学家克劳塞维茨（Carl von Clausewitz）撰著的《战争论》，是西方近代军事学的一部代表作，最早的中译本刊印于宣统三年（1911），是保定陆军学校的铅印线装本。参见任力：《<战争论>在中国的翻译和传播》，《军事历史》1991年第3期。

军事学的转变。因此，进入 20 世纪之后，适应新的战争形式和军事建设的要求，人们重新认识和解读兵家元典，运用新的军事理论来阐释兵家元典关键词，由此提出了一系列新的军事术语，充分展示了兵家元典关键词的再生性。

四、兵家元典的理论体系

中国兵学是中国历代研究战争、战争指导和军队建设问题的学问，自先秦以来经过两千多年连续不断的发展，形成了一个完整的理论体系。这个理论体系可以分为三个层次：第一个层次是《孙子兵法》研究，依此建构的孙子学始终处于中国兵学的核心位置；第二个层次是《武经七书》研究，依此建构的武经学是中国兵学的主要组成部分；第三个层次是对所有军事著作的研究。参照这个理论体系的基本内容，兵家元典关键词研究可以分为三个层面：

先秦兵家的战争理念，主要集中于三项论述：一是战争的重要性，如《孙子兵法》开篇就说："兵者，国之大事，死生之地，存亡之道，不可不察也。"《司马法·仁本》指出："国虽大，好战必亡；天下虽安，忘战必危。"《孙膑兵法·见威王》提出了"战胜而强立"的观点。二是战争的本质，如吴起把战争分为五种类型："义兵""强兵""刚兵""暴兵""逆兵"，认为"义兵"的本质在于"禁暴救乱"。尉缭更明确地说："兵者，所以诛暴乱，禁不义也。"[①] 三是战争与政治、经济、社会的关系，如吴起强调"内修文德，外治武备"[②]；《司马法·仁本》主张"杀人安人，

① 《尉缭子·武议》。

② 《吴子兵法·图国》。

杀之可也；攻其国，爱其民，攻之可也；以战止战，虽战可也”；《尉缭子·兵谈》揭示了“兵胜于朝廷”的战争原理。

先秦兵家的战争指导思想，可以概括为六个原则：一是“先知”，是战争决策的依据，孙子提出“知彼知己者，百战不殆”①，“先知者，不可取于鬼神，不可象于事，不可验于度，必取于人，知敌之情者也”②。孙膑强调“知道”，认为“安万乘国，广万乘王，全万乘之民命者，唯知道”③。二是“庙算”，是对战争胜败的预测，孙子把决定战争胜败的因素归纳为“五事”，即“道”“天”“地”“将”“法”；尉缭强调“天时不如地利，地利不如人和”④。三是“利动”，是实施战争的前提，孙子认为“兵，利也，非好也”⑤，“非利不动，非得不用，非危不战”，“合于利而动，不合于利而止”⑥。四是“全胜”，是战争指导的理想，孙子认为“百战百胜，非善之善者也；不战而屈人之兵，善之善者也”，把战争制胜的途径分为四种：“上兵伐谋，其次伐交，其次伐兵，其下攻城。”⑦《六韬·武韬·发启》主张“文伐”，宣称“全胜不斗，大兵无创”。五是“军争”，是赢得战争的关键，孙子主张“以迂为直，以患为利”⑧，重视“致人而不致于人”⑨。六是“诡道”，是指挥作战的要领，孙子强调“兵以诈立”，“避实而击虚”，“以正合，以奇胜”，“攻其无备，出其不意”；吴

---

① 《孙子兵法·谋攻》。

② 《孙子兵法·用间》。

③ 《孙膑兵法·八阵》。

④ 《尉缭子·战威》。

⑤ 银雀山汉墓竹简整理小组编：《银雀山汉墓竹简孙子兵法·见吴王》，文物出版社1976年版。

⑥ 《孙子兵法·火攻》。

⑦ 《孙子兵法·谋攻》。

⑧ 《孙子兵法·军争》。

⑨ 《孙子兵法·虚实》。

起注重“审敌虚实而趋其危”；孙膑特别强调“必攻不守”的战法。

先秦兵家的军队建设原则，大体上包括三项内容：一是为将之道，如孙子指出“将者，智、信、仁、勇、严也”①，此为“五德”论；吴起指出“将之所慎者五：理、备、果、戒、约”②，此为“五慎”论；孙膑认为将帅必须具备“义”“仁”“德”“信”四种品质，此为“四德”论；《六韬》讨论将帅的品质，包括“勇”“智”“仁”“信”“忠”五方面，此为“五材”论。二是治军原则，如孙子主张“令之以文，齐之以武”③；吴起强调“以治为胜”，“教戒为先”④；《司马法·天子之义》注重“赏不逾时，罚不迁列”。三是教战之法，如《孙膑兵法》论及“八阵”“十阵”的特点，《尉缭子》注重叙述各种军事法令，《六韬》论及车战、骑战、步战的方法。

从学术史的角度看，中国兵学作为一种学术形态，具有非常丰富的理论内涵，主要包括兵法、兵略、兵制、兵器、兵家五个方面。

兵法，即所谓“用兵之法”，主要是指挥作战的原则和方法，是中国兵学的核心内容。自从进入文明社会，战争作为人类面临的重大问题，总是被一些有识之士所关注。人们研究战争的起源和动因，战争的性质，战争与政治、经济、社会和自然条件的关系，就形成了各种战争观。与战争观相比较，战争指导问题更为复杂，大凡战争胜败的预测，战争方式的选择，军事力量的调动和部署，战争领域的各种矛盾范畴，如强弱、进退、虚实、奇正、分合等问题，都是兵学研究的重要内容。特别是在作战指挥方面，战争形式包括三种：战、攻、守。战即交战，是敌对双方交相战斗；攻即进攻，主要指攻城作战；守即防守，主要指守城作战。围绕这三种作战形式，中国兵学家进行深入的探究，构成了

---

① 《孙子兵法·计》。
② 《吴子兵法·论将》。
③ 《孙子兵法·行军》。
④ 《吴子兵法·治兵》。

一整套作战方法。

兵略，是用于战争指导的谋略，是实施战争的基本方针。与兵法相比较，兵略体现于具体的战争过程，具有鲜明的实践性；而兵法是对战争指导的探究，具有浓重的理论性。为了总结前代用兵得失，一些兵学家凭借历代战争史，编撰出不少兵略著作，如司马彪的《战略》、李筌的《阃外春秋》、陈禹谟的《左氏兵略》、胡林翼的《读史兵略》等。茅元仪编撰《武备志》，还把“战略考”当作一种编纂体裁，列为全书的一个组成部分。这些著作或者汇辑历史上一些重大的战争、战例，或者专门摘录某一部著作所记载的用兵方略，对研究中国战争史有着重要的价值。

兵制，又称军制，是有关军事活动的各种法制，包括军事领导体制、武装力量体制、兵役制度、军队组织、管理、指挥和训练制度、军官培养、选拔和任免制度、后勤保障制度等。在中国古代史上，君主操纵兵权，将帅统领军队；军队主要由中央军、地方军和边防军组成，从车兵、步兵到水师、骑兵，再到弩兵、炮兵，形成了不同的军兵种；在兵役制度方面，主要有族兵制、世兵制、征兵制、募兵制，还有谪兵制、属国兵制、屯田兵制，或者坚持兵农合一，或者强调兵民分离，在各个历史时期有着不同的选择；在军事教育方面，既重视知识和技能的训练，又强调思想品德的培养；军官的选拔和任用，侧重于战争实践经验，也注意到军事理论素养。每一种兵制都关系到军队建设，是一切军事活动的基础。

兵器，即武器，是直接用于杀伤敌人有生力量、破坏敌方作战设施的器械。中国传统时代的兵器可以分为两大类：冷兵器和火器。冷兵器是用于刺杀、抛射、打击的武器，包括短兵器如刀、剑、钩、斧等，长兵器如戈、矛、戟、殳等，抛射兵器如弓、弩、抛石机等。火器是利用火药来杀伤敌人有生力量、破坏敌方作战设施的器械，包括燃烧性火器如火箭、火枪、火球等；爆炸性火器如炸弹、地雷、水雷等；管状火器如火铳、火炮等。在中国兵器史上，兵器的制造和使用大致经历了三个时期：从远古到五代为冷兵器时期，从北宋到清中叶为冷兵器和火器并用时期，晚清以后为火器时期。每个时期兵器的改进都是科学技术进步的反映，代表着军事技术的水平。自从宋代使用火器以来，一些有远见的兵学家都比较关注兵器的改进和使用。直到晚清时期，伴随军事近代化的进程，军事技术突飞猛进，近代火器取代传统火器，把兵器的制造和使用推上了一个新平台。

兵家，作为兵学研究的对象，是对传统军事家的通称，大体上分为两种类型：一类主要从事军事活动，一类专门进行兵学研究。前者通常指领兵作战的将帅，他们在军事实践领域取得一定的成就，因而成为兵学研究的对象；后者应该称为兵学家，他们在军事学术领域有着一定的建树，也成为兵学研究的对象。实际上，在中国历代军事史上，真正有所成就的将帅，通常都会关注军事学术；而真正有所建树的兵学家，也不可能漠视军事实践。这两种类型的兵家相互促动，彼此有着密不可分的关系。

综观中国兵学史，先秦兵家作为学术主体，创造出璀璨夺目的兵家元典；兵家元典作为兵学载体，蕴涵着先秦兵家的理论体系。我们研究兵家元典关键词，正是在此两者相结合的前提下，对兵家元典关键词的生成和流变过程进行细致的考察，分析兵家元典关键词的词根性、转义性和再生性，从而深刻地说明中国兵学的理论特征。

五、兵家关键词的分类和结构

本书以中国兵家元典为基本资料，收集和利用先秦诸子及历代兵家的相关论述，大体上以历时性和共时性为观察点，对兵家元典关键词之词根性、转义性和再生性进行系统的考察和分析，从而揭示兵家元典关键词的生命历程。

兵家元典关键词之词根性起始于商代甲骨文字系统，而其再生性发源于西方近代军事理论，这就决定着兵家元典关键词的生命历程主要表现为兵家元典的生成和阐释的过程，主要表现为中国兵学的发展和演进的过程。兵家元典关键词作为兵家元典的关键词，也自然是中国兵学的关键词，不仅随着兵家元典的生成和阐释而初生和转义，而且随着中国兵学的发展和演进而衍生和嬗变。这正是兵家元典关键词研究之重心所在。

兵，作为中国兵家元典的元关键词，若论其词根性，主要有兵器、军队、战争三个义项，这是兵家元典生成过程中的原生含义；论其转义性，有兵家、兵书、兵法、兵略、兵学、兵制等义项，这是兵家元典阐释过程中的衍生含义；论其再生性，有军事、军事家、军事学、军事著作、军事思想、战略战术、军事制度等义项，这是近代兵家元典新解的再生含义。所有这些概念，都可以看作从历时性对“兵”系关键词的考察结果。

从共时性的角度来考察，“兵”作为中国兵家元典的元关键词，可以生发出一系列核心关键词，主要包括“战”“军”“将”“阵”“计谋”“攻守”“胜败”等。这些核心关键词在兵家元典的阐释和新解中，又衍生出一系列相关联的关键词，如“战”有战争、战斗、战略、战术、作战等义项，“军”有军队、车兵、步兵、骑兵、弩兵、水师等义项，“将”有将军、大将、主将、副将、儒将等义项，“阵”有方阵、圆阵、五阵、八阵等义项。这样产生的一个个关键词群，就成为兵家元典关键词研究的主要对象。

在世界文化史上，任何一种文化的建构都是一系列关键词的逻辑组合，任何一个关键词的产生都是某一种文化的重要坐标，因而任何一种文化与其所包含的关键词之间都有着密不可分的关系。通过对兵家元典关键词的研究，我们可以进一步地认识和理解中国兵学的产生和发展，进一步地认识和理解中国文化的含蕴和特征。

第一章　原兵

兵，作为中国兵家元典的元关键词，在中国军事史和兵学史上，用于表述一系列军事概念，其中主要有三个义项：兵器、军人和战争。汉代刘熙的《释名·释兵》仅把“兵”作为兵器，解释了弓、弩、矢、刀、剑、戟、戈、矛、盾、铠等44种军用器械。本章拟就此三个义项，依据中国兵家元典的理论阐释，参照其他典籍的相关论述，讨论“兵”系关键词的形成和演变。

第一节　兵者，凶器也

兵是一个会意字，甲骨文作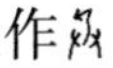，金文作，小篆作。《说文解字》曰：“兵，械也。从廾持斤，并力之皃。古文兵，从人廾干。”郑玄注《周礼·天官冢宰·司书》曰：“械，犹兵也。”又注释《礼记·少仪》曰：“械，兵器也。”段玉裁注《说文解字》曰：“械者，器之总名。器曰兵，用器之人亦曰兵。下文云‘从廾持斤’，则制字兵与戒同意也。”[①] 盖兵

---

① （东汉）许慎撰，（清）段玉裁注：《说文解字注》，上海古籍出版社1981年版，第104页。

之字形，上部“斤”指斧钺，下部“廾”指双手，“廾”“斤”合在一起，象征双手持斤，其本义指兵器。

一、《司马法》论“五兵”

在中国兵家元典中，兵器之“兵”使用较频繁者，当属《司马法》。今通行本《司马法》包括5篇：《仁本》《天子之义》《定爵》《严位》《用众》。通检各篇，“兵”字出现25次，主要指兵器。如《仁本篇》曰：

王霸之所以治诸侯者六：以土地形诸侯，以政令平诸侯，以礼信亲诸侯，以材力悦诸侯，以谋人维诸侯，以兵革服诸侯。

《天子之义篇》曰：

兵不杂则不利，长兵以卫，短兵以守。太长则难犯，太短则不及。

虽交兵致刃，徒不趋，车不驰，逐奔不逾列，是以不乱。

介者不拜，兵车不式。

《定爵篇》曰：

顺天、阜财、怿众、利地、右兵，是谓五虑。

右兵，弓矢御，殳矛守，戈戟助。凡五兵五当，长以卫短，短以救长，迭战则久，皆战则强。

《严位篇》曰：

凡战，以力久，以气胜；以固久，以危胜。本心固，新气胜，以甲固，以兵胜。

凡车以密固，徒以坐固，甲以重固，兵以轻胜。

舍谨兵甲，行阵行列，战谨禁止。

凡马车坚，甲兵利，轻乃重。

凡众寡，既胜若否，兵不告利，甲不告坚，车不告固，马不告良，众不自多，未获道。

《用众篇》曰：

选良次兵，是谓益人之强。

这里所谓“兵革”，即兵器和甲胄；所谓“甲兵”“兵甲”，即铠甲和兵器，泛指武器装备。所谓“兵车”，即战车，是运载军人或军用物资的车辆，包括轻车、革车等。所谓“右兵”，意谓注重使用兵器，盖彼时以右为尊。所谓“五兵”，通常包括戈、殳、戟、酋矛、夷矛。《周礼·夏官司马·司兵》曰：“掌五兵五盾。”郑玄注：“五兵者，戈、殳、戟、酋矛、夷矛也。”《礼记·月令》曰：“习五戎，班马政。”郑玄注：“五戎，谓五兵，弓矢、殳、矛、戈、戟也。”这是先秦时代车兵配备的制式兵器。其中，安装长柄者为“长兵”，而短柄者为“短兵”。所以，就使用兵器来说，长兵器保护短兵器，短兵器救助长兵器，两者相互配合。

二、《孙子兵法》《吴子兵法》论“整兵”

《孙子兵法》偏重于论述军事谋略，较少涉及兵器之“兵”。仅见《作战篇》曰：“其用战也胜，久则钝兵挫锐。”《行军篇》曰：“奔走而陈兵者，期也。”《地形篇》曰：“将弱不严，教道不明，吏卒无常，陈兵纵横，曰乱。”所谓“钝兵”，指损坏兵器。“陈兵”，指摆放兵器。战时兵器遭到损坏，或者摆放混乱，都可能导致战败。

在先秦兵家元典中，《吴子兵法》使用兵器之“兵”的频率较高。今通行本《吴子兵法》包括6篇：《图国》《料敌》《治兵》《论将》《应变》《励士》。通检各篇，“兵”字出现25次，有一半是指兵器。如《料敌篇》曰：

其有工用五兵、材力健疾、志在吞敌者，必加其爵列，可以决胜。

有不占而避之者六：……五曰师徒之众，兵甲之精。

《治兵篇》曰：

每变皆习，乃授其兵，是为将事。

一鼓整兵，二鼓习陈，三鼓趋食，四鼓严辨，五鼓就行。

《应变篇》曰：

谷战，虽众不用，募吾材士与敌相当，轻足利兵以为前行，分车列骑隐于四旁。

《励士篇》曰：

> 夫发号布令而人乐闻，兴师动众而人乐战，交兵接刃而人乐死。此三者，人主之所恃也。

这里所谓“治兵”，指军事训练和军队管理，非仅就兵器而言。所谓“整兵”，指整理武器装备，依照彼时的教战令，即要求“短者持矛戟，长者持弓弩，强者持旌旗，勇者持金鼓”①。在吴起看来，搞好军队建设，既要加强军事训练和军队管理，也要重视武器装备。

再有，《孙膑兵法》亦经常谈到兵器之“兵”。如《擒庞涓》叙述桂陵之战说：“平陵，其城小而县大，人众甲兵盛，东阳战邑，难攻也。”《威王问》讨论以寡击众之道说：“长兵在前，短兵在后，为之流弩，以助其急者。”《五教法》论述教战之法说：“兵革车甲，阵之器也。”这里所谓“甲兵”“长兵”和“短兵”“兵革车甲”等词语，其词义与《吴子兵法》相同。

三、《尉缭子》：“兵器备具”

战国中期以前，还没有出现“兵器”一词，而把“兵”“器”合为一词，始见于《尉缭子》。尉缭论述军事问题，同样较多涉及兵器之“兵”。如《天官篇》曰：

> （攻城）不能取者，城高池深，兵器备具，财谷多积，豪士一谋也。

① 《吴子兵法·治兵》。

《攻权篇》曰：

明主战攻日，合鼓合节以兵刃，不求胜而胜也。

《守权篇》曰：

豪杰雄俊，坚甲利兵，劲弩强矢，尽在郭中，乃收窖廪，毁折而入保，令客气十百倍，而主之气不半焉。

必鼓其豪杰雄俊，坚甲利兵，劲弩强矢并于前，分历毁瘠者并于后。

《武议篇》曰：

武王不罢士民，兵不血刃，而［克］商诛纣

兵者，凶器也；争者，逆德也；将者，死官也，故不得已而用之。

这里，《尉缭子》第一次使用“兵器”一词，其义指武器，即直接用于杀伤敌人有生力量、破坏敌方作战设施的器具。在战争指导问题上，尉缭强调“坚甲利兵，劲弩强矢”的作用，反映出对军事技术的重视。

在《尉缭子》之后，通检《六韬》一书，“兵器”一词出现过多次。如《六韬·龙韬·王翼》曰：“兵法九人，主讲论异同，行事成败，简练兵器，刺举非法。”《六韬·虎韬·军用》曰：“修治攻具，砥砺兵器。”这说明“兵器”作为兵器之“兵”的替代词，在战国后期得到广泛的使用。

四、"兵者，不祥之器"

在先秦其他典籍中，兵器之"兵"亦很常见。如《诗·秦风·无衣》曰："王于兴师，修我甲兵。"《周礼·夏官司马·戎仆》曰："凡巡守及兵车之会亦如之。"《孟子·梁惠王上》曰："王如施仁政于民，……可使制梃以挞秦楚之坚甲利兵矣。"《荀子·议兵》曰："古之兵，戈、矛、弓、矢而已矣。"《韩非子·解老》曰："凡兵革者，所以备害也。"这说明"甲兵""兵车""兵革"等，作为武器装备的称谓，在先秦时代都是常用词语。至于《左传》《国语》《老子》《吕氏春秋》《三略》的相关论述，还需要作一些解释。

《左传·襄公二十七年》曰：

> 天生五材，民并用之，废一不可，谁能去兵？兵之设久矣，所以威不轨而昭文德也。圣人以兴，乱人以废，废兴存亡昏明之术，皆兵之由也。

这是说上天造就金、木、水、火、土五种材料，民众全都用得着，哪一种都不能去掉，谁能够去掉兵器呢？兵器的设置已经很久，主要用于震慑不轨行为，宣扬礼乐教化。那些圣人得以兴起，作乱的人被废除，其中兴废、存亡、昏明的缘由，完全在于使用武力。放眼整个中国兵学的发展史，这一观点都是一个不刊之论。

据《国语·越语下》记述，越王勾践即位三年，就想出兵攻打吴国，范蠡不赞成这一行动，在进谏勾践时说：

> 夫勇者，逆德也；兵者，凶器也；争者，事之末也。阴谋逆德，好用凶器，始于人者，人之所卒也；淫佚之事，上帝之禁也，先行此者，不利。

这段话又见于《史记》，只是司马迁稍有改动。“兵者凶器也，战者逆德也，争者事之末也。阴谋逆德，好用凶器，试身于所末，上帝禁之，行者不利。”① 由此可见，范蠡对“兵”的理解，反映出他对战争的排拒态度，认为“兵”是一种凶器，战争是对道德的违背，争斗是最下等的事情。私下谋划违背道德，喜爱使用凶器，亲身参与下等事，必定遭到上天的反对，这样做绝对不利。因此，范蠡反对攻打吴国。越王勾践没有接受这一谏言，执意起兵攻打吴国，结果在五湖与吴军交战失败，被迫退守会稽山。

《老子》第三十一章曰：

> 夫唯兵者，不祥之器，物或恶之，故有道者不处。
>
> 兵者，不祥之器，非君子之器，不得已而用之。

这里把兵器说成是不吉祥的东西，不是君子使用的器械，为有道的人所厌恶。即使有时候用兵器，那也是不得已而用之。这一观点近似于范蠡对“兵”的理解，反映出《老子》反对战争的理念。继《老子》之后，《吕氏春秋》《三略》讨论“兵”之时，也都重申了这一观点。《吕氏春秋·仲秋纪·论威》曰：

> 凡兵，天下之凶器也；勇，天下之凶德也。举凶器，行凶德，犹不得已也。

《三略·下略》曰：

> 夫兵者，不祥之器，天道恶之，不得已而用之，是天道

① 《史记》卷四一《越王勾践世家》。

也。夫人之在道，若鱼之在水，得水而生，失水而死。故君子者常畏惧，而不敢失道。

这仍是说兵器是不吉祥的器械，为天道所厌恶，只有在迫不得已的情况下，才可以使用，这样就符合天道。人类顺应天道，好像鱼在水里那样，得到水就能生存，离开水就会死亡。所以，君子要有畏惧感，不能背离天道。正是经过反复的解释，“兵为凶器”不仅成为先秦兵家的基本观念，而且成为先秦道家的思想精髓，更是成为中国文化对“兵”的一种共识。

第二节 执兵之人为兵

“兵”之本义，指兵器，引申作军人，即在军队中服役的人。在商代卜辞中，“兵”已经含有士兵之义。《甲骨文合集》7204 片：“甲子卜贞出兵诸”，所谓“兵”即指士兵。《左传》昭公十四年：“简上国之兵于宗丘。”唐代孔颖达疏：“兵者，战器之名，战必令人执兵，因即名人为兵也。”段玉裁注《说文解字》，称“器曰兵，用器之人亦曰兵”。王筠接着说：“秦汉以下，始谓执兵之人为兵，犹古呼擐甲之人为甲也。”①张舜徽不赞同王筠的注解，进一步辨析说：“造文之初，兵字从廾持斤，此非指人而何？况兵字古文已从人廾干，意更明显。征之先秦古书，谓执兵之人为兵者，所在皆是，不能悉数。……王氏谓‘秦汉以下，始谓执兵之人为兵’，非是。”② 这说明自有“兵”字开始，“兵”即含有军人

① （清）王筠：《说文句读》卷五，中国书店 1993 年版，第 30 页。

② 张舜徽：《说文解字约注》，华中师范大学出版社 2009 年版，第 637 页。

之义。然则分析军人之义，以个体言指士兵，以组织言指军队。

一、《孙子兵法》论“用兵”

在先秦兵家元典中，军人之“兵”使用频率较高者，当属《孙子兵法》。通检《孙子兵法》十三篇，“兵”字出现过70次，主要指军队和士兵。如《作战篇》曰：

不尽知用兵之害者，则不能尽知用兵之利也。

善用兵者，役不再籍，粮不三载。

《谋攻篇》曰：

百战百胜，非善之善者也；不战而屈人之兵，善之善者也。

故善用兵者，屈人之兵而非战也，拔人之城而非攻也，毁人之国而非久也，必以全争于天下，故兵不顿而利可全。

《形篇》曰：

胜兵先胜而后求战，败兵先战而后求胜。善用兵者，修道而保法，故能为胜败之政。

胜兵若以镒称铢，败兵若以铢称镒。

《虚实篇》曰：

以吾度之，越人之兵虽多，亦奚益于胜败哉？

形兵之极，至于无形；无形，则深间不能窥，智者不能谋。

《军争篇》曰：

善用兵者，避其锐气，击其惰归。

《九变篇》曰：

将通于九变之地利者，知用兵矣。……治兵不知九变之术，虽知五利，不能得人之用矣。

用兵之法，无恃其不来，恃吾有以待也。

《行军篇》曰：

兵非益多也，惟无武进，足以并力、料敌、取人而已。

《九地篇》曰：

谨养而勿劳，并气积力，运兵计谋，为不可测。

兵士甚陷则不惧，无所往则固，深入则拘，不得已则斗。是故其兵不修而戒，不求而得，不约而亲，不令而信。

四五者，不知一，非霸王之兵也。夫霸王之兵，伐大国，则其众不得聚；威加于敌，则其交不得合。

在《孙子兵法》一书中，“用兵”出现过19次，虽然可以理解为使用兵器，但较准确的解释是动用军队，进行战争。所谓“用兵之法”，即用兵作战的原则和方法。所谓“胜兵”，即胜利的军队；“败兵”，即失败的军队。在孙子看来，胜利的军队就像以镒称铢，占据绝对的优势；失败的军队就像以铢称镒，处于绝对的劣势。所谓“兵士”，指战士、士卒。所谓“越人之兵”，实指越国的军队。所谓“霸王之兵”，是指王者、霸主的军队。这样的军队攻伐一个大国，该国的民众就无法聚集；若是兵威加于敌国，敌国的盟友就不敢联合。

二、《吴子兵法》论“治兵”

所谓“治兵”，又称“治军”，指军事教育和训练活动。先秦兵家作为军队建设的倡导者和执行者，对从选拔士卒、编组部伍到军事教育和训练问题，都有较系统的论述。《吴子兵法》使用“兵”字，除指兵器之外，多指军队和士兵。如《图国篇》曰：

愿闻治兵、料人、固国之道。

《料敌篇》曰：

用兵必须审敌虚实而趋其危。

《治兵篇》曰：

进兵之道何先？

与之安，与之危，其众可合而不可离，可用而不可疲，投之所往，天下莫当，名曰父子之兵。

用兵之害，犹豫最大；三军之灾，生于狐疑。

用兵之法，教戒为先。

《论将篇》曰：

善行间谍，轻兵往来，分散其众，使其君臣相怨，上下相咎，是谓事机。

在先秦兵家元典中，《吴子兵法》第一次以“治兵”为篇名，专门讨论军队建设问题，突显出军队建设的重要性，更促使“治兵”成为一个重要关键词。所谓“父子之兵”，比喻将帅和士卒如同父子的关系，这样的军队患难与共，团结一致，所以能所向无敌。所谓“轻兵”，本义即车兵，此指轻装部队，行动较为迅速，常用于执行特殊任务。《治兵篇》曰：

用兵之法，教戒为先。一人学战，教成十人。十人学战，教成百人。百人学战，教成千人。千人学战，教成万人。万人学战，教成三军。以近待远，以佚待劳，以饱待饥。圆而方之，坐而起之，行而止之，左而右之，前而后之，分而合之，结而解之。

这里所谓“教戒”，也是指军事教育和训练活动。一个人教练十个人，十个人教练一百人，一百人教练一千人，一千人教练一万人，一万人教练三军；既要掌握以近待远，以逸待劳，以饱待饥的作战要领，又要做好圆阵变方阵、跪姿变立姿、前进变后退、分散变集中等队形训练。等到军事教育和训练结束，给士卒发放武器装备，就能建成一支合格的军队。

三、孙膑论“篡卒”

比吴起稍后一些，孙膑研究战争和战争指导问题，同样重视论述军人之“兵”。如《孙膑兵法·五名》曰：

> 兵有五名：一曰威强，二曰轩骄，三曰刚至，四曰勖忌，五曰重柔。夫威强之兵，则屈软而待之；轩骄之兵，则恭敬而久之；刚至之兵，则诱而取之；勖忌之兵，则薄其前，噪其旁，深沟高垒而难其粮；重柔之兵，则噪而恐之，振而捅之，出则击之，不出则回之。

这是说军队常有五种类型：一是耀武扬威，二是高傲蛮横，三是刚愎自用，四是贪婪狡猾，五是迟疑软弱。对耀武扬威的敌人，就用示弱的办法去对付；对高傲蛮横的敌人，就用谨慎而持久的办法去拖垮；对刚愎自用的敌人，就用诱敌深入的办法去战胜；对贪婪狡猾的敌人，就要迫近其正面，袭扰其两翼侧，深沟高垒，使其粮食补给困难；对迟疑软弱的敌人，就用鼓噪的办法去恐吓，用威慑的办法去触动，等敌人出来再打击，若不出来就围困。

在军队建设方面，孙膑不赞成以“仁政”“无为”等思想作指导，认为首要问题是“富国”，“富国”为“强兵之急者”。只有大力发展生产，国家经济状况良好，才能搞好军队建设。要搞好军队建设，必须着眼于人的素质，加强军队建设，其中重要的一环，就是“行篡”。

所谓“行篡”，又称“篡贤取良”，指通过选拔各种优秀人才，包括挑选士卒，强化将帅的素质，来提高军队的战斗力。《孙膑兵法·篡卒》曰：

兵之胜在于篡卒，其勇在于制，其巧在于势，其利在于信，其德在于道，其富在于亟归，其强在于休民，其伤在于数战。

这说明军队编制精良，在于严格挑选士卒；军队作战勇敢，在于组织指挥严密；军队作战巧妙，在于创造有利的态势；军队作战顺利，在于将帅讲究信用；军队政治素质优良，在于正确的思想引导；军队物资供应充足，在于速战速归；军队战斗力增强，在于及时的休整；军队战斗力削弱，在于频繁的作战。在这八项原则基础上，孙膑概括地指出：政治素质是军队建设的基础；信用是赏罚分明的保证；不穷兵黩武，是战争决策的前提；取得士卒的拥护，是战争胜利的关键。

四、《尉缭子》："王霸之兵"

尉缭撰著《尉缭子》，因为注重论述军队建设问题，使用军人之"兵"的频率同样较高。如《尉缭子·兵谈篇》曰：

治兵者，若秘于地，若邃于天，生于无。

《制谈篇》曰：

凡兵，制必先定，制先定则士不乱，士不乱则刑乃明。

士失什伍，车失偏列，奇兵捐将而走，大众亦走，世将不能禁。

听臣之术，足使三军之众为一死贼，莫当其前，莫随其后，而能独出独入焉。独出独入者，王霸之兵也。

《战威篇》曰：

善用兵者，能夺人而不夺于人者，心之机也。

田禄之实，饮食之亲，乡里相劝，死生相救，兵役相从，此民之所励也。

《攻权篇》曰：

兵以静固，以专胜。

分险者无战心，挑战者无全气，斗战者无胜兵。

权敌审将，而后举兵，故集兵千里者旬日，百里者一日，必集敌境。

《武议篇》曰：

一人之兵，如狼如虎，如风如雨，如雷如霆，震震冥冥，天下皆惊。

胜兵似水。

《勒卒令》曰：

正兵贵先，奇兵贵后，或先或后，制敌者也。

《兵教上》曰：

> 兵之教令，分营居阵，有非令而进退者，加犯教之罪。
> 凡明刑罚，正劝赏，必在乎兵教之法。
> 此之谓兵教，所以开封疆，守社稷，除患害，成武德也。

《兵令上》曰：

> 善御敌者，正兵先合，而后扼之，此必胜之术也。

《尉缭子》注重论述军队建设问题，所谓“王霸之兵”，大概取自《孙子兵法》，但与孙子所论有所不同，强调战争的主动权，军队行动要确保主动性，做到独往独来。所谓“一人之兵”，大抵出自孙子所说“善用兵者，携手若使一人”，“犯三军之众，若使一人”①，指军队团结一致，步调一致，如同一个人行动那样。所谓“正兵”“奇兵”，应该是沿袭《孙子兵法》的原意，指战时军队的部署，以正对敌，出奇制胜。所谓“兵教”，即军队的教育活动，包括军事训练的方法、步骤和相关的奖惩制度，是尉缭重视军队建设的集中表现。

此外，尉缭沿袭《吴子兵法》之论，解释“教战”之法说：“百人而教战，教成合之千人；千人教成，合之万人；万人教成，会之于三军。三军之众，有分有合，为大战之法。”② 在尉缭看来，军队通过全体将士的合练，掌握了集中和分散的要领，就可以投入一场大战。

---

① 《孙子兵法·九地》。

② 《尉缭子·勒卒令》。

五、荀子："仁人之兵"

战国后期，荀子站在儒家的政治立场上，评论历史上出现的各种军队，提出了"仁人之兵""王者之兵""和齐之兵""亡国之兵""危国之兵""末世之兵"等概念，并且作出了细致的解释。

从具体历史实际出发，荀子认为商汤王、周武王的军队是"仁人之兵"，齐桓公、晋文公、楚庄王、吴王阖闾、越王勾践的军队是"和齐之兵"，战国时齐国的军队是"亡国之兵"，魏国的军队是"危国之兵"，秦国的军队是"末世之兵"。通过各种军队的比较，荀子得出了一个结论："齐之技击不可以遇魏氏之武卒，魏氏之武卒不可以遇秦之锐士，秦之锐士不可以当桓文之节制，桓文之节制不可以敌汤武之仁义，有遇之者，若以焦熬投石焉。"① 这是说"仁人之兵"优于其他所有类型的军队，具有战胜一切的力量。

> 仁人之兵，所存者神，所过者化，若时雨之降，莫不说喜。是以尧伐驩兜，舜伐有苗，禹伐共工，汤伐有夏，文王伐崇，武王伐纣，此四帝两王，皆以仁义之兵行于天下也。故近者亲其善，远方慕其义；兵不血刃，远迩来服，德盛于此，施及四极。②

这是说"仁义之兵"的威力，表现在所驻扎的地方就能平治，所经过的地方就受感化，好像下了一场及时雨，人们莫不欢喜。尧帝征伐驩兜，舜帝征伐有苗，大禹征伐共工，商汤王征伐有夏氏，周文王征伐崇

---

① （清）王先谦：《荀子集解》卷一〇《议兵》，中华书局 1988 年版，第 274 页。

② 《荀子集解》卷一〇《议兵》，第 279—280 页。

国，周武王征伐商纣，这些帝王都是用仁义之兵，在天下称帝称王。所以，邻近的人敬佩他们的善行，远方的人仰慕他们的道义；根本不用杀人流血，远近的诸侯都来归附，仁德兴盛于一方，而影响到四面八方。

依照荀子的解释，“仁人之兵”又称“王者之兵”，因为“仁者之兵，王者之志也”①。只有像商汤王、周武王那样的王者，崇尚“仁义”，奉行“王道”，才能够拥有“仁人之兵”。“王者有诛而无战，城守不攻，兵格不击，上下相喜则庆之，不屠城，不潜军，不留众，师不越时。”②这是说像商汤王、周武王那样的王者，只有征伐而没有攻战，他们的军队不搞突然袭击，不毁坏城郭，不杀戮民众，不长期占领别人的地方，不超过预定的出兵期限，这就是“仁人之兵”的行为特征。

先秦儒家有关军队的论述，深刻地影响了中国兵家的发展。后世兵家讨论军队问题，经常是糅合各个学派的观点。明代刘寅注解《武经七书》，就把历代军队分为三等：“上焉者，仁义之兵也；中焉者，节制之兵也；下焉者，权诈之兵也。仁义之兵，汤武是也；节制之兵，桓文是也；权诈之兵，孙吴是也。权诈不如节制，节制不如仁义。仁义之兵，道、天、地、将、法五者悉备焉。节制之兵，天、地、将、法则有之，论道则不过假仁义而已矣。权诈之兵，或有因天时而取胜者，或有因地利而取胜者，将、法未尝不有焉，而道不过恩信惠爱以结人心耳。学仁义之兵不得，则为节制之兵可也；学节制之兵不得，则为权诈之兵亦可也。”③这是从历史的角度评论军队，崇尚“仁义之兵”而贬损“权诈之兵”，体现出引儒释兵的特点。

① 《荀子集解》卷一〇《议兵》，第266页。

② 《荀子集解》卷一〇《议兵》，第279页。

③ （明）刘寅：《武经七书直解·唐李问对直解卷下》。

第三节　兵者，国之大事

兵之本义指兵器，使用兵器的人为军人，军人所做的事情为战争，所以“兵”引申为战争。在这一层语义上，“兵”与“武”字相近。甲骨文中“武”作，本义指手持兵器前进，而后转义指借助军事力量相威慑以制止战争。《左传·宣公十二年》曰：“夫文，止戈为武。”“夫武，禁暴戢兵、保大定功、安民和众、丰财者也。”所谓“武”指战争，其本质与“兵”一致。《孙子兵法》开篇曰：“兵者，国之大事，死生之地，存亡之道，不可不察也。”这是把战争当作国家的头等大事，因为战争关系到国家的兴亡和民众的生死，所以君主和将帅必须认真研究。围绕战争和战争指导问题，先秦兵家经过反复的探讨，提出了一系列军事思想。

一、孙子：“兵形象水”

在先秦兵家元典中，使用战争之“兵”最频繁者，当属《孙子兵法》。如《计篇》曰：

> 兵者，诡道也。

《作战篇》曰：

> 兵闻拙速，未睹巧之久也。夫兵久而国利者，未之有也。
> 兵贵胜，不贵久。

《谋攻篇》曰：

上兵伐谋，其次伐交，其次伐兵，其下攻城。

《形篇》曰：

兵法：一曰度，二曰量，三曰数，四曰称，五曰胜。

《虚实篇》曰：

夫兵形象水，水之行，避高而趋下；兵之形，避实而击虚。水因地而制流，兵因敌而制胜。故兵无常势，水无常形，能因敌变化而取胜者，谓之神。

《军争篇》曰：

兵以诈立，以利动，以分合为变者也。

《地形篇》曰：

知兵者，动而不迷，举而不穷。

《九地篇》曰：

兵之情主速，乘人之不及，由不虞之道，攻其所不戒也。

兵之情，围则御，不得已则斗，过则从。

《用间篇》曰：

此兵之要，三军之所恃而动也。

《孙子兵法》开宗明义地把战争当作国家大事，要求君主和将帅进行深入的研究。所谓“兵家”，指研究军事问题、从事战争活动的专家。所谓“上兵”，指用兵作战的上策，即运用谋略战胜敌人。所谓“兵法”，指用兵作战的方法，即战争指导的方略或指挥作战的方法。所谓“兵形”，又称“兵之形”，指军事行动的态势。所谓“兵之情”，简称“兵情”，指军事行动的情势。所谓“知兵者”，就是通晓军事、了解战争的人。从上述引文来看，孙子使用战争之“兵”，主要论述战争指导的原则和方法，而较少涉及战争观，对战争的性质、起因及终结等问题，缺乏较细致的论述。

二、吴起论“义兵”

《孙子兵法》之后，有关战争观的问题受到历代兵家的关注，产生了一系列新概念。其中，最引人注目的是战争之“兵”与“义”相结合，构成了一个重要的关键词：“义兵”。战国前期，吴起从战争的起因来探究战争的性质，把战争分为五种类型，依次是“义兵”“强兵”“刚兵”“暴兵”“逆兵”。《吴子兵法·图国篇》曰：

凡兵者之所以起者有五：一曰争名，二曰争利，三曰积恶，四曰内乱，五曰因饥。其名有五：一曰义兵，二曰强兵，三曰刚兵，四曰暴兵，五曰逆兵。①

① 《吴子兵法·图国》。

吴起着眼于统治阶级的本性，探索战争的起因问题，认为战争的起因有五种：一是争夺名位，二是攫取利益，三是积仇怨，四是发生内乱，五是遭受饥荒。从这一认识出发，吴起区分战争的性质，也相应地列出五种："义兵""强兵""刚兵""暴兵""逆兵"。对于这五种性质的战争，吴起都有具体的解释，并针对每一种战争的特点，提出了相应的对策：

> 禁暴救乱曰义，恃众以伐曰强，因怒兴师曰刚，弃礼贪利曰暴，国乱人疲，举事动众曰逆。五者之服，各有其道，义必以礼服，强必以谦服，刚必以辞服，暴必以诈服，逆必以权服。①

这就是说，"义兵"是消除暴虐、挽救动乱的战争，对这种战争只能用礼治来折服；"强兵"是依仗强势、侵犯别国的战争，对这种战争只能用谦让来降服；"刚兵"是因为愤怒而发动的战争，对这种战争只能用言辞来说服；"暴兵"是背弃礼义、贪图私利的战争，对这种战争只能用诡道来制服；"逆兵"是不顾内乱、丧失民心的战争，对这种战争只能用权势来慑服。显然，在这五种战争之间，只有"义兵"是正义战争，其他都是非正义战争。

在吴起看来，应对"义兵"只能依靠礼治，即所谓"义必以礼服"②。这个观点一经提出，就受到后世兵家的高度重视。还有"强兵"一词，指的是以强凌弱的侵略战争，与现代汉语的"强兵"之义相去甚远。

---

① 《吴子兵法·图国》。

② 《吴子兵法·图国》。

三、“兵者，以武为植，以文为种”

与吴起的视角接近，尉缭撰著《尉缭子》，着眼于战争与政治的关系，分析战争之“兵”的性质，提出了明确的战争观。如《战威篇》曰：

> 凡兵，有以道胜，有以威胜，有以力胜。

《武议篇》曰：

> 凡兵，不攻无过之城，不杀无罪之人。夫杀人之父兄，利人之货财，臣妾人之子女，此皆盗也。故兵者，所以诛暴乱、禁不义也。

《兵令上》曰：

> 兵者，以武为植，以文为种；武为表，文为里。能审此二者，知胜败矣。文所以视利害、辨安危；武所以犯强敌、力攻守也。专一则胜，离散则败。

这里把战争的目的确定为“诛暴乱、禁不义”，就等于肯定了“义兵”的社会功能。尉缭用植物和种子的关系，比喻战争和政治的关系，说明战争是表层的现象，政治是根本的内涵；战争派生于政治，政治决定着战争；政治用于审视利害，辨别安危；军事用于打击敌人，保卫国家。这两者若是相互统一，就能够取得胜利；若是相互分离，就必然遭到失败。

四、荀子："仁人之兵"

有关战争的本质问题，还得到一些思想家、政治家的关注。荀子较明确地指出："兵者，所以禁暴除害也，非争夺也。"[①]这是从战争的目的立论，肯定战争的社会功能。战争的目的在于禁暴除害，而不是为了争权夺利。这种性质的战争，被荀子称作"仁人之兵""王者之兵"，给予充分的肯定。

在荀子看来，所谓"仁人""王者"，不会为争权夺利而发动战争，战争只是征诛而非攻伐。"凡诛，非诛其百姓也，诛其乱百姓者也。"[②]这种性质的战争在于维护社会稳定，保障民众安全，具有一定的正义性。从战争进程来看，这种性质的战争能引发社会的期盼，赢得民众的支持。"王者有诛而无战，城守不攻，兵格不击，上下相喜则庆之。"[③]"故仁人之兵，所存者神，所过者化，若时雨之降，莫不说喜。"[④]所以，这种性质的战争，必定是"不战而胜，不攻而得，甲兵不劳而天下服"[⑤]。这样理解战争的本质，明显地带有理想主义的色彩，却成为后世儒家的一种共识。

第四节 "大刑用兵"

先秦兵家对元关键词"兵"的阐释，构筑起一个"兵"系关键

① 《荀子·议兵》。
② 《荀子·议兵》。
③ 《荀子·议兵》。
④ 《荀子·议兵》。
⑤ 《荀子·王霸》。

词，其中包括三个组成部分：兵器之“兵”、军人之“兵”和战争之“兵”。“兵”作为兵家元典的元关键词，以器物言指兵器，以使用器物者言指军人，以使用器物的行为言指战争。这三个义项同体共生，具有密不可分的关系。从先秦兵家元典来看，这个关键词系的每个组成部分都具有丰富的内涵，兵器之“兵”包括兵器、兵革、兵车、兵甲和甲兵、长兵和短兵等；军人之“兵”包括兵士和士兵、正兵和奇兵、胜兵和败兵等；战争之“兵”包括义兵、强兵、刚兵、暴兵和逆兵等，由此建构了先秦兵家的思想体系，支撑起中国兵学的整体架构。

不啻如此，在这个关键词系之外，还必须说明“兵”的另一层内涵，即法律之“兵”。从法律史的角度看，自从春秋战国以来，“兵”就被赋予法律的内涵，成为最高统治者实施惩罚的一种手段。据《国语·鲁语上》记载，臧文仲进劝鲁僖公曰：

> 刑五而已，无有隐者，隐乃讳也。大刑用甲兵，其次用斧钺，中刑用刀锯，其次用钻笮，薄刑用鞭扑，以威民也。故大者陈之原野，小者致之市朝，五刑三次，是无隐也。

臧文仲的话表明，春秋时期所谓“五刑”，除专指墨、劓、刖、宫、大辟五种刑罚之外，还有另一层含义，即指使用甲兵、斧钺、刀锯、钻笮、鞭扑五种刑罚。这五种刑罚又分为大刑、中刑、薄刑三等：大刑使用甲兵诛杀，其次使用斧钺斩首，中刑使用刀锯断肢，其次使用钻笮刺字，薄刑使用鞭扑抽打。这三等刑罚执行时会选择三种场地：使用大刑诛杀的人要丢弃在荒野，其他受惩处的人则陈放在朝堂或大街上。这种“五刑”制度排斥私刑的做法，倡导公开惩治的原则，在秦汉时期法制建设中，仍具有较大的影响。《史记·律书》曰：

兵者，圣人所以讨强暴，平乱世，夷险阻，救危殆。……昔黄帝有涿鹿之战，以定火灾；颛顼有共工之陈，以平水害；成汤有南巢之伐，以殄夏乱。递兴递废，胜者用事，所受于天也。

依照司马迁所言，战争是圣人用以征讨强暴，平定乱世，铲除险阻，挽救危亡的主要手段。历史上，黄帝经过涿鹿之战，平定炎帝造成的灾害；颛顼帝摆出共工之阵，平定少昊造成的灾害；商汤王发动南巢之战，消灭夏朝的祸乱。这一代代政权更迭，胜利者得以统治天下，都是接受上天之命。

《汉书·刑法志》曰：

《书》云"天秩有礼"，"天讨有罪"。故圣人因天秩而制五礼，因天讨而作五刑。大刑用甲兵，其次用斧钺；中刑用刀锯，其次用钻凿；薄刑用鞭扑。大者陈诸原野，小者致之市朝，其所由来者上矣。

班固的叙述，以《尚书》所谓"天秩有礼""天讨有罪"为理论依据，重申"五礼""五刑"的合法性。这是兵刑合一、大刑用兵的法制理念，既突显出战争的合法性，也体现出法律的正义性。这种法制理念影响深远，直到宋代方逢辰的《名物蒙求》，仍然要说"小争则讼，大争则兵，乃置军旅，将帅专征"，还是把战争当作解决社会矛盾的重要手段。

最后要说的是，"兵"作为兵家元典的一个元关键词，在历代军事制度中也有突出的反映。三国时期，曹魏设置五兵尚书，掌管全国军政事务，下辖中兵、外兵、骑兵、别兵、都兵五郎曹。西晋朝廷分中兵、外兵为左、右两郎曹，仍称五兵尚书。北魏改称七兵尚书。隋朝确立三省六部制度，尚书省作为最高行政机构，下设吏、礼、兵、度支、都官、工六部。唐朝改称吏、户、礼、兵、刑、工六部。兵部设有尚书一人，侍郎二人，“掌天下武官选授及地图与甲仗之政令”①，下辖兵部、职方、驾部和库部。明朝洪武十三年（1380年），朱元璋废除丞相一职，撤销中书省，六部直接对皇帝负责，兵部为最高军政机构。清朝沿袭明制，兵部仍设尚书、左右侍郎，满族、汉族各一人，“尚书掌釐治戎政，简覈军实，以整邦枢，侍郎贰之”②，下辖武选、车驾、职方、武库四清吏司。直到光绪三十二年（1906），清朝廷适应军事近代化的要求，参照西方国家的军事制度，废除兵部，改设陆军部。

① 《旧唐书》卷四三《职官二》。

② 《清史稿》卷一一四《职官一》。

第二章　战：禁暴与除乱

人类跨入文明社会，经历了无数次的战争。这一客观历史证明：战争是不可避免的事情。面对过去的或者当前的战争，人们既不能单纯地从感情出发，诅咒战争或者赞美战争；也不能仅仅满足于判断战争的性质，如正义或者非正义、侵略或者反侵略，而必须进一步地研究战争。研究战争的目的，在于遏制和消除战争，争取和维护和平。所以，“战”作为兵家元典的一个核心关键词，围绕战争决策和战争指导问题，有着深入而持久的讨论。

第一节　战与战系关键词

战，是一个形声字，不见于甲骨文。甲骨文中有“正”“伐”二字，“正”即“征”，指商王对外战争。其后，“征”“伐”合为一词，泛指出征讨伐。如孔子曰：“天下有道，则礼乐征伐自天子出；天下无道，则礼乐征伐自诸侯出。”[①] 这是说天子决定战争，就具有合法性，而诸侯决定战争，就丧失合法性。不过，孔子既讲“征伐”，也讲“战”。如孔子曰：

① 《论语·季氏》。

“以不教民战，是谓弃之。”① 由此可知，春秋后期人们谈论战争，已经是“战”和“征伐”两词并用。

在冷兵器时代，“战”作为一种作战方式，是有组织的群体格斗。《说文解字》以“鬭”释“战”，解释说：“鬭也，从戈单声。”段玉裁注：“斗也。斗各本作鬭。今正。斗者，两士相对。兵杖在后也。《左传》曰：‘皆陈曰战。’战者，圣人所慎也。故引申为战惧。”桂馥注：“鬭当为鬥。本书‘鬥’下云：‘两士相对，兵杖在后，象鬥之形。’《春秋》桓十七年：‘及齐师战于奚。’杜注：‘皆陈曰战。’”张舜徽解释说：“战之言争也，谓因争夺以致交斗也。凡言战栗、战惧，皆借‘战’为‘颤’。”② 今文“战”字从占从戈，应是对“从戈单声”的误解，“战”之本义为相斗，而不是占戈为战。

从历史上看，春秋以前的战争形式以车战为主，这种形式的战争没有战役和战斗的区分，也没有进攻和防守的对抗。在通常的情况下，战争双方布设阵形之后，差不多同时向对方冲击，使用冷兵器展开搏杀，直到一方逃离战场，战胜者追击一段路程，就结束了这场战争。《左传·庄公十一年》曰：“凡师，敌未陈曰败某师，皆陈曰战，大崩曰败绩，得人隽曰克，覆而败之曰取某师，京师败曰王师败绩于某。”这是把“战”单列为一种作战方式，强调敌我双方都摆好阵形而后交战。进入战国以后，随着武器装备的改进和军队组织的变化，车战被步战所代替，出现了大规模的攻城和守城作战，以及大规模的骑战、水战等，作战方式被不断地刷新，“战”的语义也随之扩展，泛指战斗、战役和战争等。

“战”系关键词的构成，主要分为四个部分：一是对“战”的解析

---

① 《论语·子路》。

② 张舜徽：《说文解字约注》，华中师范大学出版社 2009 年版，第 3110 页。

而产生的关键词群，包括战争、战役、战斗、战略、战术、作战、交战等；二是从不同的军兵种对“战”的分类，包括步战、骑战、炮战等；三是从不同的天候、地理条件对“兵”的分类，包括陆战、水战、海战、昼战、夜战、山战、谷战等；四是与战争相关联而产生的关键词群，包括战地、战场、战道、战权等。这四个关键词群相互依存，彼此有着密切的关联。

第二节　先秦兵家论“战”

一、孙子对“战”的解析

通检《孙子兵法》十三篇，“战”字一共出现63次，是出现频率较高的一个字。其中，有作单字使用的，如《计篇》曰：

> 夫未战而庙算胜者，得算多也；未战而庙算不胜者，得算少也。

《谋攻篇》曰：

> 百战百胜，非善之善者也；不战而屈人之兵，善之善者也。
>
> 善用兵者，屈人之兵而非战也。
>
> 敌则能战之。
>
> 知可以战与不可以战者胜。

《虚实篇》曰：

战胜而天下曰善，非善之善者也。
能以众击寡者，则吾之所与战者，约矣。
敌所备者多，则吾所与战者，寡矣。

《九变篇》曰：

围地则谋，死地则战。

《地形篇》曰：

通形者，先居高阳，利粮道，以战则利。

《九地篇》曰：

诸侯自战其地，为散地。
散地则无战。

这里的“战”字，均指敌我两军交战，交战双方先摆开阵形，而后相向对冲厮杀。唐代李筌注解“谋攻”说：“合阵为战，围城曰攻。”[①]这说明“战”和“攻”的区别，在于前者是战阵交合，后者是围攻城邑。“战”作为一种作战方式，通常在比较开阔的地带进行，因而被称为

① （春秋）孙武撰，（东汉）曹操等注，杨丙安校理：《十一家注孙子校理》，中华书局1999年版，第44页。

野战。

在《孙子兵法》一书中，使用了一系列以“战”为词根的军事术语。这些军事术语可以分为两类：一类是用“战”加前缀组成的词语，如第二篇以“作战”为标题，主要论述了速战速决的必要性和持久作战的危害性。这是兵家第一次提出“作战”的概念，但其语义不同于现代汉语。

《作战篇》曰：

> 车战得车十乘以上，赏其先得者，而更其旌旗。
> 其用战也胜，久则钝兵挫锐。

《虚实篇》曰：

> 知战之地，知战之日，则可千里而会战。

《军争篇》曰：

> 夜战多火鼓，昼战多旌旗，所以变人之耳目也。

《行军篇》曰：

> 远而挑战者，欲人之进也。

《地形篇》曰：

> 远形者，势均，难以挑战，战而不利。
> 知此而用战者必胜，不知此而用战者必败。

《九地篇》曰：

疾战则存，不疾战则亡者，为死地。

这里的“车战”，即以战车为核心的作战形式。“用战”，指用兵作战。“会战”，指敌我双方在一定地区和时间内进行的决战。“挑战”，指采取一定的措施诱使敌人出来应战。“疾战”，指速战、速决战。“夜战”和“昼战”，分别指敌我双方在夜晚和白天作战，这样的区分是要说明夜晚作战多用金鼓，白天作战多用旌旗，目的在于确切地指挥作战。

另一类是用“战”加后缀组成的词语，如《形篇》曰：

胜者之战民也，若决积水于千仞之溪者，形也。

《势篇》曰：

战势不过奇正。

任势者，其战人也，如转木石。

善战人之势，如转圆石于千仞之山者，势也。

《虚实篇》曰：

凡先处战地而待敌者佚，后处战地而趋战者劳。

知战之地，知战之日，则可千里而会战。不知战地，不知战日，则左不能救右，右不能救左……

《地形篇》曰：

战道必胜，主曰无战，必战可也；战道不胜，主曰必战，无战可也。

《九地篇》曰：

践墨随敌，以决战事。

这里的“战民”与“战人”同义，即指挥军队作战。“战势”，指敌我双方作战的情势。“战地”，指敌我双方交战的地方。“战日”，指敌我双方交战的日期。“战道”，指战争规律。“战事”，即军事方略、作战计划，或者指战争。

需要指出的是，《孙子兵法》经常使用“善战者”一词，指那些善于指挥作战的人。如《形篇》曰：

昔之善战者，先为不可胜，以待敌之可胜。

善战者，能为不可胜，不能使敌之可胜。

古之所谓善战者，胜于易胜者也。故善战者之胜也，无智名，无勇功。

善战者，立于不败之地，而不失敌之败也。

《势篇》曰：

善战者，其势险，其节短。

善战者求之于势，不责于人，故能择人而任势。

《虚实篇》曰：

善战者致人而不致于人。

这些“善战者”，有的出于孙子对历史经验的总结，有的只是孙子的个人设想。借助这些“善战者”的做法，孙子提出了一系列战争指导原则，构成孙子思想的核心内容。

二、《吴子兵法》论“战”

在先秦兵家元典中，“战争”一词最早见于《吴子兵法》。“楚性弱，其地广，其政骚，其民疲，故整而不久。击此之道，袭乱其屯，先夺其气，轻进速退，弊而劳之，勿与战争，其军可败。”① 不过，这里所谓“战争”，仍然是两军交战的意思，还不具备现代军语“战争”的内涵。

《吴子兵法》对“战”的论述，虽然沿袭《孙子兵法》的说法，认为“凡战之法，昼以旌旗幡麾为节，夜以金鼓笳笛为节”②，但侧重点在于军队建设方面，明确地提出了“治兵”“学战”的概念。如《治兵篇》曰：

用兵之法，教戒为先。一人学战，教成十人。十人学战，教成百人。百人学战，教成千人。千人学战，教成万人。万人学战，教成三军。

这里，吴起特别重视军事训练，认为一个人学会战斗本领，可以教

---

① 《吴子兵法·料敌》。

② 《吴子兵法·应变》。

会十个人；十个人学会，可以教会一百人；一百人学会，可以教会一千人；一千人学会，可以教会一万人；一万人学会，可以教会三军。通过这样的军事训练，就能够由少到多，训练成一支强大的军队。

在指挥作战方面，吴起根据不同的敌情，提出了一系列作战方法。如《料敌篇》曰：

> 凡料敌有不卜而与之战者八：一曰疾风大寒，早兴寤迁，刊木济水，不惮艰难；二曰盛夏炎热，晏兴无间，行驱饥渴，务于取远；三曰师既淹久，粮食无有，百姓怨怒，妖祥数起，上不能止；四曰军资既竭，薪既寡，天多阴雨，欲掠无所；五曰徒众不多，水地不利，人马疾疫，四邻不至；六曰道远日暮，士众劳惧，倦而未食，解甲而息；七曰将薄吏轻，士卒不固，三军数惊，师徒无助；八曰陈而未定，舍而未毕，行阪涉险，半隐半出。诸如此者，击之勿疑。

这是说判断敌情，不必占卜就可与敌人交战的，有八种情形：一是暴风严寒中，昼夜行军，伐木渡河，不顾困难。二是盛夏炎热时，出发很迟，途中不休息，行军急速，又饥又渴，只顾赶往远地。三是出兵已久，粮食用尽，百姓怨恨，谣言屡起，将帅不能制止。四是军资耗尽，柴草不多，阴雨连绵，无处可掠夺。五是兵力不多，水土不服，人马多病，四邻援军未到。六是路远日暮，部队疲劳恐惧，困倦未食，解甲休息。七是将吏无威信，士卒不稳定，全军屡次惊慌，而又孤立无援。八是战阵未定，正在准备宿营，翻山越险，部队还在行进。遇到这类情形，都应迅速进击，不要迟疑。

在指挥作战方面，《吴子兵法》还专门解释了“谷战”“水战”的作战要领：

谷战，虽众不用。募吾材士与敌相当，轻足利兵以为前行，分车列骑隐于四旁，相去数里，无见其兵，敌必坚陈，进退不敢。于是出旌列旆，行出山外营之，敌人必惧。车骑挑之，勿令得休。①

在狭谷地带作战，因为地势不开阔，用不上众多的兵力，应当派遣精锐部队，正面与敌人对抗，挑选精锐士卒为前锋，而把车兵、骑兵分散隐蔽在四周，与前锋相距数里，不要暴露实力。这样一来，敌人就会坚守战阵，不敢轻易出动。我军再派遣一支部队，举起整齐的旌旗，走出山外扎营，敌人必定恐惧，而后派出车兵、骑兵向敌人挑战，使敌人不得休息。

水战，无用车骑，且留其傍。登高四望，必得水情。知其广狭，尽其浅深，乃可为奇以胜之。敌若绝水，半渡而薄之。②

在江河湖泊作战，因为道路不通畅，用不上车兵、骑兵，应该把他们留在岸边。将帅要登高远望，了解水面的宽窄，探明水流的深浅，才能够出奇制胜。敌人若渡水而来，即可乘半渡之机，迅猛地攻击敌人。

三、《司马法》："以战止战，虽战可也"

在中国兵学史上，"禁暴除乱"作为战争的本质，不仅体现着中国

---

① 《吴子兵法·应变》。

② 《吴子兵法·应变》。

兵家的现实关怀，还得到传统文化的精神支撑。怎样通过战争的手段达到和平的目的，成为兵家特别关注的一个重要问题。《司马法》作为一部反映西周至战国时期军事制度和思想观念的著作，对于“战”字作出了深刻的解释。《仁本篇》曰：

古者，以仁为本，以义治之之谓正，正不获意则权。权出于战，不出于中人。是故杀人安人，杀之可也；攻其国，爱其民，攻之可也；以战止战，虽战可也。故仁见亲，义见说，智见持，勇见方，信见信。内得爱焉，所以守也；外得威焉，所以战也。①

这是说古时候，君主治理天下，是以仁爱为根本，运用正义的手段来处理各种事务，这就叫作政治。政治达不到目的，就应当动用权威，采取战争的方式，而不仅仅是仁爱。所以，杀掉一些坏人，使民众得到安定，就可以杀人；进攻别的国家，以保护它的民众，就可以进攻；运用战争手段来制止战争，就可以发动战争。政治上，君主用仁爱取得民众的亲近，用正义取得民众的爱戴，用智谋取得民众的支持，用勇敢取得民众的效法，用诚实取得民众的信任，对内有民众的拥护，就可以守卫国土；对外有威慑的力量，就可以战胜敌人。

从战争与国家的关系来说，《司马法·仁本》曰：

战道，不违时，不历民病，所以爱吾民也；不加丧，不因凶，所以爱夫其民也；冬夏不兴师，所以兼爱民也。故国虽大，好战必亡；天下虽安，忘战必危。

---

① 《司马法·仁本》。

这里谈及“战道”，是指战争规则，包括不耽误农时，不在疫病流行时出兵，以爱护本国的民众；不趁敌国料理丧事，或者遭受灾荒，以爱护敌国的民众；不在冬夏两季打仗，以保护双方的民众。所以，尽管国家强大，一味穷兵黩武，终将遭到灭亡；虽然天下太平，忘掉战争准备，必定遭到危险。从此以后，“国虽大，好战必亡；天下虽安，忘战必危”两句话，就成为告诫历代统治者的箴言。

至于如何加强战备，如何指挥作战？《司马法·定爵》曰：

> 凡战，有天，有财，有善。时日不迁，龟胜微行，是谓有天。众有有，因生美，是谓有财。人习阵利，极物以豫，是谓有善。

在这段话里，“天”指天时，“财”指资财，“善”指战备。不违背有利时机，占卜吉利、兆示可行，就是得到天时。民众收获丰盛，因而产生和美，就是得到资财。将士熟悉阵法，能发挥出战斗力，就有充分准备。具备这些条件，再去与敌人交战，就能稳操胜券。《定爵篇》又曰：

> 凡战，间远观迩，因时因财，贵信恶疑。作兵义，作事时，使人惠。见敌静，见乱暇，见危难无忘其众。居国惠以信，在军广以武，刃上果以敏。居国和，在军法，刃上察。居国见好，在军见方，刃上见信。

显然，依《司马法》之见，将帅指挥作战，要充分了解敌情，根据天时和财力，做到必胜无疑。举兵要符合正义，处事要把握天时，用人要注重恩惠。发现敌情要冷静，遇到骚乱要从容，遭受危难不能忘掉部众。在军中要威武豪迈，作战时要果敢敏捷；在军中要严明纪律，作战时要头脑清醒；在军中要成为楷模，作战时要受人信任，这样才能取得胜利。

此外，《司马法》论述作战原则，比较注意轻重、治乱、进退、难易、固危等各种关系，运用“相为轻重”的观点，去判断敌我双方的变化。《严位篇》曰：

凡战，以轻行轻则危，以重行重则无功；以轻行重则败，以重行轻则战，故战相为轻重。

所谓“轻重”，指不同的军事力量。在许多情况下，敌我双方的力量并不一定势均力敌，而会有强弱的差别。以弱小对付弱小，就会遭受危险；以强大对付强大，往往劳而无功；以弱小对付强大，只会必败无疑；以强大对付弱小，方可大胆出击。

总体上说，《司马法》对作战之“战”的诠释，具有明显的整体感。如论战前的预备，称“凡战之道，等道义，立卒伍，定行列，正纵横，察名实；立进俯，坐进跪，畏则密，危则坐”[①]。论作战的过程，又称“位下，左右下，甲坐。誓，徐行之位，逮徒甲，筹以轻重；振马，噪徒甲，畏亦密之；跪坐、坐伏则膝行，而宽誓之。起，噪，鼓而进，则以铎止之；衔枚，誓糗，坐，膝行而推之；执戮，禁顾噪以先之，若畏太甚，则勿戮杀，示以颜色，告之以所生，循省其职”[②]。论作战的原则，则称“凡战，以力久，以气胜；以固久，以危胜；本心固，新气胜；以甲固，以兵胜”[③]。整个作战过程被当作完整的程序，而在每个环节上都有特殊的要求。

① 《司马法·严位》。

② 《司马法·严位》。

③ 《司马法·严位》。

四、尉缭论“战权”

战国时期，适应军队组织的改进和战争形式的变化，尉缭撰著《尉缭子》，讨论战争指导和军队建设问题，除前述“以武为植，以文为种”之说外，还专门列出《战权》一篇，进一步地解说“战”的要义。

尉缭认为，敌我双方的交战，一方先发起进攻，另一方必然反击，双方有胜有败，这是战争的一般规律。因此，要与敌人交战，就必须弄清作战态势，根据敌我力量对比，采取灵活的手段：

> 千人而成权，万人而成武。权先加人者，敌不力交；武先加人者，敌无威接。故兵贵先，胜于此，则胜于彼矣；弗胜于此，则弗胜于彼矣。①

这就是说，只有千人的兵力，可以运用权谋取胜；若有万人的兵力，可以使用武力取胜。先敌运用权谋，敌人就无力交战；先敌使用武力，敌人就无法抗拒。所以，用兵贵在先发制人，若做到这一点，就能战胜敌人；做不到这一点，就不能战胜敌人。

不过，强调先发制人，要防止轻举冒进。如果轻举冒进，只想与敌人决战，而敌人有计划地加以阻止，就必然遭到失败。因此，对于我方来说，敌人寻求决战，马上就去迎战；或者遇到敌人，立刻发动攻击；或者力量不足，又轻率地交战，都会丧失主动权。

> 凡夺者无气，恐者不可守，败者无人，兵无道也。意往而不疑则从之，夺敌而无前则加之，明视而高居则威之，兵

① 《尉缭子·战权》。

道极矣。①

据此可知，军队丧失主动权，就会挫伤士气；军心惶恐不安，就不可能坚守；将帅指挥不当，就会遭到失败。反之，我军斗志昂扬，又熟悉敌情，就可以迎击敌人；若敌人士气低落，又不敢于前进，就可以发动攻击；如果熟悉敌情，又居高临下，就可以威逼敌人。

值得注意的是，汉代刘向评论《尉缭子》，称“缭为商鞅学”。尉缭在国家治理方面，继承了商鞅的“农战”方略。《尉缭子·制谈》曰：

吾用天下之用为用，吾制天下之制为制。修吾号令，明吾刑赏，使天下非农无所得食，非战无所得爵。使民扬臂争出农战，而天下无敌矣。故曰发号出令，信行国内。

在尉缭看来，要是国家强大起来，必须借助天下的财富，参考天下的制度。整肃号令，严明赏罚，使天下都知道不耕种的人不能得食物，无战功的人不能得爵位。鼓励民众奋勇争先地投入生产和战斗，就可以无敌于天下。所以，君主的号令一经发出，就会取信于民而风行全国。

五、《六韬》论“战”

作为先秦兵学的总结，《六韬》承袭吴起的“学战”之说，论述了军事训练的具体做法。如《犬韬·教战》曰：

教吏士，使一人学战，教成，合之十人；十人学战，教

① 《尉缭子·战权》。

> 成，合之百人；百人学战，教成，合之千人；千人学战，教成，合之万人；万人学战，教成，合之三军之众；大战之法，教成，合之百万之众。故能成其大兵，立威于天下。

这里论述军事训练的方法，仍是以一人、十人、百人、千人、万人为单位，逐级进行集合训练，最终练成百万大军。所谓“大战”，指投入“百万之众”的战争，反映出战国时期大规模战争的特点；所谓“大战之法”，是指挥大规模战争的方法，可以说是对《吴子兵法》的一个新论述。

在作战指挥方面，《六韬》结合特殊的地理条件，提出了“林战”“险战”“突战”“火战”等一系列概念，并且逐一作出解释，说明了各自的作战方法。如《六韬·豹韬·林战》曰：

> 林战之法：率吾矛戟，相与为伍；林间木疏，以骑为辅；战车居前，见便则战，不见便则止；林多险阻，必置冲陈，以备前后，三军疾战，敌人虽众，其将可走；更战更息，各按其部。

这是说在森林地带作战，应该把我军使用矛戟的士卒编为混合小分队，在森林中树木稀疏的地方以骑兵辅助作战，把战车配置在前面，发现有利的情况就打，没有发现有利的情况就不打。如森林中有许多险阴地形，就必须设置“四武冲阵”，以防敌袭击我军前后，战斗时务使全军急剧地进行战斗，敌人即便众多，也可被我打败，部队要轮番作战轮番休息，各按编组行动。《六韬·豹韬·分险》曰：

> 凡险战之法，以武冲为前，大橹为卫；材士强弩，翼吾左

右。三千人为屯，必置冲陈，便兵所处。左军以左，右军以右，中军以中，并攻而前。已战者，还归屯所，更战更息，必胜乃已。

这是说在险要地带作战，应该把战车配置在前面，使用大盾牌作掩护，派遣勇士和强弩保障左右两翼。每三千人为一个战斗单位，编成冲击队形，作为进攻部队配置在便于作战的地形上。战斗时，左军用于左翼，右军用于右翼，中军用于中央，三支部队并肩前进。对已经疲劳的部队可以调回原地，全军各部队轮番作战、轮流休息，必然会取得胜利。

《六韬》认为，在山地作战，应该把军队部署在山顶，容易被敌人孤立；部署在山脚，容易被敌人围困。如果已经处在山地，就必须编成鸟云之阵，在能够攀登的地方，都要派兵戒备。在交通要道和谷地，则用战车阻塞，高挂旗帜，以便于联络。各支部队颁行法令，明确作战计划后，就可以选择高地，编成四武冲阵，而后再把战车、骑兵编成鸟云之阵。当敌人进攻时，全军将士可迅速行动，即便敌军人数众多，也能够获得胜利。

在河泽地带作战，如果兵力不足，又粮草短缺，就应该寻找机会，欺骗敌人，迅速转移，在后面设置伏兵，以防止敌人追击。如果敌人未受欺骗，而突然逼近我方，就应该用金玉货财，贿赂敌方间谍和使者，摸清敌人的动向，同时把部队编成四武冲阵，配置在便于作战的地方，把战车、骑兵编成鸟云之阵。在跟敌人交战时，利用伏兵袭击敌军后部，战车、骑兵冲击敌军两翼，这样就能打败敌人。

第三节 儒家和法家论“战”

春秋战国是一个社会转型时期，也是一个政治体制重构时期，各个诸侯国之间的战争连绵不绝。生活在这个时期的每一位思想家都会考虑到社会、政治和战争问题。以孔子、孟子、荀子为代表的儒家和以商鞅为代表的法家，都曾经就战争和战争指导问题，提出了一些军事观点和治国方略。

一、孔子、孟子论“战”

孔子对战争持谨慎态度，不赞同滥用暴力手段。他在回答卫灵公的提问时说：“俎豆之事，则尝闻之矣；军旅之事，未之学也。”[①] 在接待孔文子来访时说：“胡簋之事，则尝学之矣；甲兵之事，未之闻也。”[②] 所谓“俎豆”“胡簋”，均指用于祭祀的礼器；“俎豆之事”“胡簋之事”，则指祭祀的礼仪。这说明孔子偏爱礼仪活动，不太关注军事研究。[③]《论语·述而》曰：

> 孔子所慎：斋、战、疾。

这里，孔子把战争与斋戒、疾病放在一起，都作为谨慎对待的事情。这是不是说孔子压根儿不谈战争问题呢？不是。孔子谈论过军事问题，如据《史记·孔子世家》记述，孔子告诫鲁定公说：“有文事者必

---

① 《论语·卫灵公》。

② 《左传·哀公十一年》。

③ 详见赵国华：《中国兵学史》，福建人民出版社 2004 年版，第 108—111 页。

有武备，有武事者必有文备。”《论语·子路》记载孔子说：“善人教民七年，亦可以即戎矣。”“以不教民战，是谓弃之。”然而，孔子致力于文化、教育事业，缺少具体的战争经验，缺乏深入的兵学研究，所以在兵学上未有建树。

孔子去世之后，儒家分为八个派别，若论学术上的理论建树，首推思孟一派。特别是孟子，作为孔子的再传弟子，竭力倡导“仁政”，坚称“仁者无敌”①。他从历史的角度看，认为商汤王灭葛国，是“为匹夫匹妇复仇”；周武王伐商纣，是“救民于水火之中”②。这两次被人们称道的战争，为诛灭独夫民贼的正义行为，都应当是“征诛”的范例。

战国时期，各国诸侯为了争夺民众，争夺土地，争夺霸主的地位，不惜连年发动战争，战争规模越来越大，给社会造成沉重的灾难，给民众带来极大的痛苦。孟子认为，这都是非正义的战争，所以得出一个结论：“春秋无义战”③。正是基于这一观点，他又极为愤慨地说：

> 争地以战，杀人盈野；争城以战，杀人盈城，此所谓率土地而食人肉，罪不容于死。故善战者服上刑，连诸侯者次之，辟草莱、任土地者次之。④

这种反对兼并战争的观点，显然带有一定的情绪化，只注意战争的暴虐性，而无视战争的必然性，把兵家和法家、纵横家放在一起，加以严厉的抨击。殊不知这个时期的君主要保卫国家，抑或统一天下，如果离开那些善战者，都只是一句空话。而要夺取战争胜利，必须结交同盟

---

① 《孟子·梁惠王上》。
② 《孟子·滕文公下》。
③ 《孟子·尽心下》。
④ 《孟子·离娄上》。

国家，削弱敌对国家力量，又不能离开纵横家。至于提倡开垦荒地，发展农业生产，增加政府经济收入，更是富国强兵的基础，任何统治者都应该重视，怎么会加以惩罚呢？

孟子对兵家的斥责达到了极致，在另一种场合也说过类似“善战者服上刑”的话。“有人曰：‘我善为陈，我善为战。’大罪也。”① 这仍是对“善战者”的彻底否定，仍然是一种带有情绪化的表态。当战争决定一个国家命运的时候，单凭一己愤慨而否定战争的意义，显然无助于解决现实问题。无怪乎孟子周游列国，曾经“后车数十乘，从者数百人，以传食于诸侯”②，却未能得到诸侯赞赏，甚至落得“迂远而阔于事情”的评价③。

二、荀子的战争观

从孟子到荀子，战国历史急剧演变，“诸侯异政，百家异说”④。儒、道、墨、法、兵诸家竞相登场，把诸子之学推到了巅峰状态。在这种学术背景下，荀子继承和发展孔子的思想，批判和吸纳诸子百家的观点，构筑起一整套军事理论⑤，其中对战争、战争形式和战争指导原则都有深刻的论述。

关于战争的本质，在荀子与其弟子陈嚣之间有过一次谈话。陈嚣询问荀子说：“先生议兵，常以仁义为本。仁者爱人，义者循理，然则又何以兵为？凡所为有兵者，为争夺也。”荀子认为陈嚣不懂得这个道理，

---

① 《孟子·尽心下》。

② 《孟子·滕文公下》。

③ 这是齐宣公对孟子的评价，见于《史记·孟荀列传》。实际上，孟子谈论军事问题，也有一些精彩论断，如论战争胜败因素时说：“天时不如地利，地利不如人和。”“得道者多助，失道者寡助。”（均见于《孟子·公孙丑下》）

④ （清）王先谦：《荀子集解》卷一五《解蔽》，中华书局 1988 年版，第 386 页。

⑤ 参见赵国华：《荀子军事理论述略》，《邯郸学院学报》2013 年第 1 期。

“彼仁者爱人，爱人，故恶人之害之也；义者循理，循理，故恶人之乱之也”①，由此给出了一个答案：

彼兵者，所以禁暴除害也，非争夺也。②

荀子论述战争形式，大体上与先秦兵家一致，总是把“战”与“攻”“守”相提并论。如《荀子·王制篇》曰：

筐箧已富，府库已实，而百姓贫，夫是之谓上溢而下漏，入不可以守，出不可以战，则倾覆灭亡可立而待也。

用强者，人之城守，人之出战，而我以力胜之也，则伤人之民必甚矣。

《王霸篇》曰：

其法治，其佐贤，其民愿，其俗美，而四者齐，夫是之谓上一。如是则不战而胜，不攻而得，甲兵不劳而天下服。

《议兵篇》曰：

凡用兵攻战之本，在乎壹民。

这里的“战”，指两军交战；“攻”，指攻城作战；“守”，指守城作

① （清）王先谦：《荀子集解》卷一〇《议兵》，中华书局1988年版，第279页。
② 《荀子集解》卷一〇《议兵》，第279页。

战。“战”之义与“攻”“守”不相同，故而有所区分。所谓“不战而胜”，指不经过两军交战，就能够战胜敌人。这一论点较之孙子说的“不战而屈人之兵”，语义完全相同。

在战争指导方面，荀子坚持“王道”本位，倡导“仁义之兵”，而不赞同“诡道”，反对“权诈之兵”。围绕这一矛盾问题，他在赵孝成王的面前，与临武君做过精彩的辩论。临武君认为：“上得天时，下得地利，观敌之变动，后之发，先之至，此用兵之要术也。”① 荀子不同意这种看法，就明确地指出：

> 凡用兵攻战之本，在乎壹民。弓矢不调，则羿不能以中微；六马不和，则造父不能以致远；士民不亲附，则汤、武不能以必胜也。故善附民者，是乃善用兵者也。故兵要在乎善附民而已。②

这是说用兵作战的根本，在于统一民众的思想。弓箭不协调，后羿不能用来射中微小的目标；六马不和谐，造父不能用来达到远方；士人、民众与君主不亲近，商汤王、周武王不能用来取得胜利。所以，善于亲附民众的人，就是善于用兵的人；用兵作战的关键，只在善于亲附民众。不过，针对荀子的这一观点，临武君也不赞同，认为“兵之所贵者，势利也；所行者，变诈也”③，何须亲附民众呢？为了反驳这一质疑，荀子接着解释说：

> 臣之所道，仁人之兵，王者之志也。君之所贵，权谋势利

① 《荀子集解》卷一〇《议兵》，第 265—266 页。

② 《荀子集解》卷一〇《议兵》，第 266 页。

③ 《荀子集解》卷一〇《议兵》，第 266 页。

也；所行，攻夺变诈也，诸侯之事也。仁人之兵，不可诈也。彼可诈者，怠慢者也，路亶者也，君臣上下之间滑然有离德者也。故以桀诈桀，犹巧拙有幸焉；以桀诈尧，譬之若以卵投石，以指挠沸，若赴水火，入焉焦没耳。故仁人上下，百将一心，三军同力。臣之于君也，下之于上也，若子之事父，弟之事兄，若手臂之捍头目而覆胸腹也。①

两相对比，荀子和临武君讨论战争指导原则，前者站在儒家的立场，后者站在兵家的立场；前者强调用仁义亲附民众，后者主张用权诈战胜敌人；前者的着眼点在政治，后者的侧重点在军事。从战争指导原则来看，他们不同的认识路线，正好反映出儒、兵两家的分歧和差异。

三、商鞅论“农战”

先秦法家以治国理政为职志，不能不关注战争和战争指导问题，而在所有法家代表人物中，商鞅对“战”的理解最为深刻。他特别强调战争的积极作用，主张使用战争的手段消除战争，把战争和刑罚连在一起，明确地指出：

以战去战，虽战可也；以杀去杀，虽杀可也；以刑去刑，虽重刑可也。②

这显然是复述《司马法》的观点，把战争视为消除战争的手段。实际

① 《荀子集解》卷一〇《议兵》，第267页。

② 《商君书·画策》。

上战争也可能制造战争，因为每一次战争都会带来新的仇恨和矛盾，当这种仇恨和矛盾达到一定的沸点，就会引发新的战争。所以，这样诠释战争的社会功能，既有理想主义的政治成分，也有功利主义的现实企图。

不过，战争是让人流血牺牲的事情，倘若没有特殊的理由或特别的需求，就不会有人自愿流血牺牲。商鞅所处的时代是一个多极竞争的时代，各个国家正在通过变法走向富强，而要把国家引向强盛的道路，就必须加强军队建设，尽可能地让民众投入战争中。商鞅懂得这个道理，故而一针见血地说：

凡战者，民之所恶也，能使民乐战者王。①

这是说战争为民众所厌恶，能使民众乐意参战的君主，就能称王于天下。依照《商君书》的设想，只有强国的民众，父亲送儿子当兵，哥哥送弟弟当兵，妻子送丈夫当兵，都说："不得，无返！"又说："失法离令，若死，我死。"② 所有士卒都绝对服从命令，即使战死也不会后退。

那么，怎样让民众积极参与对外战争呢？商鞅的方法是利用法令的力量。《商君书·外内》曰：

欲战其民者，必以重法。赏则必多，威则必严，淫道必塞，为辩知者不贵，游宦者不任，文学私名不显。赏多威严，民见战赏之多则忘死，见不战之辱则苦生。赏使之忘死，而威使之苦生，而淫道又塞，以此遇敌，是以百石之弩射飘叶也，何不陷之有哉？

---

① 《商君书·画策》。

② 《商君书·画策》。

这是说要使本国民众去打仗，就必须强化法制。奖赏一定要优厚，刑罚一定要严厉，歪门邪道一定要堵塞，搞诡辩、耍聪明的人不能得到尊贵，到处游说、谋求官职的人不能得到任用，爱好文学、有点名望的人不能得到荣耀。奖赏优厚，刑罚严厉，民众看到优厚的奖励，就会舍生忘死；看到严厉的惩罚，就不再苟且偷生。奖赏使民众舍生忘死，刑罚使民众不再苟且偷生，而歪门邪道又被堵塞，用这样的民众对付敌人，就好比用百石的强弩去射飘落的树叶，哪有射不穿的呢？

从治国理政的角度来看，商鞅思想中最重要的论点，是把战争和农业相结合，提出了“农战”方略。农业生产给战争打基础，战争为农业生产创造条件，两者相互促进、滚动发展，促使国家富强起来。《商君书·农战》曰：

国之所以兴者，农战也。

国待农战而安，主待农战而尊。

百人农、一人居者王；十人农，一人居者强；半农半居者危，故治国者欲民之农也。

据此可知，“农战”是国家兴盛的关键，国家依靠农业和战争，才能得到安定；君主依靠农业和战争，才能获取尊贵。所以，君主治理国家，必须重视农业和战争，“农战”是一项基本国策。

为了推行“农战”方略，商鞅要求君主厉行法治，采取一切有效的措施，驱使民众投身于农业生产和战争活动。他认为“治国者，患民之散而不可抟也，是以圣人做壹，抟之也”[①]。所谓“作壹”，指统一赏罚的措施，统一宣传教育的内容，把农民固着于土地上，让他们专心从事

① 《商君书·农战》。

农业生产，并利用他们朴实的特性，积极进行战争活动。

为了贯彻“农战”方略，商鞅反对人们从事农业和战争以外的活动，否认礼、乐、诗、书、善、修、孝、悌、廉、辩等文化和道德修养的价值，认为“国有十者，上无使战，必削至亡；国无十者，上有使战，必兴至王”[①]。“国以十者治，敌至必削，不至必贫；国去此十者，敌不敢至，虽至必却，兴兵而伐必取，按兵不伐必富。”[②] 这种作践文化的主张，作为一种极端的政治论调，暴露出专制主义的本性。

第四节　诸子的融会：“义兵”

战争的本质是什么？自从战争诞生之后，这个问题就困扰着人们。《尚书·甘誓》称夏启征讨有扈氏，是“惟恭行天之罚”；《尚书·牧誓》称周武王讨伐商纣，也是“惟恭行天之罚”。这些出自胜利者的政治宣传，明确地把“恭行天罚”作为战争的动因，还没有揭示出战争的本质。在先秦兵家中，吴起较早触及战争的本质，讨论战争的起因问题，认为战争的起因主要有五种：一是争夺名位，二是攫取利益，三是积仇怨，四是发生内乱，五是遭受饥荒。从这一认识来看战争的性质，主要有五种战争：“义兵”“强兵”“刚兵”“暴兵”“逆兵”。在这五种战争之间，只有“义兵”是正义战争，其他都是非正义战争。这样阐释“义兵”的内涵，与“恭行天罚”的说法相比较，向前迈出了一大步。因为“恭行天罚”只表达了战争的动因，而“禁暴救乱”则说明了战争的目的。从此以后，人们只要讨论战争问题，就会援引吴起的观点，把“禁暴救乱”

---

① 《商君书·去强》。

② 《商君书·农战》。

作为战争的本质。

一、《吕氏春秋》论“义兵”

战国后期，秦国开启统一天下的进程之后，吕不韦主编《吕氏春秋》，正是吸纳先秦诸子的军事思想，经过进一步的历史分析和理论诠释，最终确立了“义兵”观念。

> 兵之所自来者上矣，与始有民俱。凡兵也者，威也；威也者，力也。民之有威力，性也。性者，所受于天也，非人之所能为也，武者不能革，而工者不能移。①

吕氏门客从人性论出发，来说明战争的根源。战争和人类相伴而生，决定于人类的本性。人类天生“有威力”，无论谁都不能改变，战争随着“威力”而生，任何人都无法消除。所以，战争的继续存在是毋庸置疑的事情。在这段论述之后，吕氏门客从历史的角度，继续解释说：

> 兵所自来者久矣，黄、炎故用水火矣，共工氏固次作难矣，五帝固相争矣。递兴废，胜者用事。人曰“蚩尤作兵”，蚩尤非作兵也，利其械矣。未有蚩尤之时，民固剥林木以战矣，胜者为长。长则犹不足治之，故立君。君又不足以治之，故立天子。天子之立也，出于君；君之立也，出于长；长之立也，出于争。争斗之所自来者久矣，不可禁，不可止。②

---

① 《吕氏春秋·孟秋纪·荡兵》。
② 《吕氏春秋·孟秋纪·荡兵》。

依照这一解释，战争是社会矛盾的产物，从五帝时代出现，一直延续下来。原始战争的作用，主要在于创造权力，促使国家的形成。因为有了原始战争，就产生了氏族首领；氏族首领不能治理民众，就会推出君主；君主不能治理民众，就会推出天子。这一系列权力设置，都与社会矛盾的加剧有着直接的联系。所以，只要有权力的存在，就不可能消除战争。

> 家无怒笞，则竖子、婴儿之有过也立见；国无刑罚，则百姓之相侵也立见；天下无诛伐，则诸侯之相暴也立见。故怒笞不可偃于家，刑罚不可偃于国，诛伐不可偃于天下，有巧有拙而已矣。①

显然，在吕氏门客看来，战争作为“诛伐”手段，可以制止诸侯暴乱；一旦舍弃这种手段，就会导致天下大乱。人们认识不到这一点，只看到战争的危害性，因为它是暴力活动，会给人类带来灾祸，甚至导致国家灭亡，所以要彻底否定战争，要废除一切战争。但是，对于治理天下来说，这种观点不谙事理，近乎因噎废食。

> 夫有以殪死者，欲禁天下之食，悖；有以乘舟死者，欲禁天下之船，悖；有以用兵丧其国者，欲偃天下之兵，悖。夫兵不可偃也，譬之若水火然，善用之则为福，不能用之则为祸；若用药者然，得良药则活人，得恶药则杀人。义兵之为天下良药也，亦大矣。②

① 《吕氏春秋·孟秋纪·荡兵》。

② 《吕氏春秋·孟秋纪·荡兵》。

这就是说，因为用兵而亡国，就要废除一切战争，犹如因为吃饭而噎死，就要抛弃一切食物；因为乘船而淹死，就要禁止一切船只，都是荒谬的想法。战争就像水火一样，既可以造福于人，也可能致祸于人；还像药物一样，既可以把人救活，也可以把人毒死，关键在于如何运用。

> 兵之所自来者远矣，未尝少选不用，贵贱、长少、贤者不肖相与同，有巨有微而已矣。察兵之微，在心而未发，兵也；疾视，兵也；作色，兵也；傲言，兵也；援推，兵也；连反，兵也；侈斗，兵也；三军攻战，兵也。此八者皆兵也，微巨之争也。①

据此解释，战争包括很多层次：积怨在心是战争，怒目相视是战争，脸色凶狠是战争，言辞傲慢是战争，用手拉扯是战争，用脚踢踹是战争，聚众斗殴是战争，三军攻伐是战争。战争对于人类社会，只有规模大小的差别，没有存在与否的问题。

经过这样的论证，吕氏门客得出结论："古之圣王有义兵，而无偃兵。"② 这是对战争起源的历史诠释。从现实社会出发，吕氏门客进一步探讨战争的性质，坚持"义兵"的理念，而把"偃兵"看作一个伪命题。

那么，什么是"义兵"呢？根据吕氏门客的理论诠释，主要有三层含义：

所谓"义兵"，是铲除暴虐统治的行动。吕氏门客认为，君主的暴虐统治，因为违背民众的意愿，与道义势不两立，所以必须予以铲除。

---

① 《吕氏春秋·孟秋纪·荡兵》。

② 《吕氏春秋·孟秋纪·荡兵》。

这一突出的政治目的，决定战争的正义性。因此，在发动战争前，要通过发布檄文，向敌国君主说明："子之在上无道，据傲荒怠，贪戾虐众，恣睢自用也，辟远圣制，謷丑先王，排訾旧典，上不顺天，下不惠民，征敛无期，求索无厌，罪杀无辜，庆赏不当。若此者，天之所诛也，人之所仇也，不当为君。"[①] 同时，向敌国民众说明："今兵之来也，将以诛不当为君者也，以除民之仇而顺天之道也。民有逆天之道、卫人之仇者，身死家戮不赦；有能以家听者，禄之以家；以里听者，禄之以里；以乡听者，禄之以乡；以邑听者，禄之以邑；以国听者，禄之以国。"[②] 在战争过程中，要有严明的纪律，禁止破坏行为，"至于国邑之郊，不虐五谷，不掘坟墓，不伐树木，不烧积聚，不焚室屋，不取六畜。得民虏奉而题归之，以彰好恶；信与民期，以夺敌资"[③]。这样进行的战争，虽然仍属于暴力行为，但把打击的主要目标，限定于暴虐的君主，就不会伤害民众。

所谓"义兵"，是调整政治秩序的行动。吕氏门客认为，在诛除敌国暴君后，应该从敌国内部着手，建立新的官吏系统，采取必要的措施，"举其秀士而封侯之，选其贤良而尊显之，求其孤寡而振恤之，见其长老而敬礼之，皆益其禄，加其级。论其罪人而救出之，分府库之金，散仓廪之粟，以镇抚其众，不私其财；问其丛社大祠，民之所不欲废者而复兴之，曲加其祀"[④]。这样做的结果，贤者会为得到名位，感到荣耀；长老会为遇到优待，感到高兴；民众会为受到恩德，感到留恋。在这种氛围里，政治秩序的调整，就能迅速地实现；整个社会的稳定，就有可靠的保证。

---

① 《吕氏春秋·孟秋纪·怀宠》。
② 《吕氏春秋·孟秋纪·怀宠》。
③ 《吕氏春秋·孟秋纪·怀宠》。
④ 《吕氏春秋·孟秋纪·怀宠》。

所谓“义兵”，是得到民众拥护的行动。吕氏门客认为，如果战争合乎道义，用以诛除暴君，拯救苦难的民众，那么，民众就会感到高兴，像孝子见到慈母，饿人见到美食；民众就会奔走呼号，像强弩射向深谷，积水冲垮堤坝，真诚地支持战争。换言之，无论什么时候进行战争，只要是为了拯救和保护民众，就能得到民众拥护。“故义兵至，则邻国之民归之若流水，诛国之民望之若父母，行地滋远，得民滋众，兵不接刃，而民服若化。”① 发动这样的战争，自然是无往而不胜。

综括上述，所谓“义兵”，是铲除暴虐统治的战争，是调整政治秩序的战争，是得到民众拥护的战争。这就从战争的目的、效果两方面给“义兵”赋予合法性和正义性。

二、《淮南子》论“义兵”

西汉时期，淮南王刘安编撰《淮南子》，继承黄老道家思想，积极倡导“义兵”观念，在这一观念基础上，对历史上的战争作出比较，并且借助比较的结果，对兼并战争予以猛烈的抨击。

大概参照《吕氏春秋》，《淮南子》讨论战争问题，仍然从战争的根源说起，着眼于人类的两重性，即自然性和社会性，作出深入的理论分析。首先，人类作为一种高级动物，与别的动物一样，高兴时相互嬉戏，发怒时相互残害，都具有好斗的天性。这种好斗的天性，加上对物质生活资料的争夺，就成为战争的根源。

人有衣食之情，而物弗能足也，故群居杂处，分不均，求不澹，则争。争则强胁弱，而勇侵怯。人无筋骨之强、爪牙之

① 《吕氏春秋·孟秋纪·怀宠》。

> 利，故割革而为甲，铄铁而为刃。贪昧饕餮之人，残贼天下，万人搔动，莫宁其所。有圣人勃然而起，乃讨强暴，平乱世，夷险除秽，以浊为清，以危为宁，故不得不中绝。①

这说明战争的根源，在于物质生活资料的匮乏。物质生活资料的匮乏，必然导致分配不均，引发财物纠纷，进而出现以强凌弱、以勇侵怯的局面。人类与别的动物不同，在与同类斗争时，不能单凭自身的条件，而必须依靠武器装备，在群体之间展开厮杀。因此，武器装备的生产使用，就成为战争的基本条件。一些贪婪愚昧的人，为了攫取更多的利益，不惜动用暴力手段，致使社会动荡不安。在这种社会条件下，圣人登上历史舞台，为了制止残暴行为，恢复社会秩序，就不能不发动战争。

其次，从历史的角度看，自从远古时代开始，战争与人类社会相伴，推动着历史的发展。历史传说中五帝创建的功业，都与战争密切相关。

> 兵之所由来者远矣。黄帝尝与炎帝战矣，颛顼尝与共工争矣。故黄帝战于涿鹿之野，尧战于丹水之浦，舜伐有苗，启攻有扈。自五帝而弗能偃也，又况衰世乎？②

早在远古时代，黄帝、颛顼、尧、舜诸帝都曾经利用战争手段，战胜他们的敌人，巩固各自的统治。在刘安看来，像五帝这样的圣人，都不能放弃战争，何况进入衰败之世，更不能放弃战争。

---

① 《淮南子·兵略训》。

② 《淮南子·兵略训》。

不过，因为不同的战争目的，战争有不同的性质。《淮南子》从战争目的出发，区别战争的正义性和非正义性，并就战争性质对战争胜败的影响，提出了“举义兵者必胜”的观点。

夫兵者，所以禁暴讨乱也。炎帝为火灾，故黄帝擒之；共工为水灾，故颛顼诛之。教之以道，导之以德而不听，则临之以威武；临之以威武而不从，则制之以兵革。故圣人之用兵也，若栉发耨苗，所去者少，而所利者多。杀无罪之民，而养无义之君，害莫大焉；殚天下之财，而澹一人之欲，祸莫深焉。①

显然，依照刘安的看法，战争是一种禁止暴行、讨伐叛乱的行为。对于那些制造祸害、发动叛乱的人，先要用道义和德行来教导；如果他们不听从教导，就以威势和武力相威慑；如果他们不害怕威慑，就用战争手段加以制止。因此，像黄帝、颛顼用兵，就如同梳头和锄草，所去掉的是少数恶人，保护的是广大民众。反过来说，用兵作恶的祸害，莫过于杀戮无罪的民众，来维护无义的君主；耗尽天下的财物，去满足个人的欲望。

接下来，刘安从“义兵”的角度，审视社会历史的演变，划分出“古者”“晚世”“当今”三个阶段，对每个阶段的战争作出多方面的比较，进而提出了一些见解：

古者天子一畿，诸侯一同，各守其分，不得相侵，有不行王道者，暴虐万民，争地侵壤，乱政犯禁，召之不至，令之不

① 《淮南子·兵略训》。

行，禁之不止，诲之不变，乃举兵而伐之，戮其君，易其党，封其墓，类其社，卜其子孙以代之。晚世务广地侵壤，并兼无已，举不义之兵，伐无罪之国，杀不辜之民，绝先圣之后，大国出攻，小国守城，驱人之牛马，傒人之子女，毁人之宗庙，迁人之重宝，血流千里，暴骸满野，以澹贪主之欲，非兵之所为生也。①

在这里，“古者”即古代，指五帝三王时期；“晚世”即近代，主要指战国时期。这两个时期的战争有着明显的差异。在前一个时期，天子直辖王畿，分封大小诸侯，诸侯各有封地，不得相互侵犯。如果诸侯行为暴虐，侵犯别国，不遵守礼法，不奉行王道，天子才会出兵征讨，也只是诛除元凶，以调整统治秩序。在后一个时期，诸侯为了扩张领地，攻打无罪的国家，杀戮无辜的民众，灭绝圣人的后裔，进行残酷的兼并战争，造成了极大的破坏。

古之兵，弓剑而已矣，槽矛无击，修戟无刺。晚世之兵，隆冲以攻，渠幨以守，连弩以射，销车以斗。古之伐国，不杀黄口，不获二毛，于古为义，于今为笑。古之所以为荣者，今之所以为辱也；古之所以为治者，今之所以为乱也。②

在刘安看来，古代的战争具有正义性，不是为了杀人，因而武器比较简陋，只不过弓剑而已，木矛没有利刃，长戟没有锋尖，仅仅被用作仪仗；近代的战争用冲车来攻城，挖壕沟来防御，用连弩来射击，用销

① 《淮南子·本经训》。

② 《淮南子·氾论训》。

车来作战，武器装备比较精良。古时即使攻克敌国，也不会杀害儿童，不会俘虏老人；但到了当代，这种正义的做法，竟然为人们所嘲笑。所以，同样做一件事情，古人引以为光荣，今人却感到耻辱；同样用一种方法，古时能治理国家，当代却扰乱天下。

第五节　宋代以降兵家论“战”

汉代以后，关于战争本质的阐释已无剩义，因而不再有新的论述。但自宋代以降，随着军队建设的改新和作战方式的演变，历代兵家讨论战争指导问题，却涌现出一批新的论著，提出了许多新的见解。

一、《百战奇法》论“百战”

《百战奇法》，又名《百战奇略》，在明代曾经以《武经总要》附本刊行于世，又称《武经总要百战奇法》。茅元仪《武备志·战略考序》曰：“宋有《百战奇法》，继有《百将传》《续百将传》《史略战宗》。”经过今人考证，这部书的作者是谢枋得，成书于南宋时期。

顾名思义，《百战奇法》是一部论述作战方法的著作。这部书以“战”为核心关键词，概括出100种作战方法。其中，有按照军种和兵种划分的，如“步战”“骑战”“舟战”“车战”；有按照天候和地理划分的，如“昼战”“夜战”“山战”“谷战”；有按照作战方式划分的，如“攻战”“守战”“进战”“退战”；有按照战争理念划分的，如“好战”“忘战”。所谓“百战”，不是泛称而为实数，依照编排顺序，依次是计战、谋战、间战、选战、步战、骑战、舟战、车战、信战、教战、众战、寡战、爱战、威战、赏战、罚战、主战、客战、强战、弱战、骄战、交战、形战、势战、昼战、夜战、备战、粮战、导战、知战、斥战、泽战、争战、地战、山战、谷战、攻战、守战、先战、后战、奇战、正战、虚战、实战、轻战、重战、利战、害战、安战、危战、死战、生战、饥战、饱战、劳战、佚战、胜战、败战、进战、退战、挑战、致战、远战、近战、水战、火战、缓战、速战、整战、乱战、分战、合战、怒战、气战、逐战、归战、不战、必战、避战、围战、声战、和战、受战、降战、天战、人战、难战、易战、离战、饵战、疑战、穷战、风战、雪战、养战、畏战、书战、变战、好战、忘战，共计100种作战方法。

谢枋得编撰《百战奇法》，广泛地吸收了《武经七书》，尤其是《孙子兵法》的观点。“其命名立法，多出《孙武子》《武经七书》，盖以《孙子》为经，百法若传。每法既其所以，复引古将帅所行之有合者证之，可谓极用兵之妙。”[①] 据初步统计，这部著作援引《孙子兵法》59条，如“上兵伐谋”、“形人而我无形”、“致人而不致于人”。其次，援引《司马法》10条，《吴子兵法》8条，《唐李问对》6条，《尉缭子》《六韬》《三略》各2条。此外，还援引《尚书》《论语》《左传》等典籍。可见，《百战奇法》的观点，都有一定的思想来源。

然而，《百战奇法》并不是简单的抄录，在对传统兵学的归纳和诠释上，也有一定的批判性。如在战略指导的速决和持久的关系上，认为当我强敌弱、我众敌寡，确有制胜把握的时候，应该采取速战速决的进攻战，但当敌强我弱、敌众我寡，缺乏制胜条件的时候，就应该采取持久的防御战；在进攻战中追击敌人的问题上，认为对企图保存实力、主动退却的敌人，不能急切地追击，而应该整兵缓行，如果敌人确实溃败，则应该纵兵追击，务求歼灭敌人。这些观点同单纯的“兵贵胜，不贵久”“穷寇勿迫”相比较，显然更符合作战指导的要求。

① （明）李赞：《武经总要百战奇法序》。

在历史资料运用方面，《百战奇法》汇集了散见于各种史籍的著名战例，最早的是春秋前期楚国攻绞之役，最晚的是五代时期晋与契丹的阳城之役。在这1600多年战争史上，重点选择了春秋时期齐鲁长勺之战、楚宋泓水之战、晋楚城濮之战，战国时期齐魏马陵之战、燕齐即墨之战、赵秦阏与之战，秦汉时期项羽巨鹿之战、周亚夫平定七国叛乱之战、卫青反击匈奴之战，魏晋南北朝时期曹操官渡之战、诸葛亮五出祁山之战、秦晋淝水之战，以及隋唐时期唐太宗攻取洛阳之战、李靖反击突厥之战、李愬奇袭蔡州之战等，共有93个战例；然后把这些战例分别编入每一种战法的后面，作为这一战法的具体例证。这种以历史实际论述兵法的方式，具有更好的说服功效。

《百战奇法》论述作战指导问题，注重揭示军事领域里的矛盾现象。它所列出的100种作战方法，每每以矛盾的两方面为题，如从众寡、主客、强弱、攻守、奇正、虚实、轻重、利害、安危、饥饱、劳逸、进退、远近、缓速、分合等矛盾现象入手，说明在不同情况下应采取不同的战法；同时，作者着眼于战争千变万化的特点，已经触及到矛盾的两方面相互依存、相互对立，在一定条件下相互转化的客观规律。这是对中国传统军事辩证法思想的继承和发展。

总体来说，《百战奇法》作为一部颇具特色的兵学著作，不仅依据战争双方的具体实际，诸如政治、经济、军事、外交和自然条件，划分出100种作战方法，而且参照传统兵学理论和观点，适当地配合典型的战例，给予每一种战法以简明扼要的解释，对普及兵学知识具有独特的价值。因此，这部著作从问世以来，深得后世兵家的青睐。

二、刘寅论“兵三品”

唐朝初年，李靖和唐太宗谈论兵法，提出了“兵法三等”的议题，

“谓不战而屈人之兵者，上也；百战百胜者，中也；深沟高垒以自守者，下也”①，但未作深入的分析。到了明朝初年，刘寅注释《武经七书》，接过唐太宗、李靖的话茬，进行了系统的解析：

（司马法）有太公“不愆于四伐五伐六伐七伐乃止齐焉，不愆于六步七步乃止齐焉”之义，此王者仁义之兵也。周武既平殷乱，封太公于齐，后子伋为齐侯。故其法传于齐桓公之世，管仲用之，变而为节制之兵，遂能九合诸侯，一匡天下。景公之世，田穰苴用之，又变而为权诈之兵，遂能却燕、晋之师。②

这就是说，在战争指导方面，上古时期有过两次转变：从“仁义之兵”到“节制之兵”，从“节制之兵”到“权诈之兵”。前者发生在春秋时期，后者出现在战国时期。所谓“仁义之兵”，是高扬仁义的战争；所谓“节制之兵”，是有所节制的战争；所谓“权诈之兵”，是运用权诈的战争。刘寅接过唐太宗、李靖的话茬，从一个新的角度提出了自己的见解：

（兵）可分而为三欤？曰：可。上焉者，仁义之兵也；中焉者，节制之兵也；下焉者，权诈之兵也。仁义之兵，汤武是也；节制之兵，桓文是也；权诈之兵，孙吴是也。权诈不如节制，节制不如仁义。仁义之兵，道、天、地、将、法五者悉备焉。节制之兵，天、地、将、法则有之，论道则不过假仁义而

① 《李卫公问对》卷下。

② 《武经七书直解·司马法直解·卷首》。

已矣。权诈之兵，或有因天时而取胜者，或有因地利而取胜者，将、法未尝不有焉，而道不过恩信惠爱以结人心耳。学仁义之兵不得，则为节制之兵可也；学节制之兵不得，则为权诈之兵亦可也。①

刘寅赞同唐太宗、李靖的看法，把战争指导分为三品，但不像唐太宗所说，“不战而屈人之兵者，上也；百战百胜者，中也；深沟高垒以自守者，下也”②；也不像李靖从《孙子兵法》“五事”出发，以“道”为上，“天”“地”为中，“将”“法”为下，而是站在历史的角度，来探讨战争指导原则。他认为“仁义之兵”“节制之兵”和“权诈之兵”，不仅指战争历史的三个阶段，而且代表战争指导的三个层次，具有较强的理论性。

至于李靖称“按兵法，自黄帝以来，先正而后奇，先仁义而后权谲”③，刘寅就此解释说：“权者一时之用，权而得中，即仁义也。仁义岂有不正者哉？至于谲，则诡诈之谓，如晋文公谲而不正者也。上古之世，圣帝明王专用仁义，仁义者，治天下之常经也。所谓古者以仁为本，以义治之之谓正是也；正不获意，以权济之，故权为圣人处变之道。今李靖以权谲并言，盖兵家权谋诡诈之术，非三代圣人之权道也。”④这说明“仁义”的准则，作为“治天下之常经”，自然是指导战争的根本；兵家提倡的“诡道”，与三代圣人的“权道”，并不是同一个概念。

---

① 《李卫公问对》卷下。

② 《李卫公问对》卷下。

③ 《李卫公问对》卷上。

④ 《武经七书直解·李卫公问对直解卷上》。

三、《草庐经略》论“战”

晚明时期，《草庐经略》依据各种作战条件，区分出“水战”“山战”“林战”“隘战”“谷战”“野战”“夜战”“暑战”“雨战”“风战”“烟战”“分战”“迭战”“死战”“必战”15种作战方式，并就相应的作战方法，作出了简要的论述。如《水战》曰：

据上流以藉水利，乘高舰以处胜势，张牛革以蔽矢石，泥五緉以防火攻，因风道以为进止，仍以小舟擢桨，纵横出没，以备奇击，皆舟之用也。

《山战》曰：

山战者，须择高地而处之，则胜矣。然而处山之上者，恐被其截，谓敌以强兵断要路，夺水草，是坐毙之道也。处山之下者，恐被其围，谓敌或据我山头，分遣偏师，断我走路，四面合围，矢石交下，其能当乎？盖山头既占，则我之虚实尽窥，驰下不难，而仰攻之势则逆。故战于山者，必居高阳，利粮道，就水道。

《野战》曰：

野战非万全策，从古记之。《六韬》之“清明无隐者，所以战勇力也”，必其士卒精强，将帅骁悍，旗帜鲜华，车骑咸备，而又部伍整齐，队士密布，战弩森然，敌不得冲，所谓“先为不可胜，然后可以胜敌”矣。

《风战》曰：

> 风顺，致呼而从之；风逆，坚阵而待之，固风战之法也。

这都是根据不同的天候、地理条件对“战”的分类，进而解析不同的作战方法。从另一方面来看，把各种天候、地理条件下的作战方法归结一下，也形成了一些普遍的作战原则：

> 战地则不一端，总宜居己于崇高，居敌于卑下；居己于宽舒，居敌于隘塞；居己于阳洁，居敌于坎坷；居己于可藉之乡，居敌于无所可恃之处；居己于有胜无败之地，居敌于败莫能救之中；居己于先至径胜之明，居敌于先至失据之拙。两军交战，地不两利，我先得之，敌为我制，虽可利人，实由人择。①

这是就选择战地而言，并非出自一个标准，总要使我方居于较高的地方，使敌人处于较低的地方；使我方居于宽阔舒适的地方，使敌人处于狭隘闭塞的地方；使我方居于向阳清洁的地方，使敌人处于较为坎坷的地方；使我方居于有所凭借的地方，使敌人处于无所依靠的地方；使我方居于能够制胜、不会失败的境地，使敌人处于失败不能得到救援的境地；使我方居于先至径胜的境地，使敌人处于先至失据的境地。敌我双方交战，地形不会对双方都有利，我方先得到地利，敌人就被我方抑制，尽管地形可以利人，其实在于人的选择。

---

① 《草庐经略》卷三《水战》。

四、《兵经》论“战”

明清之际，揭暄撰著《兵经》，论述战争指导和军队建设问题，因为选用 100 个字，所以又称《兵法百言》《兵经百篇》。其中论述作战方法，既有高度的理论概括，又有生动的形象比喻。

逆战数百端，众、寡、分、合、进、退、遇、搏、乘、迭、翼、缓、速、大、小、久、暂、追、拒、缀、遏，谐于法。骑、步、驻、队、营、阵、垒、行、锋、随、坚、散、严、制、禁、令、教、试、尝、比、水、火、舟、车、筏、梁，协于正。昼、夜，寒、暑，风、雨，云、雾，晨、暮，星、月，电、冰、雪，因于时。山、谷、川、泽、原、峡，远、近，险、仰、深、林、丛、泥、坎、邃、巷、衢、逾、沙、石、洞、寨、塞，宜于地。至展计则谋：心、扬、应、饵、诱、虚、伪、声、约、袭，伏、挑、搦、抄、掠、关、构、嫁、左、截、邀、蹑、踵、驱、卸。握奇则自：牵、变、避、隐、层、装、物、神、邪、攒、返、魆、混、野、狼、尘、烟、炬、耀、蔽、裸、空、飞，甚则不、无、冲、涌、挤、排、贯、刺、掩、蹂、夹、绕、围、裹、蹙，压、狠、暴，连、毗、慑、摧、恋、酣、并、陷，而施勇。再甚则饥、疲、苍、困、孤、逼、降、破、欺、擒、愤、怒，苦、激、强、血、死、鏖、猝、惊、奔、殿、接、救，以经危。精器善技，展战弃夷，亶为名将。

以上论“战”字，即作战方法，称有 20 种“谐于法”,26 种“协于正”,16 种“因于时”,24 种“宜于地”；又有 24 种用于“展计”,24 种用于“握奇”，24 种用于“施勇”，24 种用于“经危”。在解释一个“战”字时，竟然列出 182 种方法，而后对每一种战法，又作出了具体的解释。如论“野”字说：

> 兵法之精，无如野战：或前或却，或疏或密，其阵如浮云在空，舒卷自如；其行如风中柳絮，随其漂泊；迨其薄，如沙汀磊石，高下任势；及其搏，如万马骤风，尽力奔腾。敌以法度之，法之所不及备；以奇测之，奇之所不及应；以乱揆之，乱而不失；驰而非奔，旌旗纷动而不踉跄，人自为危，师自立威。见利而乘，任意为战，此知兵之将所深练而神用者也。①

这里的“野战”，指不依照常规作战。军队时而前进，时而后退，时而分散，时而集中，阵形变化像空中的浮云，舒卷自如，行动起来像风中的柳絮，随风飘荡。当迫近敌人时，如堆在沙滩上的擂石，有着居高临下的强势；与敌人交锋时，如狂风骤然刮起，万马尽力奔腾。敌人按常法来揣度我军，但常法没有这样的情形；用奇计来预测我军，但计谋赶不上情况的变化；敌人揣测我军混乱，但我军形乱而实不乱；战马来回奔驰而不是逃跑，旌旗纷纷摇动而阵脚不乱，每个人都为了打胜仗，每支部队都争着树立威名。见到有利的情况就乘机利用，不拘成法，任意作战，这是懂军事的将帅严格地训练部队，并能灵活地加以运用的结果。所以，野战是对兵法最精妙的运用。这样生动而形象的诠释，反映出揭暄研究兵学理论，有着深厚的学术功底。

论“张”字说：

> 耀能以震敌，恒法也。惟无有者故称，未然者故托，不足

① 《兵经·法部·野》。

者故盈，或设伪以疑之。张我威，夺彼气，出奇以胜，是虚声而致实用也，处弱之善道也。①

这是说炫耀威力，来震慑敌人，是常用的方法。没有的事情却宣称有，不打算行动却装出行动的样子，兵力不足却显示有余，或者散布假象迷惑敌人。长我军的威风，灭敌人的志气，出奇以制胜，以虚张声势来收到实际效用，是军队处于劣势时运用的一种方法。

论“敛”字说：

卑其礼者，颓敌之高也；靡其旌者，敌敌之整也；掩其精能者，萎敌之盛锐也；惟敛可以克刚强，惟敛难以刚强克。故将击，不扬以养鸷；欲搏，弭耳以伸威，小事隐忍以图大，我处其缩以尽彼盈。既舒吾盈，还乘彼缩。②

这是说在礼节上谦恭卑下，是为了瓦解敌人高涨的士气；故意放下旌旗，是为了扰乱敌人严整的阵容；把精锐部队隐藏起来，是为了削弱敌人旺盛的士气。只有收敛锐气，才能制伏刚强的敌人；也只有收敛锐气，才能不被刚强的敌人所打败。所以，将要攻击敌人，先不应张扬，以便发起突然袭击；打算与敌人决战，应先示弱，以便充分发挥战斗力。在小事上忍耐，是为了图谋大事；我方主动退让，是为了耗尽敌人高涨的士气。等到我军士气旺盛，还要趁敌人转衰之机，一举击败敌人。

① 《兵经·法部·张》。

② 《兵经·法部·敛》。

五、王余佑论“决战”

清朝初年，王余佑作为明朝遗民，怀着浓厚的家国情怀，“熟览天下之大势，推求古今帝王得失成败之机”，写成《乾坤大略》10卷，为反清建国提出了一套军事纲领。这部著作从“初起之兵遇敌，以决战为上”，谈到“决战之道在于出奇设伏”，反复地阐释了“决战”的意义。

王余佑认为，未来发动战争之前，必须明确进攻方向，并且懂得出奇制胜，同时必须与敌人决战，争取初战的胜利。“盖兵既深入，则敌必并力倾国，以图蹂荡我，恐我声势之成。此而不猛战疾斗，一为所乘，鱼散鸟惊，无可救矣。诚能出其不意，一战以挫其锐，则敌众丧胆，我军气倍，志定威立，而后可攻取以图敌。古所谓一战而定天下，其在斯乎！”① 历史上，汉光武帝指挥昆阳之决战，唐太宗决战霍邑，都是最好的例证。

然而，基于敌我双方的力量对比，与敌人决战的关键在于设伏。因为总体上敌人力量强大，我方力量弱小，“以乌合之市人，当追风之铁骑，列阵广原，堂堂正正，而与之角，不俟智者，而知其无幸矣。出奇设伏，又何再计焉。孙膑之破庞涓以怯卒，韩信之破陈余以市人，李密之破张须陀以群盗，用寡以覆众，因弱而为强。”② 从这些著名战例来看，运用出奇设伏的战法，是弱兵制胜的一大法宝。

王余佑认为，决战取得胜利之后，就会形成破竹之势，所以必须乘势略地。“招揽豪杰，部署长吏，抚辑人民，收按图籍，颁布教章，所谓略地也。”乘势略地的手段莫过于招降。秦汉之际，蒯通游说范阳令，李左车劝说韩信：“先声而后实”，之所以能利用招降，不战而略地千里，就因为“胜则人慑吾威，而庇吾势，利害迫于前，而祸福怵其心，

① 《乾坤大略》卷三《自序》。

② 《乾坤大略》卷四《自序》。

故说易行而从者顺”[1]。王余佑赞成这一用兵方略，认为即使孙子、吴起再生，也不能随意更改。

从《百战奇法》到《乾坤大略》，历代学者对于战争和战争指导问题，虽然进行了概括性的解释，反映出这一时期兵家元典关键词的转义性，但就认识深度而言，还没有跳出传统兵学的窠臼。只有到了晚清以后，在吸纳西方近代军事理论的基础上，中国传统兵学转变为近代军事学，从而兵家元典关键词彰显出再生性的特征。

第六节　近代军事理论中的“战”

19世纪前期，在总结拿破仑战争经验的基础上，西方近代军事理论迅速构建起来。德国军事学家卡尔·冯·克劳塞威茨（Carl von Clausewitz）的《战争论》、瑞士军事学家安东·亨利·约米尼（Antoine-Henri Jomini）的《战争艺术》开启了世界近代军事学的历程。特别是在《战争论》的第一篇中，克劳塞威茨着眼于战争的性质，首先论述了“什么是战争”的问题。他从战争的外在形式来说，“战争无非是扩大了的搏斗”[2]；从战争的结局来说，“战争是迫使敌人服从我们意志的一种暴力行为”[3]；从战争与政治的关系上说：

战争无非是政治通过另一种手段的继续。[4]

---

① 《乾坤大略》卷五《自序》。

② ［德］克劳塞维茨《战争论》第一卷，中国人民解放军军事科学院译，解放军出版社2010年版，第3页。

③ ［德］克劳塞维茨《战争论》第一卷，中国人民解放军军事科学院译，第4页。

④ ［德］克劳塞维茨《战争论》第一卷，中国人民解放军军事科学院译，第26页。

这一论断透过政治的内涵，深刻地揭示了战争的本质属性，即战争从属于政治的基本特征。克劳塞威茨还具体地解释说："战争不仅是一种政治行为，而且是一种真正的政治工具，是政治交往的继续，是政治交往通过另一种手段的实现。如果说战争有特殊的地方，那只是它的手段特殊而已。"[①] 经过这样的理论诠释，"战争"就获得了一个新的定义。

克劳塞威茨对"战争"的理论诠释，直接影响到马克思主义的战争观。1915 年 9 月，列宁发表了《社会主义与战争》一文，其中援引克劳塞威茨对战争的定义，把它当作一句至理名言，认为"马克思主义者一向公正地把这一论点看做考察任何一场战争的意义的理论基础。"[②] 在这一认识基础上，列宁反复地强调说："任何战争都是同产生它的政治制度分不开的。"[③]"决定战争的性质的是战争所继续的是什么政治，战争是由哪一个阶级进行的，是为了什么目的进行的。"[④]"战争的性质不取决于是谁进攻，'敌人'在谁的国境内，而取决于哪一个阶级进行战争，这个战争是哪一种政治的继续。"[⑤] 这些论断与《战争论》一起影响着中国近代军事理论的形成和发展。

从中国近代军事变革来看，随着近代军队的创立和发展，近代军事制度的变革和演化，加上西方近代军事理论在中国的传播，中国传统兵学开始向近代军事学转变，以蔡锷、蒋方震、毛泽东等人为代表的一批军事学家创造性地运用西方近代军事理论，给兵家元典"战"系关键词

① [德]克劳塞维茨《战争论》第一卷，中国人民解放军军事科学院译，第 26 页。

② 列宁：《社会主义与战争》，《列宁全集》第 26 卷，人民出版社 2017 年版，第 327 页。

③ 列宁：《战争与革命》，《列宁全集》第 30 卷，人民出版社 2017 年版，第 79 页。

④ 列宁：《大难临头，出路何在》，《列宁全集》第 32 卷，人民出版社 2017 年版，第 222 页。

⑤ 列宁：《无产阶级革命和叛徒考茨基》，《列宁全集》第 35 卷，人民出版社 2017 年版，第 288 页。

赋予了新的内涵。

关于战争的本质，中国近代军事学家蒋方震在所编著的《军事常识》一书中，作出了新的理论阐释，认为“国是者，政略之所出也；战争者，政略冲突之结果也；军队者，战争之具，所用以实行其政略者也，所用以贯彻其国是者也，所用以维持其国之生存者也。故政略定而战略生焉，战略定而军队生焉”①。这里把战争作为国家政治方略相冲突的结果，借鉴了克劳塞威茨所谓“战争是政治的另一种手段的继续”的观点。蒋方震还受德国军事思想家埃里希·冯·鲁登道夫（Erich von Ludendorff）的影响，认为“新军事的主流，是所谓全体性战争”②。所谓“全体性战争”，又被译作“总体战”“全民族战争”，是指综合运用国家一切力量进行战争。这样认识和理解战争问题，就把传统兵家对“战”的解释带入近代军事学的范畴。

中国新民主主义革命时期，毛泽东军事思想的产生和发展，极大地改变了中国近代军事学的面貌，其中对战争的定义及其衍生的概念作出了新的理论诠释。1936 年 12 月，毛泽东发表了《中国革命战争的战略问题》，其中明确地指出：

> 战争——从有私有财产和有阶级以来就开始了的、用以解决阶级和阶级、民族和民族、国家和国家、政治集团和政治集团之间、在一定发展阶段上的矛盾的一种最高斗争形式。③

这里，毛泽东把战争看作人类社会发展到一定阶段的产物，是用以

---

① 蒋方震：《军事常识》，商务印书馆 1917 年版，第 4 页。

② 蒋方震：《国防论》，1935 年铅印本，第 20 页。

③ 毛泽东：《中国革命战争的战略问题》，《毛泽东选集》第 1 卷，人民出版社 1991 年版，第 171 页。

解决各种社会矛盾的一种最高斗争形式。从这一定义出发，毛泽东沿用克劳塞威茨的观点，进一步解释了“战争”的特质，认为战争本身就是政治性质的行动，但战争并不等于一般的政治，“战争是政治的特殊手段的继续”；“政治是不流血的战争，战争是流血的政治。”① 同时，他继承恩格斯、列宁的军事思想，结合中国革命的实际情形，进一步地阐发了“人民战争”“革命战争”“解放战争”等重要概念，用以指导中国革命的具体实践。如“人民战争”作为毛泽东军事思想的一个核心关键词，是指为了反抗外来侵略，谋求阶级解放，组织和武装人民群众进行的战争。毛泽东还认为，战争有正义战争和非正义战争的区别，无产阶级反对一切阻碍社会进步的非正义战争，拥护一切推动社会发展的正义战争，支持和参加正义战争是为了最终消灭战争，实现永久和平。

正是基于毛泽东的理论诠释，作为现代常用工具书的《辞海》对“人民战争”的定义为“广大人民群众为了反抗阶级压迫或民族压迫组织起来进行的战争”，并且进一步地解释说：“中国共产党所领导的革命战争，就是以人民军队为骨干，坚决依靠和组织人民群众参加，实行主力兵团与地方兵团相结合，正规军与游击队、民兵相结合，武装群众与非武装群众相结合的人民战争。”② 这一定义依据革命史的范式，从阶级斗争的观点作解释，显然带有一定的时代性。

关于作战形式的问题，中国近代军事学已经摆脱了传统兵家对“战”的解释，适应新的战争形势的要求，提出了运动战、阵地战、游击战的作战指挥原则。所谓“运动战”（Mobile Warfare），是一种依托较大的作战空间来换取时间移动兵力包围敌方，以优势兵力速战速决的作战形式，其作战指挥原则是“集中优势兵力，各个歼灭敌人”。所谓“阵地战”

① 毛泽东：《论持久战》，《毛泽东选集》第2卷，人民出版社1991年版，第480页。

② 《中国人民解放军军语》1982年版对“人民战争”的解释，与上述完全相同。

(Positional Warfare)，是一种依托阵地进行防御或对据守阵地之敌实施进攻的作战形式，包括坚固阵地攻防作战、野战阵地攻防作战、城市阵地攻防作战和海岸、海岛的阵地攻防作战等。所谓“游击战”(Guerrilla Warfare)，是一种游动攻击的非正规作战形式，其作战指挥原则是“敌进我退，敌驻我扰，敌疲我打，敌退我追”。在中国抗日战争、解放战争和朝鲜战争中，这些作战形式都得到充分的运用，并且经过实践的检验而有了新的理论阐释。

20 世纪 30 年代以来，伴随中国军事近代化的进程，以“战”为核心的关键词系发生了进一步的裂变，衍生出一系列新的关键词。这主要表现在两个方面：一是在作战形式上出现了许多新的词语，从“空战”“海战”“潜艇战”“坦克战”到当代军事学领域中的“电子战”“信息战”“太空战”等；二是“战”作为核心关键词被广泛地引申到非军事领域，从“商战”到“贸易战”，从“民主选举”到“选战”，甚至说“打一场爱国卫生运动的全民战争”，在不断地转义和再生中“战”已经融汇到社会生活的各个领域。

第三章　军：战争的工具

军队，是一种为政治服务的武装组织，是一种为准备和实施战争的武装力量，是一种进行或反抗侵略的工具，是一种夺取或巩固政权的手段。中国历代兵家着眼于治军和强兵问题，对于军队的构成和编制、军事训练、思想教育诸问题，进行了广泛而深入的探讨，造就了具有丰富内涵的“军”系关键词。

第一节　军与军系关键词

军，是一个会意字，甲骨文中未见，金文作，小篆作。《说文解字》曰：“军，圜围也。四千人为军。从车，从包省。军，兵车也。”段玉裁注：“于字形得圜义，于字音得围义。凡浑、les輝、煇等军声之字，皆兼取其义。包省当作勹。勹，裹也。勹车，会意也。”张舜徽解释说：“许云四千人为军，与周制、汉法皆不合，疑有夺误，古以万二千五百人为军也。《说解》末‘军’字，当为‘车’之形讹，写者乱之。”西周春秋时期，战争形式以车战为主，两军交战之前，把战车围作环状，临时构成一道壁垒，即称作“军”。所以，“军”之本义是用战车围成的营垒，经过引申、衍生和转义，产生了一系列军事概念。

在先秦文化元典中，“师”作为军队的代称，时常与“军”通用。《易经》有《师卦》，专门讨论军事问题，称“师出以律，否臧凶”；“在师中，吉，无咎”；“师左次，无咎。”《诗经·小雅·采芑》曰：“方叔率止，钲人伐鼓，陈师鞠旅。”又《诗经·大雅·常武》曰：“截彼淮浦，王师之所。”《孙子兵法·火攻》曰：“主不可以怒而兴师，将不可以愠而致战。”这些引文中的“师”，都与“军”同义，或者泛指军队。

“军”系关键词有四个组成部分：一是根据军队的构成对“军”的分类，包括车兵、步兵、骑兵、弩兵、水师、炮兵等；二是依照军事编制的单位对“军”的分类，包括军、师、旅、卒、什、伍等；三是作为军政机构和行政机构的“军”，主要指唐宋时期的军镇和州军；四是现代汉语语境中的“军”，包括军队、陆军、海军、空军、天军等。

第二节　军队构成之“军”

中国传统时代的军队，主要是由车兵、步兵、骑兵、水师构成。商周至春秋时期的军队以车兵为主体，以徒卒为附属。战国以降步兵属于基本兵种，骑兵、车兵属于辅助兵种，水师属于区域兵种。宋元以后军队配备和使用火器，出现了炮兵和神机营。在中国军事史上，历代兵家对各军兵种都有翔实的叙述，不断刷新了“军”的语言内涵。

一、车兵

车兵，是以战车为核心的军队。商周至春秋时期，车兵作为一个主要兵种，是衡量国家军事力量的重要标准，战争的胜败取决于车兵的强弱。通常一辆战车搭乘三名甲士，中间一人负责驾车，称为“御者”；

左边一人负责射击，称为“多射”；右边一人负责格斗，称为“戎右”。进入战国时代，随着步兵、骑兵建设的发展，车兵逐渐萎缩起来，开始退居次要地位。秦汉时期以后，车兵只是一个辅助兵种，在军事活动中不起多大作用。在先秦兵家元典中，对“车”“车兵”“车战”都有较多的解析。如《孙子兵法·作战篇》曰：

凡用兵之法，驰车千驷，革车千乘，带甲十万，千里馈粮。……车甲之奉，日费千金，然后十万之师举矣。

公家之费，破车罢马，甲胄矢弓，戟盾矛橹，丘牛大车，十去其六。

车战得车十乘以上，赏其先得者，而更其旌旗。车杂而乘之，卒善而养之，是谓胜敌而益强。

《行军篇》曰：

尘高而锐者，车来也。

轻车先出居其侧者，陈也。

奔走而陈兵车者，期也。

这里的“车”，又作“兵车”，指用于作战的车辆。“驰车”，又称轻车，是一种轻便快捷的战车。“革车”，是一种以皮革作帷幕的战车，主要用于运输军需物资。“车甲”，即车辆和盔甲，泛指各种武器装备。“车战”，是孙子时代的主要作战方式，作战时以战车为核心组织，步卒跟随战车行动，每一辆战车按照一定的数额配备步卒。

关于车兵的功用，《六韬·犬韬·战车》着眼于作战方法，提出了“十害”“八胜”之说。所谓“十害”，指不利于车战的十种情形，包括只能前进，无法退回，是为“死地”；越过各种险阻，长途追击敌人，是为“竭地”；前面平坦，后有险阻，是为“困地”；陷入险阻而难于出来，是为“绝地”；道路毁坏或积水，难于通行，是为“劳地”；左有险阻，右面平坦，还要爬坡，是为“逆地”；遍地草丛，还要经过沼泽，是为“拂地”；战车不多，地势平坦，又难以同步兵配合，是为“败地”；后有沟渠，左有深水，右有高坡，是为“坏地”；整天下雨，连绵不止，道路毁坏，前不能进，后不能退，是为“陷地”。在实战过程中，只有避开这些不利情形，才能取得胜利。

所谓“八胜”，指有利于车战的八种情形，主要就敌方而言，前后队列不整，战阵尚未列成；军中旌旗紊乱，人马不断调动；因为指挥不灵，士卒行动混乱；因为战阵不定，士卒相互观望；前进犹豫不决，后退惶恐不宁；三军突发惊扰，纷纷被迫出走；在平坦地带交战，天黑时还未撤离；远道而来，直到天黑才宿营，士卒有些恐惧。在这些有利条件下，将帅可以集中兵力，对敌人发起进攻。

二、步兵

步兵，又作步卒、徒卒、徒兵，指徒步行军作战的兵种。“步兵”一词，始见于《六韬·犬韬·战步》。中国古代的步兵通常分为重装步兵、轻装步兵。重装步兵披戴铠甲，称为“甲士”“甲卒”；轻装步兵不用铠甲，称为“轻兵”。步兵使用的武器，主要有戈矛、刀剑、弓弩等。在大多数军事活动中，步兵作为一个基本兵种，担负主要的战斗任务。

对于步战的功用，《六韬·犬韬·战步》从作战方法的角度指出：步兵和车兵、骑兵作战，必须依托丘陵、险阻，部署战阵，长兵器、强弩配置在前面，短兵器、弱弩配置在后面，轮番战斗和休息；敌军大批战车、骑兵到来，就必须稳住阵脚，迅猛出击，并调集材士、强弩，加强后方戒备。到了西汉前期，晁错论述指挥作战，强调步兵在不同的地形条件下有不同的作战方法。“丈五之沟，渐车之水，山林积石，经川丘阜，草木所在，此步兵之地也，车骑二不当一。土山丘陵，曼衍相属，平原广野，此车骑之地，步兵十不当一。”① 这说明步兵和车骑相比较，因为不同的地形而各有优势。

北宋时期，随着火药用于制作武器，步兵开始装备火器。其中较有名的是突火枪，即在枪头加装喷火物，近距离喷射敌人。元朝末年，依照突火枪改制成火铳，成为金属管型射击火器。但从宋朝到元朝，没有火铳部队建制。直到明朝初期，为了增强禁军的实力，在京师设置三大营：“五军营”“三千营”和“神机营”。其中，“神机营”又称火器营，配备火铳和火炮，拥有较强的战斗力，成为一支新型部队。晚明时期，边陲地区动荡不安，各种战争不断发生，有关火器的研制受到朝廷的重视。嘉靖二年（1523），明朝军队在海战中，从佛朗机海船缴获了一批火炮，称为“佛朗机”，随后仿制出各式佛朗机炮，其中有重达千余斤，射程数百步者，号称“大将军”。万历时期，又获得红夷大炮，长二丈余，重达三千斤，“能洞裂石城，震数十里”②。诚如时人所言：“本朝以火器御虏，为古今第一战具。”③ 这就进一步提高了步兵的战斗力。

三、骑兵

骑兵，是指骑马行军作战的军队，分为重装骑兵和轻装骑兵。重装骑兵即所谓“甲骑”，人和战马都装备铠甲，而铠甲用金属制成，所以又称铁骑。轻装骑兵即所谓“轻骑”，战马不使用铠甲，行动较为快捷，

---

① 《汉书》卷四九《晁错传》。

② 《明史》卷九二《兵志四》。

③ （明）沈德符：《万历野获编》卷一七《兵部》，中华书局 1959 年版，第 433 页。

所以又称轻骑。在中国冷兵器时代，骑兵作为一个兵种，在中原地区创建和运用到战争中，起始于赵武灵王“胡服骑射”。而在战国后期，骑兵除活跃在北方草原地区之外，主要担负突击、包抄、追击、奔袭任务，用于配合步兵作战。所以，在《孙子兵法》《司马法》中，都没有提及骑兵，直到《六韬》的问世，才有骑兵作战的论述。

关于骑兵的功用，《六韬·犬韬·战骑》着眼于作战方法，提出了“十胜”“九败”之说。所谓“十胜”，指有利于骑战的十种情形，主要就敌方而言，前后失去联系，战阵尚未列成；因为战阵不定，士卒缺乏斗志；天黑时要宿营，士卒有些惶恐；没有占据险阻，以便用来据守；所处地形平坦，四面受到威胁；因为战败退却，士卒散乱不整；天黑时回营地，队形密集混乱。在这些有利条件下，将帅可以用不同手段，或者从正面突破，或者从两翼夹击，或者从后路包抄，有效地打击敌人。

所谓“九败”，指不利于骑战的九种情形，包括在进攻敌人时，不能突破敌阵，而侧后反遭攻击，是为“败地”；在追击敌人时，遭到敌人伏击，并被断绝后路，是为“围地”；前进后无法退回，进入后无法退出，是为“死地”；进入的路狭窄，退出的路迂远，敌人可以弱击强，以少击众，是为“没地”；处于深涧峡谷，树木茂盛，难以行动，是为“竭地”；左右临水，前后有山，受敌人控制，是为“艰地”；被敌人切断粮道，前进而无退路，是为“困地”；处于沼泽地带，进退十分不便，是为“患地”；左有深沟，右有坑洼，无论前进和后退，都会招致敌人来攻，是为“陷地”。在实战过程中，只有避开这些不利情形，才能取得胜利。

西汉时期，匈奴人擅长骑射，“士力能弯弓，尽为甲骑”[①]，凭借强劲的机动性能，经常侵扰汉朝北部边疆。为了打击匈奴势力，晁错根据汉

① 《史记》卷一一〇《匈奴列传》。

朝和匈奴的实际情况，针对双方各自的军事优势，进行比较说：

> 今匈奴地形、技艺与中国异，上下山阪，出入溪涧，中国之马弗与也；险道倾仄，且驰且射，中国之骑弗与也；风雨罢劳，饥渴不困，中国之人弗与也，此匈奴之长技。若夫平原易地，轻车突骑，则匈奴之众易挠乱也；劲弩长戟，射疏及远，则匈奴之弓弗能格也；坚甲利刃，长短相杂，游弩往来，什伍俱前，则匈奴之兵弗能当也；材官驺发，矢到同的，则匈奴之革笥木荐弗能支也；下马地斗，剑戟相接，去就相薄，则匈奴之足弗能给也，此中国之长技也。以此观之，匈奴之长技三，中国之长技五。①

通过上述分析，晁错既看到匈奴人的长处，又看到汉朝军队的长处，认为匈奴人有三个强项，汉朝军队有五个强项，在作战技能上各有长短。这样要想战胜匈奴人，就必须掌握和利用匈奴人的长处；反过来说，汉朝军队掌握和利用匈奴人的长处，就能确保对匈奴人的绝对优势。所以，在对匈奴战争问题上，晁错持有必胜的信心，曾经对汉文帝说，出动数十万军队，以诛灭数万匈奴，是以十击一的手段，断无不胜的道理。

到了南宋初年，吴璘指挥抗金作战，著有《兵法》两篇，论及宋、金双方的优劣，认为“金人有四长，我有四短，当反我之短，以制彼之长。四长曰骑射，曰坚忍，曰重甲，曰弓矢。吾集番汉所长，兼收而并用之，以分队制其骑兵，以番休迭战制其坚忍；制其重甲，则劲弓强弩；制其弓矢，则以远克近，以强制弱”②。最后所谓远近者，指宋兵弓

---

① 《汉书》卷四九《晁错传》。

② 《宋史》卷三六六《吴璘传》。

矢能射远，而金人弓矢近；所谓强弱者，指宋兵弓弩劲大，而金人弓弩劲小。这种针对金朝骑兵而发的“以夷攻夷”论，应该是晁错评论汉匈军队之优劣的翻版。

四、水师

水师，即水军，又称舟师，指乘船行进作战的军队。据《左传》记载，鲁襄公二十四年（前549），“楚子为舟师以伐吴，不为军政，无功而还”。鲁哀公十年（前485），吴王夫差派大夫“徐承帅舟师将自海入齐，齐人败之，吴师乃还”。这说明春秋后期楚、吴、齐等国都有水师，并且投入过战争活动。

在先秦兵家元典中，关于“水师”的建制，缺乏记录和论述。《孙子兵法·九地》曰：“夫吴人与越人相恶也，当其同舟而济，遇风，其相救也如左右手。”这里说吴人和越人同舟共济，并非指水师而言，只能证明吴越地区的水上交通。《吴子兵法》论及“水战”，强调“敌若绝水，半渡而薄之”[①]，这与《孙子兵法·行军》所谓“处水上之军”一样，都是指在江河湖泊作战，而不是专指水师。由此可知，先秦兵家对“水师”的论述，仅有只言片语。

自从秦汉以降，每当南方和北方分裂时期，南方政权制定国防战略，大都以长江为主要防线，比较重视水师建设。如东汉末年赤壁之战，周瑜统率东吴水师，一举击破了曹操大军，而后曹操整饬军队，再度兵临长江北岸，却因为怯于水战，不得不自动撤退。仅就水师的实力而言，南方政权与北方政权相比较，往往占据明显的优势，这种优势也成为南北对峙的重要因素。

---

① 《吴子兵法·应变》。

但是，历史上的中国始终是一个典型的大陆国家，在各军兵种的建设和配置上，步兵、骑兵长期居于优先的地位，而水师始终处于从属的地位。所以，历代兵家对“水师”就缺乏相应的论述。在兵家元典关键词及其阐释中，“水师”的相对缺失反映了中国战争史的实际情形，也体现出中国兵学的理论特点。

第三节　军队编制之“军”

孙子撰著《孙子兵法》，论及春秋末期的军队组织，其中有以“军”为编制单位。“凡用兵之法，全国为上，破国次之；全军为上，破军次之；全旅为上，破旅次之；全卒为上，破卒次之；全伍为上，破伍次之。”[①] 这里的“军”与“旅”“卒”“伍”并称，都是军队的编制单位，而“军”是最大编制单位。

一、军师旅

西周时期军队的编制，以“军”为最大的单位。《周礼·夏官司马·序官》曰：“凡制军，万有二千五百人为军，王六军，大国三军，次国二军，小国一军，军将皆命卿；二千有五百人为师，师帅皆中大夫；五百人为旅，旅帅皆下大夫；百人为卒，卒长皆上士；二十五人为两，两司马皆中士；五人为伍，伍皆有长。”这是说西周时期的军队以军、师、旅、卒、两、伍为单位，自上而下逐级构成。伍是最小的编制单位，五伍为两，四两为卒，五卒为旅，五旅为师，五师为军，军是最大的编制

① 《孙子兵法·谋攻》。

单位。西周时期的军队，主要是由“国人”组成，而以各级贵族为骨干，庶人处于社会下层，只能充作后勤徒役。

春秋时期以降，随着周王室的日益衰落，各国诸侯重视军队建设，通常大国设置三个军，中等诸侯国设置两个军，小国设置一个军。至于一个军的编制人数，每个诸侯国在不同时期有所不同。《周礼·地官司徒·小司徒》曰：“五人为伍，五伍为两，四两为卒，五卒为旅，五旅为师，五师为军。”郑玄注：“伍、两、卒、旅、师、军，皆众之名。两，二十五人；卒，百人；旅，五百人；师，二千五百人；军，万二千五百人，此皆先王所因农事而定军令者也。欲其恩足相恤，义足相救，服容相别，音声相识。”《国语·齐语》曰：“万人为一军。”这是齐国军队的编制人数。《吴子兵法·应变》曰：“能备千乘万骑，兼之徒步，分为五军，各军一衢。”所谓“分为五军”，即把全军分为五个部队；所谓“各军一衢”，指每个部队进据一条道路。

“师”的名称，最早出现在商代，甲骨文作𠂤。作为一个军事编制单位，商朝的军队分右、中、左三师。《甲骨文合集》第33006片：“丁酉贞，王作三自，右中左。”这里的“自”，即“师”。商朝一个师的规模，一说应有一万人，“三自”等同于“三军”；一说只有一百人，“三自”等同于“三伯”，属于商王的禁卫军。此外，甲骨文中有“王师”一词，是指商王直接统领的军队。

商周之际，西周的军队以师为编制单位，周王室拥有“西六师”之外，又组建了“殷八师”。“西六师”驻守在镐京。“殷八师”先部署于殷地，而后长期驻守在成周，所以又称“成周八师”。《禹鼎》曰：“王乃命西六师、殷八师曰：‘扑伐噩侯御方，勿遗寿幼！’”按《周礼·地官司徒·小司徒》，“五师为军”，“万有二千五百人为军”，一师则有二千五百人。所以，《说文解字》曰：“二千五百人为师。”

早在春秋时期，“师”已经用于代指军队。《左传·庄公十年》曰：

“十年春，齐师伐我。”《左传·僖公三十三年》曰：“蹇叔之子与师，哭而送之曰：‘晋人御师必于肴。’”这里的“齐师”，即齐国的军队，而蹇叔所哭之“师”，则指秦国的军队。《老子》第三十章曰：“师之所处，荆棘生焉；大军之后，必有凶年。”由此可知，“师”和“军”可以互通。

旅，是一个会意字，甲骨文作，本义指众人在军旗下集合。《甲骨文合集》38177 片：“丙子卜贞，翌日丁丑，王其遘旅，延不遘，大雨。”所谓“旅”，指军队。《左传·哀公元年》曰：“有田一成，有众一旅，能布其德，而兆其谋。”这句话被解释为夏朝少康复国的时候，已经有一个“旅”的军队。然而，商代“旅”是不是一级军事编制，学界迄无定论。

不过，最迟到春秋后期，“旅”已经成为一个军事编制。《孙子兵法·谋攻》紧接“全军为上，破军次之”之后，就说“全旅为上，破旅次之”，可见旅是军的下属单位。但一个旅有多少人，不见于兵家元典的记载。《说文解字》曰：“军之五百人为旅。从㫃从从。从，俱也。”张舜徽注：“古者军旅之事，皆资旌旗进退士众，故旅字从㫃而从在其下。……许云‘军之五百人为旅’者，乃周制也。”[①] 这是说周代的兵制，一个旅有五百人。

还有“军旅”一词，由“军”“旅”组合而成，泛指军队。《周礼·地官司徒·小司徒》曰：“五旅为师，五师为军，以起军旅，以作田役。”《国语·齐语》曰：“卒伍整于里，军旅整于郊。”《韩非子·难一》曰：“出于诈伪者，军旅之计也。”所谓“军旅”，都是指军队。这一词语及其含义，在历代著述中未曾转义，一直延续至今。

① 张舜徽：《说文解字约注》，华中师范大学出版社 2009 年版，第 1662 页。

二、卒什伍

从《孙子兵法·谋攻》来看，孙子论及的军事组织是“卒”下设“伍”。宋代张预注：“周制，万二千五百人为军，五百人为旅，百人为卒，五人为伍。”① 这一注释应出自《周礼·地官司徒·小司徒》及郑玄注，却与春秋时期齐国的兵制有所不同。

春秋前期，管子辅佐齐桓公治国理政，为了实现富国强兵的目标，“作内政而寄军令”②，实行军政合一体制，使行政组织和军事组织相结合，“制五家为轨，轨有长；十轨为里，里有司；四里为连，连有长；十连为乡，乡有良人；五乡一帅”③。在这一行政系统的基础上，建立军事组织，其编制如下：

> 五家为轨，故五人为伍，轨长率之；十轨为里，故五十人为小戎，里有司率之；四里为连，故二百人为卒，连长率之；十连为乡，故二千人为旅，乡良人率之；五乡一帅，故万人为一军，五乡之帅率之。④

据此可知，齐国的军队是以五人为伍，设轨长一人；二百人为卒，设连长一人。《国语·齐语》曰：“五家为轨，轨为之长；十轨为里，里有司；四里为连，连为之长；十连为乡，乡有良人焉。以为军令：五家为轨，故五人为伍，轨长帅之；十轨为里，故五十人为小戎，里有司帅

---

① （春秋）孙武撰，（东汉）曹操等注，杨丙安校理：《十一家注孙子校理》，第45页。

② 《国语·齐语》。

③ 《管子·小匡》。

④ 《管子·小匡》。

之；四里为连，故二百人为卒，连长帅之；十连为乡，故二千人为旅，乡良人帅之；五乡一帅，故万人为一军，五乡之帅帅之。”这与《管子》的记述大致相同。稷下先生编撰《管子》，认为这样编组的军队对外征战，能够齐心协力，所向无敌。究其原因在于：

卒伍政，定于里；军旅政，定于郊。内教既成，令不得迁徙。故卒伍之人，人与人相保，家与家相爱，少相居，长相游，祭祀相福，死丧相恤，祸福相忧，居处相乐，行作相和，哭泣相哀。是夜战其声相闻，足以无乱；昼战其目相见，足以相识；欢欣足以相死。是故以守则固，以战则胜。①

显然，稷下先生重视地缘关系，认为强化乡土情谊，利用士卒的互助性，可以调动他们的主动性，进而发挥他们的战斗力。所以他们敢于断言，这样的军队有三万人，就可以横行于天下，惩治无道之国，安定周王室，成为天下的霸主。

战国时期，什伍制度纳入各国的基层社会管理体制，成为各国军队的基本编制单位，由此直接影响着各国军队建设。《尉缭子·伍制令》曰：

军中之制，五人为伍，伍相保也；十人为什，什相保也；五十人为属，属相保也；百人为间，闾相保也。伍有于今犯禁者，揭之免于罪，知而弗揭，全伍有诛。什有于今犯禁者，揭之免于罪，知而弗揭，全什有诛。属有干令犯禁者，揭之免于罪，知而弗揭，全屇有诛。闾有干令犯禁者，揭之免于罪，知而弗揭，全闾有诛。吏自什长已上，至左、右将，上下皆相保

① 《管子·小匡》。

也。有干令犯禁者，揭之免于罪，知而弗揭者，皆与同罪。夫什伍相结，上下相联，无有不得之奸，无有不揭之罪。

这是说军队的编制，按五人编为一伍，伍内的人互相连保；十人编为一什，什内的人互相连保；五十人编为一属，属内的人互相连保；百人编为一闾，闾内的人互相联保。伍内有人触犯禁令，同伍的人揭发了他，全伍免罪，知道而不揭发，全伍受罚。什内有人触犯禁令，同什的人揭发了他，全什免罪，知道而不揭发，全什受罚。属内有人触犯禁令，同属的人揭发了他，全属免罪，知道而不揭发，全属受罚。闾内有人触犯禁令，同闾的人揭发了他，全闾免罪，知道而不揭发，全闾受罚。将吏从什长以上到左、右将军，上下都互相连保，凡是触犯禁令，揭发的人免罪，知道而不揭发，都与犯人同罪。同什伍的人互相交结，上下之间互相连保，就没有不能破获的阴谋，没有不被揭发的罪恶。

三、所谓“三军”

春秋时期，按照周王室的规定，较大的诸侯国可以拥有三军，或者称作上军、中军和下军，或者称作左军、中军和右军。所以，“三军”一词，统称诸侯国的军队，或者泛指军队。通检《孙子兵法》一书，使用“三军”12次。如《谋攻篇》曰：

不知三军之事而同三军之政者，则军士惑矣。不知三军之权而同三军之任，则军士疑矣。三军既惑且疑，则诸侯之难至矣。

《势篇》曰：

三军之众，可使必受敌而无败者，奇正是也。

《军争篇》曰：

三军可夺气，将军可夺心。

《九地篇》曰：

掠于饶野，三军足食。

聚三军之众，投之于险，此谓将军之事也。

施无法之赏，悬无政之令，犯三军之众，若使一人。

《九地篇》曰：

三军之事，莫亲于间，赏莫厚于间，事莫密于间。

此兵之要，三军之所恃而动也。

这里说的“三军之事”，指军队的事务；“三军之政”，指军队的政令；“三军之权”，指军队的权谋；“三军之任”，指对军队将吏的任用；“三军之众”，指全军的将士。这里的“三军”，都是指军队。

《吴子兵法》中使用过“三军”一词，并非指上军、中军、下军的统称，应该是全军、军队的代称。

用兵之害，犹豫最大；三军之灾，生于狐疑。[①]

① 《吴子兵法·治兵》。

在吴起看来，战争是流血牺牲的事情，只有抱定必死信念，才可能闯出生路；如果侥幸偷生，却总是归于死亡。善于指挥作战的将帅，就像坐在漏水的船中，躺在着火的屋里那样，坚决果断，迅速采取行动。所以说，用兵的祸害，莫过于将帅的犹豫不决；军队的灾难，往往产生于狐疑不定。这里的“三军”，则指全军或军队。

最有趣的是，《商君书》中专门讨论“三军”，其语义与上述迥异。其中论述守城作战问题，作者强调若有敌人来侵犯，就要整理户口簿册，散发征召文书，把征召的人分为三军，分别用来抵抗敌人。

三军：壮男为一军，壮女为一军，男女之老弱者为一军，此之谓三军也。壮男之军，使盛食厉兵，陈而待敌。壮女之军，使盛食负垒，陈而待令；客至，而作土以为险阻及耕格阱，发梁撤屋，给徙，徙之；不洽而烧之，使客无得以助攻备。老弱之军，使牧牛马羊彘；草木之可食者，收而食之，以获其壮男女之食。而慎使三军无相过。壮男过壮女之军，则男贵女，而奸民有从谋，而国亡；喜与其恐有蚤闻，勇民不战。壮男壮女过老弱之军，则老使壮悲，弱使强怜，悲怜在心，则使勇民更虑，而怯民不战。①

这里的“三军”，指壮年男子组成一支部队，壮年女子组成一支部队，年老体弱的男女组成一支部队。根据守城作战要求，壮年男子部队需要带好粮食，磨利兵器，摆好阵势等待敌人；壮年女子部队需要带好粮食，背上土筐，摆好阵势等待命令，负责修筑路障，开挖陷阱，拆毁桥梁和房屋，不让敌人用来资助攻城；年老体弱部队负责放牧牛马猪

---

① 《商君书·兵守》。

羊，采集可以吃的野生蔬果，作为壮年男女的食物。在军队管理方面，要严格地使三军不互相往来。因为壮年男子来到壮年女子部队，这些男子就会爱上女子，坏人趁机要弄阴谋，因而国家就会灭亡；壮年男女喜欢相处在一起，担心早日发生战斗，勇敢的人就会不愿作战。壮年男女来到年老体弱部队，老年人会使壮年人悲伤，体弱者会使强壮者怜悯，悲伤和怜悯藏在心里，就会使勇敢的人改变想法，而胆怯的人不肯作战。

第四节 行政机构之“军”

除了军队的构成和编制之外，“军”作为一级军政机构或行政机构的名称，在唐宋时期连续使用了五六百年。

早在西汉时期，驻扎在京城长安的禁卫军分为两个部分：一部分负责守卫宫殿的部队，属卫尉统领，称为“南军”；负责守卫京师的部队，属中尉统领，称为“北军”。南北军只是对所有禁卫军的统称。其后，随着军事制度的演变，尤其是兵役制度的变革，出现了一些新的军队，“军”成为一些部队的名号。如唐朝，在京城长安设立左右羽林军、左右龙武军、左右神武军，统称“六军”。每一军设置大将军一人、将军二人，掌管全军各项事务。唐肃宗时，又设立神策军，任用宦官监军。唐代宗时，神策军屯驻于苑中，任命宦官统领，成为一支左右朝廷的特殊部队。

盛唐时期，随着不断地对外开拓，唐朝廷在边区设置“道”一级机构，掌管军政事务。道之下有军、镇等军政机构，一般设置在边境沿线。《旧唐书·地理一》记载：

> 北庭节度使，防制突骑施、坚昆、斩啜，管瀚海、天山、伊吾三军。

河西节度使，断隔羌胡。统赤水、大斗、建康、宁寇、玉门、墨离、豆卢、新泉等八军。

河东节度使，掎角朔方，以御北狄，统天兵、大同、横野、岢岚等四军。

平卢军节度使，镇抚室韦、靺鞨，统平卢、卢龙二军。

岭南五府经略使，绥静夷獠，统经略、清海二军。

《新唐书·职官四》记载，每一个军设置使一人，掌管全军各项事务；五千人以上的军，设置副使一人，协助军使处理事务；一万人以上的军，设置营田副使一人，负责管理屯田事务。每一个军下设仓、兵、胄三曹，具体处理日常事务。总体上说，这时候的军，只管军队不理民政，属于一种军政机构。

五代时期，国家和地方治理军事化，军事和行政权力一体化，逐渐形成了军政合一体制。到了北宋初期，军作为一级地方组织，就从军政机构转变成行政机构，成为历代地方行政制度的一个特例。

宋朝地方行政区划，实行路州县三级制。最高一级为路，次一级为州，下一级为县。与州同级的，有府、军、监。京城、陪都等重要的州，改置为府，府的地位高于州。军作为一级行政机构，主要设置在军事要地，分为两类：领县的或不领县的。领县的军与州同级，而实际地位低于州；不领县的军，则隶属于州或府，相当于县级。据《元丰九域志》记载，北宋全国设有37个军，包括淮阳、信阳、乾宁、永静、保定、信安、安肃、永宁、广信、顺安、威胜、平定、苛岚、宁化、火山、保德、保安、德顺、镇戎、通远、无为、广德、南康、兴国、南安、临江、建昌、邵武、兴化、怀安、广安、云安、梁山、南平、昌化、万安、朱崖。南宋领土面积缩小，也先后设有38个军，包括江阴、南康、广德、兴国、南安、临江、建昌、高邮、招信、淮安、清河、六安、无为、怀远、镇巢、安丰、茶陵、桂阳、武冈、荆门、寿昌、汉阳、信阳、光化、枣阳、南宁、万安、吉阳、邵武、兴化、永康、石泉、长宁、怀安、宁西、云安、梁山、南平。两宋相比较可知，北宋的边防重心在黄河中下游地区，南宋的边防重心在江淮地区，这是当时军事战略形势所致。

军的长官称为“知某军事”，简称知军，或称军使。在每一个军中，均设“判某军事”一职，以制约知军的权力。与知州、知府相当，知军的职责是：

> 掌总理郡政，宣布条教，导民以善而纠其奸慝，岁时劝课农桑，旌别孝悌，其赋役、钱谷、狱讼之事，兵民之政皆总焉。凡法令条制，悉意奉行，以率所属。有赦宥则以时宣读，而班告于治境。举行祀典。察郡吏德义材能而保任之，若疲软不任事，或奸贪冒法，则按劾以闻。遇水旱，以法振济。安集流亡，无使失所。①

据此可知，知军的基本职责，包括掌管军中行政、财政、司法事务，贯彻执行国家法令，鼓励发展农业生产，改良社会风气，主持祭祀典礼，保举人才，赈救灾民等。这就说明，宋代的军作为一级地方组织，主管民政不理军队，完全属于行政机构。

第五节 近代军事变革中的“军”

综上所述，“军”作为兵家元典的一个核心关键词，主要包含三个

① 《宋史》卷一六七《职官七》。

方面的含义，即军队构成之“军”、军事编制之“军”和行政机构之“军”。从前两个义项来看，“军”作为一种武装力量，通常仅被视为战争的工具，比较缺乏深刻的理论诠释。这是中国兵学的一个重要缺陷。然而，从世界军事学史来看，弗里德里希·恩格斯（Friedrich Engels）作为马克思主义军事学说的主要创建者，撰写了一系列军事著作，对“军队”进行了系统的历史和理论诠释。

1857年，恩格斯为《美国新百科全书》撰写了一系列条目：《军队》《步兵》《骑兵》《炮兵》等，其中在“军队”一文中，给“军队”的定义是：“军队——国家为进行进攻性或防御性战争而保持的有组织的武装人员的集团。”① 从这一定义出发，恩格斯论述了从古代埃及、亚述、希腊、罗马到近代欧洲各国军队的构成、武器装备及其作战方式。这是世界军事学史上第一部专门论述“军队”的经典作品。恩格斯的军事著作，在中国抗日战争期间被集中编译为《恩格斯军事论文选集》，陆续出版发行，成为指导中国革命战争的重要军事理论。

正当恩格斯所处的时代，中国迎来了两千年未有之大变局，因为西方列强凭借坚船利炮，从海上频繁地侵略清王朝，加上太平天国运动的兴起，原有的八旗军和绿营兵无法满足战争的需要，清朝廷开始训练新军，包括创立北洋水师和新建陆军，从而走上了军队近代化的道路。

19世纪70年代，经过“海防大筹议”之后，清朝廷重视海军建设。1875年，北洋大臣李鸿章受命创办北洋水师，着手向英、德等国订制军舰。1885年，清朝廷设立海军衙门，负责管理全国海军。1886年，清朝廷颁布《北洋海军章程》，宣布正式建成北洋海军。这时候，北洋

---

① ［德］弗·恩格斯：《军队》，《马克思恩格斯全集》第16卷，人民出版社2007年版，第226页。

海军拥有25艘军舰和4000余名官兵，是清朝所有海军中规模最大、实力最强的一支舰队，也是当时亚洲实力最强的一支海军舰队。1894年，中日甲午战争爆发，北洋舰队遭受日本联合舰队的突然袭击，相继损失7艘军舰。后经过1年多时间，北洋舰队在日本联合舰队反复攻击之下，最终全军覆没。

1895年，原广西按察使胡燏芬在马厂主持练兵，不久移至天津小站，招募壮丁编成10个营，号称"定武军"。后胡燏芬去督办津芦铁路，清朝廷任命袁世凯主持小站练兵。袁世凯先后拟定各项规章制度，包括《练兵要则》《营制》《饷章》《聘请洋员合同》等，并进行整顿和扩编，由原来的4750人增加到7000人，改名为"新建陆军"，从武器装备到编制、训练，主要仿效德国陆军，营制分左右两翼，每翼分统步、炮、骑、工程、辎重诸兵种；教官多自德国聘任，武器多自德国购置。与此同时，张之洞出任两江总督，选拔士兵2680人，组成"自强军"，继而招募补充2000多人，一切营制和部伍人数，都照搬德国章程，继而聘请日本教官，仿效日本陆军标准，进行军事训练。

"新建陆军""自强军"的创建，给清朝陆军建设树立了两个样板，随之掀起了全国性的练兵热潮。戊戌变法期间，练兵作为朝野的共识，备受改良派的关注，就连光绪帝也认为"目下欲图自强，自以修明武备为第一要义"①。即使变法失败之后，基于维护统治秩序的需要，清朝廷仍被迫地"变法"，把裁减或撤销旧军，扩充和训练新军，以及改革军事制度，作为"新政"的内容。1901年，清朝廷下令各省裁减绿营、防勇，从中选拔士兵组成新军，而后在京师设立练兵处，主持全国练兵事务；在各省设立督练处，负责本省练兵事宜。1904年，清朝廷颁行新的军制，把新军划分为常备军、续备军、后备军三类；继而制订军队建

① 《清实录·德宗实录》卷四一二，中华书局1987年版。

设计划，规定组建新军36个镇，每镇包括步、马、炮、工等兵种，额定官兵12512人，根据各省的综合力量和战略地位，分别进行配置。到了辛亥革命前夕，已经建成13个镇，其中北洋六镇“居中驭外”，在所有军队中保持最强的力量。

还有空军，作为一个进行空中作战的军种，在世界范围内出现在第一次世界大战之后。1909年，美国陆军装备了世界上第一架军用飞机。1911年，意大利在和土耳其作战时首次使用了飞机。中国拥有飞机是在辛亥革命期间，当时湖北、上海军政府成立了航空队。1915年，广州革命政府设立航空局，创办航空学校，成立飞行队。1928年，国民政府设立航空署，收编各省航空队，组建了统一的空军。于是所谓“三军”，原本作为军队编制单位指上军、中军和下军的统称，或者泛指军队，至此成为陆军、海军和空军的统称。

伴随中国军队近代化的进程，吸纳和借鉴西方近代军事理论，在中国近代军事领域日益广泛地使用了“军队”“人民军队”和“陆军”“海军”“空军”等新概念。如根据《辞海》的解释，“军队”是执行政治任务的武装集团；“人民军队”是来自人民，为人民的利益，为全民族的利益而战斗的军队。根据《中国人民解放军军语》的解释，“陆军”是在陆地上作战的军队，一般包括步兵、炮兵、工程兵、通讯兵等兵种；“海军”是以舰艇部队为主体，在海洋上作战的军种；“空军”是以航空兵为主体，进行空中、空对地和地对空斗争的军种。所有这些定义，可以说是“军”系关键词的再生性的集中反映。

纵观古今军队的演变，即使同一名称的关键词，因为军事技术的革新、武器装备的发展和作战方式的演变，也经常被赋予新的内涵。如“水师”作为水面作战的军种，古代仅装备木制舰船在江河湖泊作战，近代有各种舰艇装置火炮能在海洋作战，现代则配备各种战舰、潜艇和航空兵、陆战队等能在水面、水下及对岸上、空中作战；步兵作为徒步作战的兵种，古代仅操持戈、矛、弓、弩等冷兵器战斗，近代使用各种枪、炮等火器战斗，现代还能搭乘各种车辆行进和作战。这就要求我们研究兵家元典关键词，必须从名与实的关系出发，厘清关键词的实际内涵。

第四章　将：军队的灵魂

将，又称将帅、将领，作为军队的灵魂和首脑，是战争指导中的关键角色。战争的胜败取决于多种因素，其中将帅的品格、素养和谋略，往往决定着战争的胜败。在中国兵学史上，针对将帅的品格、素养和谋略，历代兵家作出了一系列论述，如孙子的“五德”“五危”论、吴起的“五慎”“四德”论、《六韬》的“五材”“十过”论、《淮南子》的“五行”“十守”论、《将苑》的“五善四欲”“五强八恶”论、戚继光的“八德”“七害”论等，都是对“将”的理论阐释。这一系列理论阐释构成历代将论的核心内容，集中反映出“将”系关键词的基本特征。

第一节　将与将系关键词

“将”是一个形声字，甲骨文中较为常见，作、等，由供案加双手构成；又作，表示供案上摆放祭品，均指祭祀。篆文作，系糅合以上两种字形，以寸代手。《说文解字》曰：“将，帅也。从寸，酱省声。”桂馥注：“帅当作逵。本书‘逵，先导也。’”李富孙曰：“手部：‘𢪷，扶也。’按‘将’本读子谅切，后转为资良切。《释诂》：‘将，大也。’《释言》：‘将，送也，资也，齐也。’皆广将字之义。《诗》：‘福履将之。’

笺云：'将犹扶助也。' 又 '无将大车。' 笺云：'将犹扶进也。' 此当即㨾字，今已并合为一矣。《玉篇》：'㨾，今作将。'" 张文虎曰："手部有㨾字，从手爿声，训扶也。此变手从寽，寽即肘字，肘即手也。将字宜为㨾之重文。至酱声，当为从酉从将省声。今云将字从酱省声，未敢信从。" 马叙伦曰："张说是也。从肘爿声。今杭县谓以手扶人行曰将。然于小儿则以手，于老人则以肘也。" 张舜徽综括以上诸说，做出了较全面的解释："许君解此字，盖专主于将帅之义，故以帅释将。而谓为酱省声，违于造字之指，固已远矣。古者将相等字，无形可象。止能依声讬事，取义相近字假借为之。将之本义为扶进，而用为将帅字，犹相之本义为扶工，而用为丞相字也。此字当从爿声，与㨾字同。"① 从字形来看，"将" 字从手持肉之形，爿声，古时以手持肉用以祭祀和祈祷，军队出征作战之际，首先要举行祭祀仪式，而主持祭祀并指挥作战的人就成为将领。所以，"将" 的本义是扶助，引申指率领和指挥军队作战之人，用作动词则指率领和指挥，作为副词亦指行动开始。

许慎释 "将" 为 "帅"，无疑是强调 "将" 作为 "将领" 的本义，这在先秦典籍中多有体现。如《周礼·夏官司马·序官》曰："王六军，大国三军，次国二军，小国一军，军将皆命卿。"《荀子·议兵》曰："凡在大王，将率末事也。"《吕氏春秋·审分览·执一》曰："军必有将，所以一之也。" 这三句话均用 "将" 之本义，指将领、带兵的人。"将" 作为一支军队的统帅，被称为 "将军"。《国语·晋语四》曰："郑人以詹伯为将军。" 又《吴语》曰：吴王夫差与晋国争做盟主，摆出强大的军阵，"十旌一将军"。《左传·昭公二十八年》曰："岂将军食之，而有不足？" 这说明 "将军" 作为军队统帅的称谓，已经出现在春秋时期。春秋时期主要由卿大夫统军作战，所以卿大夫被称为 "将军"，而后 "将

① 张舜徽：《说文解字约注》，华中师范大学出版社 2009 年版，第 736—737 页。

军”既是高级武官的职位，又用作军政官员的称谓，甚至可以作为爵号使用。

“将”系关键词群的构成，大致可分为五个部分：一是从将帅的品质和才能对“将”的分类，包括“仁将”“义将”“贤将”“良将”“猛将”“艺将”“骁将”“勇将”等；二是从不同的军兵种对“将”的分类，包括“步将”“骑将”“弩将”“水将”等；三是从不同的职位对“将”的等级划分，包括“大将”“上将”“将军”“主将”“副将”“偏将”“裨将”“末将”等；四是依据将领的身份、职任等对将的分类，如“儒将”“蕃将”“世将”“宿将”“边将”等；五是从“将”的引申讨论而产生的词语，如“将将”“练将”“选将”“择将”“拜将”“点将”等。

第二节　先秦兵家的将论

春秋战国时期，随着战争规模的不断扩大，战争烈度的不断提高，统领众多的军队进行战争，逐渐变成一种专门的职责，因而将帅的地位更加突出。所以，先秦兵家特别关注将帅的基本素养与能力，重视对将帅的整体论述。在先秦兵家元典中，“将”作为一个核心关键词，得到了深刻的理论阐释。

一、孙子：“将宜五德备”

孙子撰著《孙子兵法》，强调将帅的关键作用，认为“将者，国之辅也。辅周则国必强，辅隙则国必弱”[①]，“故知兵之将，民之司命，国

① 《孙子兵法·谋攻》。

家安危之主也”①。这是把懂得军事的将领视为民众命运的主宰、国家安全的柱石。因此，孙子从将帅必备的素质、能力、品格等方面对于“将”作出了详细的论述。《计篇》曰：

将者，智、信、仁、勇、严也。

这是说作为将帅，必须具备智慧、诚信、仁爱、勇敢和严明等素质。针对以上五种素质，曹操概括地说：“将宜五德备也。”李筌解释说：“此五者，为将之德，故师有丈人之称也。”②将帅应该“五德”兼备，由此确立了传统将论的基本内涵。

不仅如此，孙子又从上述素质的反面考察，认为将领如果过分拘泥于某一方面的品德，而不知变通，则往往会堕入致命的缺陷。《九变篇》曰：

将有五危：必死，可杀也；必生，可虏也；忿速，可侮也；廉洁，可辱也；爱民，可烦也。凡此五者，将之过也，用兵之灾也。

这是说将帅有勇无谋，只知道拼命，就可能被敌人诱杀；临阵畏怯，一味贪生怕死，就可能被敌人俘虏；情绪急躁，容易动怒，就可能被敌人故意凌辱而轻举妄动；廉洁好名，过于自爱，就可能被敌人有意侮辱而失去理智；只知道爱护民众，就可能被敌人烦扰而陷于被动。这五种致命缺陷，对用兵作战构成严重危害，将帅必须注意克服。

① 《孙子兵法·作战》。
② 并见杨丙安校理：《十一家注孙子校理》，中华书局1999年版，第7页。

在一般的情况下，将帅与君主应该保持互信关系，君主信任将帅，将帅服从君主。因为君主信任将帅，将帅统领军队、指挥作战，才能拥有绝对权威，从而保证将帅令行禁止；将帅服从君主，才能获得君主的信任，并且为下属服从上级做表率，从而保证三军行动一致。但在特殊的情况下，将领必须具备随机应变的能力，从夺取战争胜利的需要出发，能够及时做出决断，“君命有所不受”①。所以，孙子特别告诫说：“战道必胜，主曰无战，必战可也；战道不胜，主曰必战，无战可也。故进不求名，退不避罪，唯人是保，而利合于主，国之宝也。”② 这是说进不企求功名，退不推脱罪责，只为了保护民众而做出适当的决断，最终符合君主的利益，是将帅应该具备的基本品格。

此外，在《孙子兵法》一书中，还出现过“将军”“上将军”等词语。《九地篇》曰：

> 将军之事，静以幽，正以治。
>
> 聚三军之众，投之于险，此谓将军之事也。

《军争篇》曰：

> 卷甲而趋，日夜不处，倍其兼行，百里而争利，则擒三将军，劲者先，疲者后，其法十一而至；五十里而争利，则蹶上将军，其法半至。

这里的“将军”，即军队的指挥官。所谓“三将军”，通常被解释为

① 《孙子兵法·九变》。

② 《孙子兵法·地形》。

上、中、下或左、中、右三军的将领，也有人说应作“三军将”，指三军的统帅。所谓“上将军”，即上军的指挥官。

孙子认为，对于一支军队来说，居主宰地位的是将帅。“将”相较于“卒”，是决定成败的关键因素。在《孙子兵法》一书中，“将”字一共出现了49次，而“卒”与“士”则分别出现了18次和9次。由此可见，孙子讨论战争和战争指导问题时，非常重视将帅的作用。

二、吴起论“良将”

什么样的人可以担任将帅？吴起作为一位兵学家，着眼于将帅的基本素质，作出了概括性的解答：

> 将之所慎者五：一曰理，二曰备，三曰果，四曰戒，五曰约。理者，治众如治寡；备者，出门如见敌；果者，临敌不怀生；戒者，虽克如始战；约者，法令省而不烦。①

所谓“理”即治理，指统率三军如同治理卒伍，要做到井然有序；“备”即战备，指军队一旦出动，就要进入临战状态；“果”即果敢，指跟敌人作战时，要把生死置之度外；“戒”即警戒，指在战争胜利时，要如同战争开始那样，保持高度戒备；“约”即简要，指给军队下达命令，应该简明而不烦琐。

吴起认为，战争指导的关键在于四个方面：“气机”“地机”“事机”“力机”。“三军之众，百万之师，张设轻重，在于一人，是谓气机。路狭道险，名山大塞，十夫所守，千夫不过，是谓地机。善行间谍，轻

① 《吴子兵法·论将》。

兵往来，分散其众，使其君臣相怨，上下相咎，是谓事机。车坚管辖，舟利橹楫，士习战陈，马闲驰逐，是谓力机。”① 只有懂得这些道理的人，方可出任三军将帅。

在论述将帅的基本素质之后，吴起提出了“良将”“智将”“愚将”等概念。《吴子兵法·论将》曰：

> 威、德、仁、勇，必足以率下安众，怖敌决疑；施令而下不敢犯，所在而寇不敢敌；得之国强，去之国亡，是谓良将。

这是说威严、品德、仁爱、勇敢，足以统率属下，稳定部队，威慑敌军，决断难疑；发布的命令属下不敢违犯，所到之处敌军不敢抵抗；得到这样的将领，国家就强盛，失去这样的将领，国家就衰亡，这样的将领称得上良将。

魏武侯曾经问吴起，在敌我双方对阵时，用什么办法了解敌将？吴起的回答是：

> 令贱而勇者，将轻锐以尝之，务于北，无务于得。观敌之来，一坐一起，其政以理，其追北佯为不及，其见利佯为不知，如此将者，名为智将，勿与战矣。若其众欢哗，旌旗烦乱，其卒自行自止，其兵或纵或横，其追北恐不及，见利恐不得，此为愚将，虽众可获。②

通过一次试探性进攻，可以了解敌将的情况。敌将的指挥有条理，

① 《吴子兵法·论将》。

② 《吴子兵法·论将》。

追击时佯装追不上，有利可图时假装不知道，这样的将领是“智将”。如果敌军中喧哗嘈杂，军旗纷乱，士卒任意行动，兵器操持紊乱，追击时唯恐追不上，有利可图唯恐得不到，这样的将领则是“愚将”。依照吴起的看法，如果敌军的主将是智将，就尽可能不要与他交战；而敌军的主将是愚将，则有可能被我军所擒获。

三、孙膑论“王者之将”

大抵与吴起的思路一致，孙膑专门探讨为将帅之道，也作出了一系列论述。在汉简本《孙膑兵法》中，就有《将义》《将德》《将败》《将失》诸篇。其中，《将义》曰：

> 将者不可以不义，不义则不严，不严则不威，不威则卒弗死。故义者，兵之首者也。将者不可以不仁，不仁则军不克，军不克则军无功。故仁者，兵之复也。将者不可以无德，无德则无力，无力则三军之利不得。故德者，兵之手也。将者不可以不信，不信则令不行，令不行则军不抟，军不抟则无名。故信者，兵之足也。

这是一个形象的比喻，将帅具备“义”“仁”“德”“信”四种品质，才是一位优秀的将帅，因为对于军队来说，这四种品质就好比头脑、心腹、双手和双脚。将帅缺失了“义”，就没有威望，士卒就不会效命。将帅缺失了“仁”，军队就不能取胜。将帅缺失了“德”，就没有感召力，就不能得到三军的胜利。将帅缺失了“信”，命令就不能执行，军队就不能团结一致。这样的将帅指挥作战，就不能建立自己的功勋。

孙膑不但论述了将帅的品质，还列出了将帅的缺陷。《将败》曰：

将败：一曰不能而自能，二曰骄，三曰贪于位，四曰贪于财，六曰轻，七曰迟，九曰勇而弱，十曰寡信，……十四曰寡决，十五曰缓，十六曰怠，……十八曰贼，十九曰自私，二十曰自乱。

依照这段残缺文字，孙膑认为将帅本身及其行为有20种缺陷，如妄自逞能、骄傲、贪图爵位和钱财、轻举妄动、行动迟缓、优柔寡断、不守信用、懈怠、残暴、自私自利、朝令夕改等，这都是将帅遭受挫败的原因。

当然，孙膑最偏爱的将帅是所谓"王者之将"，也就是能帮助君主开创王业的将帅。《孙膑兵法·八阵》曰：

夫安万乘国，广万乘王，全万乘之民命者，唯知道。知道者，上知天之道，下知地之理，内得其民之心，外知敌之情，阵则八阵之经，见胜而战，弗见而诤，此王者之将也。

这里所谓"知道"，指懂得战争指导原则，具体说是上知天道，下知地理，在国内深得民心，在国外了解敌情，能掌握布阵的要领，预见必胜就出战，没把握取胜就避免出战。在孙膑看来，若要保证一个万乘大国的安全，扩大万乘大国的统治范围，保护万乘大国百姓的生命，只能依靠懂得战争指导原则的人，这种人就是"王者之将"。

值得注意的是，孙膑还从作战指挥的角度，使用一个形象的比喻，来解释将帅与君主、士卒的关系："矢，卒也；弩，将也；发者，主也。"① 这是说士卒好比箭矢，将帅好比弩，君主好比发射的人。君主

① 《孙膑兵法·兵情》。

操持将帅，需要善于发射；将帅指挥士卒，必须处置端正；箭镞射向敌人，必须轻重适当。每一次战争的胜利，都需要将帅与君主、士卒同心协力，协调一致。所以，将帅指挥军队战胜敌人，“不异于弩之中招也”①。

四、尉缭：“将帅者，心也”

战国后期，尉缭撰著《尉缭子》，讨论为将之道问题，非常强调将帅的主观能动性，把对将帅在战争中作用的认识提升到了一个新的高度。《尉缭子·武议》曰：

> 夫将，提鼓挥枹，临难决战，接兵角刃，鼓之而当，则赏功立名；鼓之而不当，则身死国亡。是存亡安危在于枹端，奈何无重将也！

将帅挥槌击鼓指挥全军，面临危难与敌决战，短兵相接拼力厮杀。如果指挥得当，则可以建功立业；如果指挥不当，则会身死国亡。这说明国家的存亡安危，就系于将帅指挥军队的鼓槌头上，怎么能不重视将帅的作用呢？

《尉缭子·兵谈》曰：

> 夫将者，上不制于天，下不制于地，中不制于人。宽不可激而怒，清不可事以财。夫心狂、目盲、耳聋，以三悖率人者，难矣。

---

① 《孙膑兵法·兵情》。

这是说作为将帅，上不受天时的制约，下不受地形的约束，中间不受面前敌人和后方君主的限制。应当气量宽宏，不可轻易动怒；应当清正廉洁，不可贪图钱财。若是让心性狂妄、不够耳聪目明的人来统率军队，那是难以胜任的。从这一论断不难发现，与《孙子兵法》中“道、天、地、将、法”的次序不同，尉缭认为战争胜负的首要因素是人，要想获得战争胜利，就要极尽人事，对于将帅而言，就要成为军事行动的主宰，对军事行动负全部责任，所以进一步阐释道：

将帅者，心也；群下者，支节也。其心动以诚，则支节必力；其心动以疑，则支节必背。夫将不心制，卒不节动，虽胜，幸胜也，非攻权也。①

将帅好比人的头脑，士卒好比人的四肢关节，决心坚定，四肢关节的动作必然有力；犹豫不定，四肢关节的动作必然迟疑。如果将帅不能像头脑控制四肢关节那样指挥军队，士卒不能像四肢关节那样按头脑的指挥行动，即使取得了胜利也是侥幸，绝不是正确指挥的结果。

将帅居于如此核心的位置，就需要牢固地树立个人的威信，实际上只有恩威并济，才能使吏卒畏服，为我所用。《尉缭子·攻权》曰：

夫民无两畏也。畏我侮敌，畏敌侮我。见侮者败，立威者胜。凡将死其道者，吏畏其将也；吏畏其将者，民畏其吏也；民畏其吏者，敌畏其民也。是故知胜败之道者，必先知畏侮之权。夫不爱说其心者，不我用也；不严畏其心者，不我举也。爱在顺下，威在上立，爱故不二，威故不犯。故善将者，爱与威而已。

---

① 《尉缭子·攻权》。

这是说民众是不会既畏惧敌人，又畏惧自己将帅的。畏惧自己的将帅就会蔑视敌人，畏惧敌人就会蔑视自己将帅。将帅被士卒蔑视，作战就会失败，将帅在士卒中有威信，作战就能胜利。将帅能掌握运用这个原则，军吏就会畏惧将帅；军吏畏惧将帅，士卒就会畏惧军吏；士卒畏惧军吏，敌人就会畏惧我军士卒。因此，要知道胜败的道理，首先就要懂得畏惧与蔑视两者的相互关系。如果不能以爱抚使士卒亲近，士卒就不会为我所用；如果不能以威信使士卒畏威，士卒就不会听我指挥。爱抚在于使下级驯服；威信在于上级自己树立。爱能使士卒不怀二心；威信能使下级不敢违令。所以善于带兵的人，就要善于掌握爱与威的运用。

尉缭还特别关注，将帅除了战场指挥的责任外，也承担着军中执法的重任，军法执行是否允当，同样关乎军心是否稳定、军队意志是否同一。《尉缭子·将理》曰：

> 凡将，理官也，万物之主也，不私于一人。

所谓“理官”，即执掌刑法、断案决狱之官。尉缭把将帅视为法官，当作各种案件的主宰，所以要求将帅处理问题，不能偏私于哪一个人。

与吴起的观念相似，尉缭要求将帅以身作则，身先士卒。“夫勤劳之师，将必先己。暑不张盖，寒不重衣，险必下步，军井成而后饮，军食熟而后饭，军垒成而后舍，劳佚必以身同之。如此，师虽久而不老不弊。”① 在中国军事史上，能否贯彻这种以身作则的为将之道，一直是衡量将帅合格与否的重要标杆。

---

① 《尉缭子·战威》。

五、《六韬》："五材""十过"

《六韬》作为先秦兵学的集大成之作，受到孙子和吴子的显著影响，同样非常重视将帅的关键作用，认为"兵者，国之大事，存亡之道，命在于将。将者，国之辅，先王所重也。"① 同时，也就将帅的基本素质，提出了"五材""十过"之说：

五材者，勇、智、仁、信、忠也。勇则不可犯，智则不可乱，仁则爱人，信则不欺，忠则无二心。②

这一"五材"之说，与孙子的"五德"之说相比较，大体上标准一致。只是孙子以"智"为先，而《六韬》以"勇"为首；孙子以"严"居末，而《六韬》以"忠"殿后。这一关键词次序的变动，反映出一定的时代性：由春秋末期到战国末期，随着战争规模的不断扩大和战争烈度的提升，将帅的勇猛程度越来越影响到部队作战能力的发挥，勇猛果决的气质有助于临机应变，也更有可能完成既定的战略战术，若没有这种特质，即使是成谋在胸，也未必能充分施展出来；而将帅这种宝贵人才在列国间游走，对于每个国家而言都是必欲笼络争取的对象，因而强调将帅对国家的忠诚也就显得特别重要了。

如果说"五材"之说是从正面对将帅的倡导，那么，"十过"之说则是从反面对将帅的劝诫：

所谓十过者，有勇而轻死者，有急而心速者，有贪而好利

---

① 《六韬·龙韬·论将》。

② 《六韬·龙韬·论将》。

者，有仁而不忍者，有智而心怯者，有信而喜信人者，有廉洁而不爱人者，有智而心缓者，有刚毅而自用者，有懦而喜任人者。勇而轻死者可暴也，急而心速者可久也，贪而好利者可遗也，仁而不忍者可劳也，智而心怯者可窘也，信而喜信人者可诳也，廉洁而不爱人者可侮也，智而心缓者可袭也，刚毅而自用者可事也，懦而喜任人者可欺也。①

这是对每一位将帅的劝诫。作为一名将帅，只有具备“勇”“智”“仁”“信”“忠”五种品质，又避免或克服以上十种缺陷，才能称得上优秀将帅。

接着上述“五材”“十过”之说，《六韬》从为将“不仁”“不勇”“不智”“不明”“不精微”“不常戒”“不强力”七个方面，说明将帅的品质对军队的直接影响，指出了“贤将”的重要性：

将不仁，则三军不亲；将不勇，则三军不锐；将不智，则三军大疑；将不明，则三军大倾；将不精微，则三军失其机；将不常戒，则三军失其备；将不强力，则三军失其职。故将者，人之司命，三军与之俱治，与之俱乱。得贤将者，兵强国昌；不得贤将者，兵弱国亡。②

就是说，将帅不仁爱，就得不到军队的拥护；将帅不勇敢，军队就没有战斗力；将帅没有智谋，军队就会产生疑惑；将帅不英明，军队就会大败；将帅不精细，军队就会失掉战机；将帅缺乏警惕，军队就会放

① 《六韬·龙韬·论将》。

② 《六韬·龙韬·奇兵》。

松戒备；将帅不坚强，军队就会丧失职责。所以说，将帅是军队的主宰，关系到军队的治乱。只有得到“贤将”，军队才能强大，国家才能昌盛；否则，军队就会削弱，国家就会灭亡。

在《六韬》一书中，“将”作为一个核心关键词，通过不同视角的解析，形成了一套新的将论。其中，《龙韬·励军》曰：

> 将冬不服裘，夏不操扇，雨不张盖，名曰礼将。将不身服礼，无以知士卒之寒暑。出隘塞，犯淤泥，将必先下步，名曰力将。将不身服力，无以知士卒之劳苦。军皆定次，将乃就舍；炊者皆熟，将乃就食；军不举火，将亦不举，名曰止欲将。①

这是基于将帅与士卒的关系把将帅分为“礼将”“力将”“止欲将”三类。所谓“礼将”，是指将帅能以身作则，冬天不穿皮服，夏天不摇羽扇，下雨不撑伞盖，这样才能了解士卒的冷暖。所谓“力将”，是指将帅能身体力行，越过险阻地形，通过泥泞道路，必先下车步行，这样才能体会士卒的劳苦。所谓“止欲将”，是指将帅能自我克制，军队宿营就绪，而后才进自己的宿舍；饭菜已经做好，而后自己才能就餐；军队没有照明，将帅也不照明，这样才能知道士卒的饥饱。因为受到将帅深切的关怀，士卒才会尽力报效将帅。这样强调将领以身作则、身先士卒的行为方式，无疑与《吴子兵法》《尉缭子》中的相关论述一脉相承。

六、荀子：“天下之将”

先秦诸子中除了兵家以外，儒家也对为将之道提出过自己的观点。

---

① 《六韬·龙韬·励军》。

据《论语·述而》记载，子路询问孔子说："子行三军，则谁与？"孔子回答道："暴虎冯河，死而不悔者，吾不与也。必也临事而惧，好谋而成者也。"这表明孔子主张将领作为战争指导者，要谨慎细致，懂得战争谋略。到了战国中期，各诸侯国兼并战争愈演愈烈，孟子基于"春秋无义战"的观念①，对于当时叱咤风云的兵家持彻底否定的态度，提出了"善战者服上刑"的论点②，这是对兵家的无情挞伐。

倒是荀子，作为先秦最后一位儒学大师，对于将领的认知具有一定的系统性。据《荀子·议兵》记述，赵孝成王和临武君会见荀子时询问："王者之兵设何道，何行而可？"荀子回答说："凡在大王，将率末事也。"即认为战争的胜败不取决于军事与将帅，而是取决于政治和君王。这显然是从宏大的整体战略出发得出的结论。然而，不论守城或攻城作战，运筹帷幄抑或决胜千里，指挥作战还是非靠将帅不可。针对这一实际问题，荀子没有刻意回避，而是经过认真的思考，提出了"天下之将"的概念，并且作出了深刻的阐释：

> 知莫大乎弃疑，行莫大乎无过，事莫大乎无悔。事至无悔而止矣，成不可必也。故制号政令，欲严以威；庆赏刑罚，欲必以信；处舍收藏，欲周以固；徙举进退，欲安以重，欲疾以速；窥敌观变，欲潜以深，欲伍以参；遇敌决战，必道吾所明，无道吾所疑；夫是之谓六术。无欲将而恶废，无急胜而忘败，无威内而轻外，无见其利而不顾其害，凡虑事欲孰而用财欲泰，夫是之谓五权。所以不受命于主有三：可杀而不可使处不完，可杀而不可使击不胜，可杀而不可使欺百姓，夫是之谓三

① 参见《孟子·尽心下》。

② 参见《孟子·离娄上》。

至。凡受命于主而行三军，三军既定，百官得序，群物皆正，则主不能喜，敌不能怒，夫是之谓至臣。虑必先事而申之以敬，慎终如始，终始如一，夫是之谓大吉。凡百事之成也，必在敬之；其败也，必在慢之。故敬胜怠则吉，怠胜敬则灭，计胜欲则从，欲胜计则凶。战如守，行如战，有功如幸。敬谋无圹，敬事无圹，敬吏无圹，敬众无圹，敬敌无圹，夫是之谓五无圹。慎行此六术、五权、三至，而处之以恭敬无圹，夫是之谓天下之将，则通于神明矣。[①]

在这段论述中，荀子首先以知弃疑、行无过、事无悔、成不可必为原则而提出“六术”，即制度、号令要严厉而有权威性；奖赏、刑罚要坚决而讲信用；营垒、仓库要完备而牢固；迁徙、进退要安全而稳重，要敏捷而迅速；窥探敌情，观察动静要隐蔽而深入，要反复比较核实；与敌人决战，必须根据我方明确的方案行动，不能使行动计划还有疑惑。“六术”是作为将领的基本守则。

将领在面对战争的时候，时常面临着充满矛盾与风险的抉择，如何应对这种抉择及其后果？荀子于是提出了五种权衡的原则：不要想做将帅而怕撤职，不要急于求胜而忘记失败，不要对内严厉而轻视敌人，不要见到利益而不顾危害，凡考虑事情要深思熟虑，使用财物不能吝啬，这就叫作“五权”。

国君与将帅意见相左，在战争中无疑是一件危险的事情，如何处理与国君的矛盾分歧，无疑考验着将领的智慧。荀子指出，将帅在三种情况下，可以不接受君主的命令：宁可被杀，也不能使军队处于不安全的境地；宁可被杀，也不能让军队打无法取胜的仗；宁可被杀，也不能使

① （清）王先谦：《荀子集解》卷一〇《议兵》，中华书局 1988 年版，第 276—278 页。

军队欺压百姓，这就叫作“三至”。

与孙子一样，荀子强调将帅在战争中必须去除喜怒过甚的情绪化反应，认为大凡将帅接受君主的命令，指挥军队，全军已经部署停当，各级官员都各就其位，各种军务已经走上正轨，君主的奖赏不能使他沾沾自喜，敌人的诡计不能使他随意发怒，这才称得上最好的将帅。

与孔子一样，荀子非常注重将帅谨慎细致的特质，认为“恭敬”是将领成功必不可少的一项品质。他认为，事先要周密思考，恭敬谨慎，力争善始善终，终始如一，这才称得上大吉。所有事情的成功，都在于恭敬谨慎；所有事情的失败，都在于松懈怠慢。因此，恭敬胜过怠慢就吉利，怠慢胜过恭敬就灭亡，计谋胜过欲望就顺利，欲望胜过计谋就危险。作战要像防守那样不大意，行军要像作战那样不松懈，有战功要看作侥幸取得。谨慎地对待谋划而不疏忽，谨慎地对待事情而不疏忽，谨慎地对待官吏而不疏忽，谨慎地对待民众而不疏忽，谨慎地对待敌人而不疏忽，这就叫作“五无圹”。

最后荀子总结道，慎重地应用这六种战术、五条权谋、三项原则，做到恭敬谨慎，没有任何疏忽，才称得上天下无敌的将帅，就能够用兵如神。

第三节　汉魏时期的将论

一、《三略》的将论

《三略》成书于什么时候？学术界目前尚无定论，然据其流传而言，当不晚于秦汉之际。[①] 在这部兵家经典中，作者使用“主将”“良将”“礼

① 参见赵国华：《中国兵学史》，福建人民出版社 2004 年版，第 208—209 页。

将”等词语，深入地论述为将之道，扩展了“将”的精神内涵。其中，论述“主将”时说：

> 夫主将之法，务揽英雄之心，赏禄有功，通志于众。故与众同好，靡不成；与众同恶，靡不倾。治国安家，得人也；亡国破家，失人也。①

这里的“主将”，是指国家的最高统帅。在作者看来，治国统军的方法，在于必须抓住杰出人物的心，及时奖赏功臣模范，把自己的意志变成众人的意志，就能万众归心。只要与群众有共同的理想和愿望，就没有做不成的事业。如果相反，就会一事无成。国泰民安，在于得民心；国破家亡，则在于失民心。

其次，论述“良将”和“礼将”时说：

> 昔者良将用兵，有馈箪醪者，使投诸河，与士卒同流而饮。夫一箪一醪，不能味一河之水，而三军之士思为致死者，以滋味之及己也。《军谶》曰：“军井未达，将不言渴；军幕未办，将不言倦；军灶未炊，将不言饥；冬不服裘，夏不操扇，雨不张盖，是谓礼将。”与之安，与之危，故其众可合而不可离，可用而不可疲，以其恩素蓄，谋素和也。故曰蓄恩不倦，以一取万。②

据此可知，“良将”和“礼将”有着相同的精神内涵，即对待士卒

---

① 《三略·上略》。

② 《三略·上略》。

都能予以特别的关怀，与士卒同甘共苦，而只有与士卒同甘共苦，才能得到士卒的感恩，军队团结一致，才能战胜强大的敌人。这一观点及其文字表述与《吴子》《尉缭子》《六韬》中的相关论述高度一致，表明经过长期战争实践的沉淀，将领应与士卒同甘共苦的观念已经内化为历代兵学家的普遍共识。

与《孙子兵法》《吴子兵法》《孙膑兵法》相一致，《三略》对将帅的素养也有一些论述。如援引《军谶》曰：

> 将能清能静，能平能整，能受谏，能听讼，能采言，能知国俗，能图山川，能表险难，能制军权。①

这是说将帅要能清廉，能镇静，能公平，能严整，能接受意见，能明辨是非，能容纳人才，能博采众议，能了解各国风土人情，能通晓山川地理，能明了地形险阻，能掌握军队权柄，统称为“为将十一能”。任何一位将帅想要具备这些素质，必须熟悉“仁贤之智、圣明之虑、负薪之言、廊庙之语、兴衰之事”②，即对国家和社会、君主和民众有较全面的认识和理解。

同时，针对将帅可能出现的过失，《三略》提出了明确的劝诫。如《上略》曰：

> 将者，能思士如渴，则策从焉。夫将拒谏，则英雄散；策不从，则谋士叛；善恶同，则功臣倦；专己，则下归咎；自伐，则下少功；信谗，则众离心；贪财，则奸不禁；内顾，则士卒淫。

---

① 《三略·上略》。

② 《三略·上略》。

这是强调将帅要思贤若渴，博采众人之谋，如果不能接受意见，英雄就会离散；不能采纳良策，谋士就会叛离；善恶不分，功臣就会消极；独断专行，部下就会怨恨；自我炫耀，部下就难立功；听信谗言，众人就会离心离德；贪财图利，军队就会滋生邪恶；迷恋女色，士卒就会淫乱无度。《三略》认为以上八条，将帅如果有一条，士卒就不会悦服；如果有两条，军队就没有章法；如果有三条，军队就会溃散；如果有四条，国家就要遭殃。此外，《三略》还提出了“为将四诫”之说。

将无虑，则谋士去；将无勇，则吏士恐；将妄动，则军不重；将迁怒，则一军惧。①

这是从反面告诫将帅，没有深谋远虑，谋士就会离去；不能沉着勇敢，部下就会惶恐；如果轻举妄动，军队就不稳定；如果迁怒于人，全军就会畏惧。正如所引《军谶》之言：“虑也，勇也，将之所重；动也，怒也，将之所用。”② 这四条行为规范，对于每一位将帅而言，都需要时刻警惕。

二、《淮南子》的将论

西汉中期，淮南王刘安召集门客，编撰《淮南子》21 篇，分别论述了宇宙、天文、地理、四时、政治、经济、军事、文化等问题，被后人赞誉为“牢笼天地，博极古今”的百科全书。③ 其中单列出《兵略训》，专门讨论了战争、战争指导和军队建设问题。淮南门客总结先秦兵家的

---

① 《三略·上略》。

② 《三略·上略》。

③ 参见（唐）刘知几：《史通·自序》。

理论成果，提出了一系列军事观点。其一是“将心民体”之说：

将以民为体，而民以将为心。心诚则支体亲刃，心疑则支体挠北。心不专一，则体不节动；将不诚心，则卒不勇敢。故良将之卒，若虎之牙，若兕之角，若鸟之羽，若之足，可以行，可以举，可以噬，可以触，强而不相败，众而不相害，一心以使之也。故民诚从其令，虽少无畏；民不从令，虽众为寡。故下不亲上，其心不用；卒不畏将，其形不成。①

这种“将心民体”之说，要求将帅把人民当作躯体，而人民把将帅看成心脏。心脏保持诚恳，肢体就会亲近心脏；心脏出现疑惑，肢体就会背离心脏。心脏不专一，肢体就无节制；将领不诚信，士卒就不勇敢。所以，优秀将帅的部卒，如同老虎的牙齿、兕牛的犄角、雀鸟的羽毛、多脚虫的脚，各自强劲而不相损坏，数量众多而不相伤害，都受一颗心脏的控制。如果民众服从命令，即使人数较少，也没什么可怕；民众不服从命令，即使人数再多，也没什么力量。因此，作为一名优秀将帅，必须发挥心脏的作用。

其二，根据将帅指挥作战的水平和层次，提出了“上将”“中将”“下将”之说：

兵之所隐议者，天道也；所图画者，地形也；所明言者，人事也；所以决胜者，钤势也。故上将之用兵也，上得天道，下得地利，中得人心，乃行之以机，发之以势，是以无破军败兵。乃至中将，上不知天道，下不知地利，专用人与势，虽未

① 《淮南子·兵略训》。

必能万全，胜钤必多矣。下将之也，博闻而自乱，多知而自疑，居则恐惧，发则犹豫，是以动为人禽矣。①

这里，淮南门客列出了衡量作战指挥水平的四个标准：“天道”“地形”“人事”“钤势”，认为“上将”指挥作战，上得天道，下得地利，中得人心，而后把握战机，凭借有力态势行动，因而军队不会打败仗；“中将”指挥作战，上不了解天道，下不懂得地利，仅凭用人和气势，即使不能稳操胜券，也有较多的取胜机会；“下将”指挥作战，见闻广而心思乱，知识多而疑虑重，静处则恐惧不安，行动则犹豫不定，最终会被敌人擒获。显而易见，所谓“上将”“中将”“下将”，并不是现今实行的军衔，而是依据作战指挥水平的高低划分出将帅的三种类型。

其三，是“三隧”“四义”“五行”“十守”之说：

将者，必有三隧、四义、五行、十守。所谓三隧者，上知天道，下习地形，中察人情。所谓四义者，便国不负兵，为主不顾身，见难不畏死，决疑不辟罪。所谓五行者，柔而不可卷也，刚而不可折也，仁而不可犯也，信而不可欺也，勇而不可凌也。所谓十守者，神清而不可浊也，谋远而不可慕也，操固而不可迁也，知明而不可蔽也，不贪于货，不淫于物，不嗑于辩，不推于方，不可喜也，不可怒也。

所谓“三隧”，指上知道天数，下熟习地形，中洞察人情。所谓“四义”，指为了国家不滥用军权，为了君主不图谋私利，遇到危难不怕牺牲，处理疑惑不避责任。所谓“五行”，指柔软而不能卷曲，刚强而不

① 《淮南子·兵略训》。

能折断，仁慈而不容侵犯，诚实而不受欺骗，勇敢而不受侵犯。所谓“十守”，指心神清朗而不可混淆，计谋深远而不可篡改，节操坚定而不可变换，聪明睿智而不受蒙蔽，不贪婪于金钱，不沉溺于物欲，不喜欢争辩，不追求虚名，不得意忘形，不随意发怒。这样要求将帅的基本素质，大体上与《六韬》所述相一致。

其四，是“将必独见独知”之说：

> 夫将者，必独见独知。独见者，见人所不见也；独知者，知人所不知也。见人所不见，谓之明；知人所不知，谓之神。神明者，先胜者也。

这就是说，作为一名将帅，必须保持独到的见识。所谓独到的见解，就是能看到别人看不到的地方；所谓独到的认识，就是能知道别人不知道的内容。这两者合在一起，就叫作“神明”。将帅保持独到的见识，才能够稳操胜券。

此外，淮南门客与先秦兵家一样，高度重视将帅与士卒的关系，强调将帅与士卒同甘共苦的重要性。“古之善将者，必以其身先之。暑不张盖，寒不被裘，所以程寒暑也；险隘不乘，上陵必下，所以齐劳佚也；军食孰，然后敢食，军井通，然后敢饮，所以同饥渴也；合战必立矢射之所及，所以共安危也。故良将之用兵也，常以积德击积怨，以积爱击积憎，何故而不胜！”[①] 由此可见，优秀的将帅指导战争，经常依靠积蓄恩德的军队来打击积蓄怨气的敌人，依靠积蓄仁爱的军队来打击积蓄仇恨的敌人，这是取得战争胜利的关键因素。

---

① 《淮南子·兵略训》。

三、《将苑》对“将”的分类

《将苑》，又称《新书》《心书》，相传为诸葛亮所著，是一部专门论述将帅的著作。这部著作通过系统的梳理和分析，依照“将材”“将器”等标准，把“将”分为不同的类型。如依据不同的个人素质，将帅可以分为九种类型：

> 道之以德，齐之以礼，而知其饥寒，察其劳苦，此之谓仁将；事无苟免，不为利挠，有死之荣，无生之辱，此之谓义将；贵而不骄，胜而不恃，贤而能下，刚而能忍，此之谓礼将；奇变莫测，动应多端，转祸为福，临危制胜，此之谓智将；进有厚赏，退有严刑，赏不逾时，刑不择贵，此之谓信将；足轻戎马，气盖千夫，善固疆埸，长于剑戟，此之谓步将；登高履险，驰射如飞，进则先行，退则后殿，此之谓骑将；气凌三军，志轻强虏，怯于小战，勇于大敌，此之谓猛将；见贤若不及，从谏如顺流，宽而能刚，勇而多计，此之谓大将。①

显而易见，这九类将帅的划分主要有三个标准：一是依照儒家所谓“五常”的道德规范，把将帅分为“仁将”“义将”“礼将”“智将”“信将”；二是依照步兵和骑兵的两个兵种，把将帅分为“步将”“骑将”；三是依照个人的基本素质，把将帅分为“猛将”“大将”两类。

又如，依据不同的个人才能，将帅可以分为六种类型：

> 若乃察其奸，伺其祸，为众所服，此十夫之将；夙兴夜

① 《将苑·将材》。

寐，言词密察，此百夫之将；直而有虑，勇而能斗，此千夫之将；外貌桓桓，中情烈烈，知人勤劳，悉人饥寒，此万夫之将；进贤进能，日慎一日，诚信宽大，闲于理乱，此十万人之将；仁爱洽于下，信义服邻国，上知天文，中察人事，下识地理，四海之内视如家室，此天下之将。①

这里把“将”分解为“十夫之将”“百夫之将”“千夫之将”“万人之将”“十万人之将”“天下之将”六种类型。“十夫之将”能发现军中的邪恶，认识到它的危害性，并为众人所赞成。“百夫之将”能起早贪黑，坚持不懈，出言谨慎，明察是非。“千夫之将”是性格耿直而善于思考，勇猛顽强而善于作战。“万人之将”则外貌威严，性情刚烈，体察士卒的劳苦，关心部属的饥寒。“十万人之将”能知人善任，谦虚谨慎，诚信可靠，豁达大度，善于拨乱反正。“天下之将”则广施仁爱，使部下和睦；讲求信义，使邻国钦服；博通天文、地理，明察人事，能以天下为己任。这种按照个人的才能而做出的递进式分类，把指挥十人、百人的军官称为“十夫之将”“百夫之将”，有异于通常所谓将帅的职任，而硬性地划分“十万人之将”“天下之将”，也未必合乎国家和军队的实际情形，所以只能停留在文字层面。

除对将帅的分类之外，《将苑》着眼于为将之道，综合将帅的性情、才能、气度和缺陷，以及作战指挥诸问题，提出了“五善四欲”“五强八恶”“八弊”等说法。《将善》曰：

将有五善四欲。五善者，所谓善知敌之形势，善知进退之道，善知国之虚实，善知天时人事，善知山川险阻。四欲者，

① 《将苑·将器》。

所谓战欲奇，谋欲密，众欲静，心欲一。

将帅的基本素质，包括“五善”“四欲”。所谓“五善”，是指善于了解敌人的动态，善于掌握进退的时机，善于判断国家的强弱，善于把握天时和人事，善于利用山川和险阻。所谓“四欲”，是指作战要出奇制胜，谋划要周密细致，统率大军要沉着冷静，指挥决心要坚定不移。

《将强》曰：

将有五强八恶。高节可以励俗，孝悌可以扬名，信义可以交友，沈虑可以容众，力行可以建功，此将之五强也。谋不能料是非，礼不能任贤良，政不能正刑法，富不能济穷厄，知不能备未形，虑不能防微密，达不能举所知，败不能无怨谤，此谓之八恶也。

这就是说，将帅的个人品格，包括“五强”“八恶”。所谓“五强”，是指高风亮节，能够改良社会风气；孝敬父母，尊重兄长，能够传扬美名；恪守信义，能够结交朋友；深思熟虑，能够宽容别人；身体力行，能够建功立业。所谓“八恶”，是指谋划不能预料是非，讲礼不能任用贤良，施政不能严明法纪，富贵不能救助贫困，智慧不能防患未然，思虑不能防微杜渐，显贵不能举荐熟人，挫折不能没有怨言。

《将弊》曰：

夫为将之道，有八弊焉。一曰贪而无厌，二曰妒贤嫉能，三曰信谗好佞，四曰料彼不自料，五曰犹豫不自决，六曰荒淫于酒色，七曰奸诈而自怯，八曰狡言而以礼。

这是说军队的将帅，有八种恶劣的品质：一是追逐名利，贪得无厌；二是心胸狭窄，妒贤嫉能；三是轻信谗言，阿谀奉迎；四是说长道短，缺乏自知之明；五是遇事犹豫，不能自我决断；六是嗜酒好色，荒淫无道；七是性情奸诈，贪生怕死；八是花言巧语，不顾礼法。当然，一旦出现这样的将帅，就会成为军队的祸害。

从将帅与士卒的关系，《将苑》对将帅提出了严格的要求，其中谈道：

古之善将者，养人如养己子，有难则以身先之，有功则以身后之，伤者泣而抚之，死者哀而葬之，饥者舍食而食之，寒者解衣而衣之，智者礼而禄之，勇者赏而劝之。将能若此，所向必捷矣。①

这是说善于带兵的人，培养士卒就像培养自己的孩子，遇到危难时挺身而出，遇到荣誉时主动退让。对受伤的士卒含泪抚恤，对战死的士卒妥善安葬。士卒挨饿，就拿自己的食物给他们吃；士卒受寒，就把自己的衣服给他们穿。善待贤能的人，予以重用；奖赏勇敢的人，给予鼓励。将帅做到这些，就能所向无敌。实际上，整个汉魏时期，所有的将论只要涉及将帅与士卒的关系，同甘共苦、赏罚严明都被视为基本准则。这样的论述明显地承继着以往兵家的基本观点，而在一次次变换辞藻之下的内在重复中，也告诫人们要把这一准则落到实处是何等艰难。

此外，《将苑》还从治军的角度，对于“善将”的成功经验，作出了概括性的说明：

① 《将苑·哀死》。

古之善将者有四：示之以进退，故人知禁；诱之以仁义，故人知礼；重之以是非，故人知劝；决之以赏罚，故人知信。禁、礼、劝、信，师之大经也，未有纲直而目不舒也，故能战必胜，攻必取。①

这是说将帅治理军队，有四项基本原则：给军队发布进退的规定，能使每个人都懂得禁令；用仁义去诱导士卒，能使每个人都知晓礼仪；反复地向士卒明辨是非，能使每个人知道劝勉；正确地运用赏罚手段，能使每个人感到信服。禁令、礼仪、劝勉、信服，是治理军队的总纲，贯彻执行这四项原则，就没有纲举而目不张的，所以能战无不胜，攻无不克。

总体来说，《将苑》围绕将帅的性情、才能、气度、缺陷及指挥作战诸问题，充分吸收了《孙子兵法》《吴子兵法》《六韬》《三略》等的相关论述，加以系统地梳理和提炼，深刻地论述了为将之道，因而有力地推动了传统将论的发展。

第四节　唐宋时期的将论

唐宋时期，“将”作为兵家元典的核心关键词，仍然是许多兵家、学者和文人的热点议题。无论是李筌、杜牧、梅尧臣、王晳、张预等孙子学者对《孙子兵法》的注释和解说，还是许洞、何去非等兵学家撰写的兵学著作，抑或是在苏洵等人论兵的文章中，都对将帅问题作出了翔实的论析和阐释，提出了一些新的见解，丰富了人们对“将”的认识。

① 《将苑·善将》。

一、唐宋孙子学者论"将"

孙子论述将帅说："将者，智、信、仁、勇、严也。"曹操注解这句话，概括地指出："将宜五德备也。"这是把智、信、仁、勇、严五者统称为"五德"。唐代李筌接着这一注解，进一步地强调说："此五者，为将之德，故师有丈人之称也。"这是把"为将五德"之说与《周易·师卦》中的"贞丈人吉"相联系，把易学中的"丈人"理解为具备"智、信、仁、勇、严"五德的将领。这种贯通兵学和易学的解释，对后代孙子学产生了显著的影响，许多学者论述《师卦》或将德，都直接或间接地沿用了这一思路。

杜牧注释《孙子兵法》，对于"为将五德"之说，从理论和历史两方面作出了详细的解释。其中谈道：

> 先王之道，以仁为首；兵家者流，用智为先。盖智者，能机权，识变通也；信者，使人不惑于刑赏也；仁者，爱人悯物，知勤劳也；勇者，决胜乘势，不逡巡也；严者，以威刑肃三军也。楚申包胥使于越，越王勾践将伐吴，问战焉。夫战，智为始，仁次之，勇次之。不智，则不能知民之极，无以诠度天下之众寡；不仁，则不能与三军共饥劳之殃；不勇，则不能断疑以发大计也。①

依此而论，杜牧论述将帅的基本素质，是以传统的智、仁、勇"三达德"为标准。孔子反复谈及"三达德"，如说"知者不惑，仁者不忧，

① （春秋）孙武撰，（东汉）曹操等注，杨丙安校理：《十一家注孙子校理》，第7页。

勇者不惧”[①]，又说“君子道者三，我无能焉：仁者不忧，知者不惑，勇者不惧”[②]，分明是把“三达德”视为君子之道。杜牧对为将之德的解释，把兵学与儒学融汇在一起，使兵家之“将”与儒家之“将”合二为一，具有浓厚的理论特色。

在杜牧之后，孙子学者继续对为“将”之德作出解释。贾林认为：“专任智则贼，偏施仁则懦，固守信则愚，恃勇力则暴，令过严则残。五者兼备，各适其用，则可为将帅。”[③]这是说过分片面地讲求“五德”会带来反面的效果，所以必须把“五德”作为整体原则来看待，遵循“各适其用”的应用指向。何延锡认为：“非智不可以料敌应机，非信不可以训人率下，非仁不可以附众抚士，非勇不可以决谋合战，非严不可以服强齐众。全此五才，将之体也。”[④]这是从反面对为“将”之德的解释，而把“五德”称作“五才”，视为将帅的基本素质。

北宋时期，梅尧臣、王皙、张预等人注解“为将五德”之说，也有一定的新意。梅尧臣认为：“智能发谋，信能赏罚，仁能附众，勇能果断，严能立威。”[⑤]王皙认为：“智者，先见而不惑，能谋虑，通权变也；信者，号令一也；仁者，惠抚恻隐，得人心也；勇者，徇义不惧，能果毅也；严者，以威严肃众心也。五者相须，缺一不可。故曹公曰，将宜五德备也。”[⑥]张预认为：“智不可乱，信不可欺，仁不可暴，勇不可惧，严不可犯。五德皆备，然后可以为大将。”[⑦]至此，关于“为将五德”说的注解，大体上告一段落。

---

① 《论语·子罕》。
② 《论语·宪问》。
③ （春秋）孙武撰，（东汉）曹操等注，杨丙安校理：《十一家注孙子校理》，第7页。
④ （春秋）孙武撰，（东汉）曹操等注，杨丙安校理：《十一家注孙子校理》，第8页。
⑤ （春秋）孙武撰，（东汉）曹操等注，杨丙安校理：《十一家注孙子校理》，第8页。
⑥ （春秋）孙武撰，（东汉）曹操等注，杨丙安校理：《十一家注孙子校理》，第8页。
⑦ （春秋）孙武撰，（东汉）曹操等注，杨丙安校理：《十一家注孙子校理》，第8页。

二、许洞的将论

许洞撰著《虎钤经》，与前代孙子学者一样，重视将帅的决定作用。他认为“将者，国之腹心，三军之司命也”①，“虽有百万之师，恃吞敌在将者，恃将也”②。根据个人的品质和才能，他把将帅分为大、小两个等级，大者包括“天将”“地将”“人将”“神将”，小者包括“威将”“强将”“猛将”“良将”，不同等级的将领有着不同的职任，因而起着不同的作用。《虎钤经·论将》曰：

> 凡兴师举众，列营结阵，视旌旗之动，审金鼓之声，揆日度时，以决吉凶，随五行运转，应神位出入，以变用兵，敌人不测其所来；以神用兵，我师不知其所为，动有度，静有方，胜负在乎先见，持天地鬼神之心，以安士众，此之谓天将者也。所至之境，详察地理，山泽远近，广狭险易，林薮之厚薄，溪涧之深浅，若视诸掌，战阵之时，前后无阻，左右无滞，步骑使其往来，戈戟叶其所用，指挥进退，皆顺其情，人马无逼塞之困，攻守获储蓄之利，振野得水草之饶，使人马无饥渴之色，陷死地而能生，攻亡地而能存，逆地而顺用之，顺地而逆用之，不择险易，皆能安而后动，动而决胜者，此之谓地将也。又若廉于财，节于色，疏于酒，持身以礼，奉上以忠，忧乐与士卒同，获敌之货赂而不蓄，得敌之妇女而不留，纳谋而能容，疑而能断，勇而不陵物，仁而不丧法，匿其小罪，决其大过，犯令者不讳其亲，有功者不忌其仇，老者扶

① 《虎钤经》卷二《辩将》。

② 《虎钤经》卷二《论将》。

之，弱者抚之，惧者宁直，忧者乐之，讼者决之，滥者详之，贼者平之，强者抑之，懦者隐之，勇者使之，横者杀之，服者原之，失者扶之，亡者逐之，来者爵之，暴者挫之，智者昵之，谗者远之，得城不攻，此之谓人将者也。又若以天为表，以地为里，以人为用，举三将而兼之，此之谓神将者也。

在许洞看来，“天将”“地将”“人将”“神将”为将之上品，这种等级的将领可以独当一面，“国之任将也，得天将，可以当违天之敌；得地将，可以当逆地之敌；得人将，可以当悖人之敌；得神将，可以当天下之敌，举无遗算矣”①。从战争指导来说，他们自然发挥着更为重要的作用，可以对战争的胜负起到决定性的作用。

与之相比，“威将”“强将”“猛将”“良将”则有一定的局限性，“威将可附天将，强将可附地将，猛将可附人将，良将可保四方，曰虽有敏捷之用，然皆不可以独用焉”②。依许洞之见，这种等级的将领不可以单独任用，只能附属于“天将”“地将”“人将”“神将”，在作战指挥中发挥辅助作用。

三、苏洵的将论

北宋时期，伴随军队领导体制的调整，一批文人学者出于治理边疆的现实关怀，冲破传统的“儒者不言兵”的藩篱，通常以兵家评议的形式，研讨历代战争问题，试图从中提炼出一般军事原则，以适应宋朝对外战争的需要，因而出现了“文人论兵”的热潮。

① 《虎钤经》卷二《论将》。
② 《虎钤经》卷二《论将》。

苏洵撰著《权书》《衡论》，就从君主本位出发，把将帅分为两大类：“贤将”和“才将”，前者以德行著称，后者以才能见长。他认为君主对待这两类将帅，应当采取不同的方法，“御贤将之术以信，御才将之术以智”①。相比较而言，统御才将比统御贤将更难。君主统御才将，必须根据将领才能的大小，合理地运用激励机制，“才大者，骐骥也，不先赏之，是养骐骥者饥之而责其千里，不可得也；才小者，鹰也，先赏之，是养鹰者饱之而求其击搏，亦不可得也。是故先赏之说，可施才之大者；不先赏之说，可施之才小者，兼而用之可也”。从历史上看，汉高祖先封韩信、英布和彭越，而后封樊哙、夏侯婴、灌婴等人，可谓统御将帅的典范。这一君主本位的御将之论，使得传统将论超出军事领域，而被纳入传统政治范畴。

宋仁宗在位时，在与西夏战争中屡次失利，暴露出将领素质的问题。苏洵有鉴于此，对为将之道予以较多的关注。《权书·心术》曰：

凡主将之道，知理而后可以举兵，知势而后可以加兵，知节而后可以用兵。

这是说作为一位主将，懂得战争指导原则而后可以起兵，了解敌我双方形势而后可以出兵，知道节制而后可以用兵。苏洵认为，懂得战争指导原则就可以不打败仗，了解敌我双方形势就不会受到阻碍，知道节制就不会陷入困境。所以，正确地处理利害关系，将帅必须懂得节制，“一忍可以支百勇，一静可以制百动”②。将帅做到了“知理”“知势”“知节”，才能够无敌于天下。

① 《衡论·御将》。

② 《权书·心术》。

苏洵认为，将帅需要具备过硬的心理素质，处变不惊，临危不惧。“为将之道，当先治心，泰山崩于前而色不变，麋鹿兴于左而目不瞬，然后可以制利害，可以待敌。”① 所以，作为一位将帅，必须善于处理利害关系。

四、何去非：“将将”和“为将”

西汉初年，韩信被贬为淮阴侯之后，居住在京城长安，曾经与刘邦谈话，提出了“将将”和“为将”的议题。这一议题对“将”的认识，已经从军事层面扩展到政治领域。到了北宋时期，何去非论述为将之道，就这个话题又作出了一番阐释：

> 善将将者，不以其将予敌；善为将者，不以其身予敌。主以其将予敌，而将不辞，是制将也；将以其身予敌，而主不禁，是听主也。故听主无断，而制将无权，二者之失均焉。②

这是说善于使用将领的人，不会把他的将领白白送给敌人；善于担任将领的人，不白白把自身葬送敌人。君主把他的将领白白送给敌人，而将领不加以拒绝，这是受制于人的将领；将领轻易将自身葬送敌人，而君主不加以制止，这是顺从的君主。顺从的君主缺乏决断能力，受制于人的将领缺乏权变能力，他们的失误是一样的。在何去非看来，正确的“将将”之道，是君主不仅“不以其将予敌”，而且要否决将帅“以其身予敌”的行动；正确的“为将”之道，是将帅不仅“不以其身予敌”，

---

① 《权书·心术》。

② 《何博士备论·李陵论》。

而且要拒绝君主“以其将予敌”的决定。因此，君主不想做“听主”，就必须对将帅因材施用；将帅不想做“制将”，就必须审慎用兵。

至于怎样成为一名良将，何去非着重强调的是“智”“勇”两个因素：

> 战必胜，攻必取者，将之良能也。良将之所挟，亦曰智、勇而已。徒智而无勇，则遇勇而挫；徒勇而无智，则遇智而蹶。智足以役勇，勇足以济智，然后以战必胜，以攻必取，天下其孰能当之！①

战必胜，攻必取，靠的是将帅有卓越的指挥才能。概括地说，良将应当具备的才能，不过智和勇而已。有智而无勇，遇到勇猛的敌人就要受到挫折；有勇而无智，遇到聪明的敌人也会遭到失败。智谋足以驾驭勇敢，勇敢足以补充智谋。这样就能战必胜，攻必取，天下谁能抵挡呢？何去非在“为将五德”之中特别重视“智”“勇”，甚至把这两种因素置于“仁”之上，这在宋代儒学炽盛的文化背景下，确实是一种理论上的叛逆。

第五节　明清时期的将论

明清时期，兵家对为将之道的研讨取得了丰硕的成果，一方面武经学研究蔚然成风，武经学者对以往的将论作出了新的解释，另一方面在军事实践的推动下，一些富有实战经验的将领投身于兵学研究，探索出一套新的将论。其中，戚继光提出“练将”思想和“八德”“七害”之说，

---

① 《何博士备论·杨素论》

极大地推动了传统将论的发展。

一、明清孙子学者论将

这一时期，在对“武经七书”尤其是《孙子兵法》的研究中，一些兵学家如刘寅、赵本学、李贽等，透过不同的视角和理念，对“将”系关键词作出了进一步的诠释，给传统将论注入了深刻的内涵。

刘寅撰著《武经七书直解》，针对孙子所谓“道天地将法”的排序，解释说：“惟有道可以伐无道，故以道先之；天时顺，宜兴师，故以天次之；地利便，宜战守，故地又次之；将得人，可制胜，故将又次之；法令行，则士用命，故法又次之。”① 而对孙子“将者，智信仁勇严也”一句解释说：“智则能谋，信则能守，仁则能爱，勇则能战，严则能临。此五者，经之以将也。”② 值得注意的是，刘寅解释“将听吾计，用之必胜，留之；将不听吾计，用之必败，去之”时，认为上文中的“将”指大将、主将，而此句中的“将”指“偏裨之将”，“人君与大将定计于庙堂之上，大将便当选偏裨之将而节制之。故言偏裨之将听信吾计，用之而战，必能取胜，则留而任之；偏裨之将不听吾计，用之而战，必然取败，则除而去之”③。这一解释承继了孟氏注《孙子兵法》的说法，而又有所增益阐发，有较高的自洽性，因而对明代孙子学产生了较大的影响，赵本学、黄献臣等人为此句作注时，大都采用了刘寅的解释。

赵本学的《孙子书校解引类》是明代影响颇大的孙子学著作。书中针对“道天地将法”的排序，解释说：“道者，天之所助，故天次道。地可避而天不可为，故地次天。将可学而地不可能，故将次地。有善将

---

① 《武经七书直解·孙子直解·始计》。
② 《武经七书直解·孙子直解·始计》。
③ 《武经七书直解·孙子直解·始计》。

则有善法，故法次将。”① 这一解释充分注意到了“将”的能动性：将帅既“可学”又可立“善法”，是五种因素中最具可塑性的一种。对于孙子“将者，智信仁勇严也”的论断，赵本学认为这是“达人之情”的表现，并且阐释说：“见事之微，诈不可欺，谗不能入，应变无常，转祸为福，此将之智也。进有重赏，退有重罚，赏不私亲，罚不避贵，此将之信也。知人饥渴，同人劳苦，问病戚容，抚伤出涕，此将之仁也。见机必发，遇敌则斗，陷阵必入，被围必出，虽危不惧，虽败不挫，此将之勇也。军政整齐，号令如一，三军畏将而不畏敌，奉令而不奉诏，可望而不可近，可杀而不可败，此将之严也。五德皆备，然后可为大将。”② 这一阐释显然糅合了以往兵家对将帅的素质和品格的论述，具有一定的综合性。

李贽撰著《孙子参同》，以名儒的身份讨论孙子的思想，倡导兵儒合一，可谓别开生面。他在论及“将”与“法”的关系时，首先把《吴子兵法》《司马法》《尉缭子》《六韬》《三略》中的相关内容汇集起来，继而摆出自己的观点：“法者，将之所设，亦将之所守也。故语将而法自寓矣。”③ 他认为，对于“道、天、地、将、法”五事，君主应当重视，大将同样需要重视。这是强调大将要有通观全局的眼光。他指出，孙子“五事”之论虽然是“老将常谈”，然而许多将帅并不能真正理解，所以“此五者将莫不闻，知之者胜”。作为一位将帅，应该怎样理解“五事”呢？他认为，李靖的方法最值得借鉴，即把“五事”分为三等，使“学者当渐而至焉。一曰道，二曰天地，三曰将法”。具体而言，“夫道之说，至精至微；《易》所谓‘聪明睿智神武而不杀’者是也。夫天之说阴阳，地之说险易，善用兵者，能以阴夺阳，以险攻易。《孟子》所谓‘天

① 《孙子书校解引类·始计》。

② 《孙子书校解引类·始计》。

③ 《孙子参同·始计》。

时地利’者是也。夫将法之说，在乎任人利器，《三略》所谓‘得士者昌’，《管子》所谓‘器必坚利’者是也”①。

二、《投笔肤谈》的将论

明朝万历年间，何守法撰著《投笔肤谈》，仿效《孙子兵法》的遗旨，编成兵法十三篇。这部书被认为是明代后期较为重要的军事著作。其中把“将”分为三种：

> 夫将有儒将，有武将，有大将。儒将者，决胜庙堂者也；武将者，折冲千里者也；大将者，深明天地、兼资文武者也。凡此三者，国之柱石，民之司命，而非偏裨之选也。②

何守法对上文解释说：

> 此言将有三等，非偏裨可比也。决胜庙堂，如张良运筹帷幄之中，决胜千里之外。折冲千里，如韩信连百万之众，战必胜，攻必取。深明天地，如孙子之知天知地。兼资文武，如吉甫之万邦为宪。③

何守法认为儒将、武将、大将各有优长，都是主将之选，绝非偏裨之将。这种三种将帅的分类，实际上与当时的军事格局密切相关。因为明朝中期以后，明朝廷奉行以文制武的政策，派遣文臣出任边镇巡抚或

① 《李卫公问对》卷下。
② 《投笔肤谈》卷下《军势》。
③ 《投笔肤谈译注》卷下《军势》。

经略，节制诸将，此即“儒将”，如胡宗宪；而一些世袭武将，也可以凭借实际战功跻身高级将领之列，此即“武将”，如李如松；还有一些将领虽是文官或世袭武将出身，但兼通文武，兵学理论与军事实践兼备，此即“大将”，如戚继光。作者基于当代将帅的认知，对其优长加以抽象概括，是想说明各种类型的将帅都有其“理想模型”，每一位将帅都应当参照这种典型加以磨炼，而君主在选择主将时则需要依据实际情形，做出合理的选择。

三、戚继光的将论

晚明时期，戚继光总结以往的兵学成果，结合当代战争的客观要求，撰写出《纪效新书》《练兵实纪》两部军事著作，第一次把“练将”当作一个关键词提了出来，针对将帅的品德、缺陷和素质诸问题，进行了深入细致的论述。

关于将帅的品德，戚继光认为做一名优秀将帅，必须养成七种品德，包括“正心术”“立志向”“明死生”“辨利害”“做好人”“坚操守”“宽度量”，并且论述了每一种品德。

将帅要端正心态。戚继光认为：“将有本，心术是也。人之为类，万有不同，所同赋者，此心也。近而四海，远而外域，贵而王侯，贱而匹夫，纷如三军，不言而信，不令而行，不怒而威，古今同辙，万人合一者，皆此心之同，相感召之也。”① 作为一名将帅，“惟有正此心术，光明正大，以实心行实事，纯忠纯孝，思思念念在于忠君、敬友、爱军、恶敌、强兵、任难上做去，尽其在我，不以死生、患难易其念，坚持积久，久则大，大则通，通则化幽，可以感动天地，转移鬼神，君父

① 《练兵实纪》卷九《练将》，下同。

宠之，僚宷敬之，三军乐服，莫有异同，众皆尊而亲之”。所以说，只要“正直无私，扬眉吐气，我不怕人，人皆敬我，就都是天堂快乐之境”。这是做将帅的根本，是建功立业的保证。

将帅要志向远大。在戚继光看来，“心之体则为神明，心之用则为志向”。志向就像花木的种子，花草生得五彩斑斓，树木长到参天合抱，都出自一粒好种子。“世有立志向上，而所遭不偶、不得亨达者有之矣，未有不立志之人，便能做得事业。”将帅要树立远大的志向，必须以历代忠臣义士、英雄豪杰为榜样，“某人纯心报主，百死不回；某人文钱不取，某人爱士如身，某人温恭有礼，某人练兵有法，凡耳目不闻不见则已，但见之闻之，必曰彼亦人耳，如何能如是？吾亦人也，如何不能如是？便奋立志气，凡于艰苦利害、死生患难，都丢在一边，务要学个相似，岂有不成之理!”所以说，唯有远大的志向，才是为将的好种子。

将帅要不计生死。生与死，对于每个人来说，都是至关重要。“凡血气之类，莫不爱生畏死，但死生有数，不专在水火、兵戈之中。”何况死得其所，被后人设庙祭祀，也等于活在世间。“且看那个将领，不是自少年为下官，上阵杀贼，一级一级挣到大将。”假如贪生怕死，临阵退缩，不但得不到生路，还会招致灭亡；唯有同心协力，奋勇向前，才能够消灭敌人，保存自己。所以，“为将者，不必计死生，但要做得个忠臣义士，便此肉身受苦受难，不过数十年之物，丢他去了，换得名香万古，立像庙庭，那个便宜?”

将帅要明辨是非。戚继光明确指出：“今之通弊，率以眼前虚套奉承，一时喜悦，为利为能，却将贼到时一个失机大法，置之缓玩，无可奈何。似谓哄过一时，便可免害，殊不思理欲不并举，事实虚声不同道。平时习弄虚套，将军务废坠，一遇贼来，失守又不能战。”“为吾将者，只当以礼义为利害，一观理之是非，毋计人之毁誉，心心念念，着实干当，毋干钱粮，毋犯行止，时时检点，事事正大。尽其在我，固不可舍己以徇人，亦不可恃己以欺人；分所当为，固不可非礼以取容，亦不可失礼以凌驾人。”如果作为部下，“将责我以理外之事，听之而已矣。人将我害，义不可免者，此身可辱，此志不可辱；此命可死，此气节不可死。即加我以祸，以此命付于数，以公论付天下”，让天下人论其是非。

将帅要做好人。人生最简单的评价，在于好坏的区分。根据这种标准，针对将帅的成长，戚继光告诫说：“凡吾为将者，须学做好人。天之付我，原来有善无恶，如此做去，人知也可，不知也可。”一名优秀的将帅，本该是一个好人，既要多做好事，又不能期求回报。“为将者，或立功而不蒙酬录，或行好而人不见知，或有守而人诬以贪，或用心职务而暂被斥逐，或任怨而被谗，或向上而不达便生怏心，或变其所守，或怨天尤人，遂放肆改节。殊不知好官易做，好人难做。做官有訾议，不过一任，改易他方，再能励志向上，即称为好官矣。好人变节，坏却一生，即晚年再要立德，訾议在人，人不相信。”所以，做一个好人，“宁要先难后易，毋使先易后难”，唯有先难后易，才能善始善终。

将帅要有操守。戚继光认为：“夫士之廉，犹女之洁，此本等修身立己之事。况朝廷俸禄豢养为官，不耕而食，不蚕而衣，正要你不贪取军财，不克剥粮饷。况将官要军士用命，立功扬名，保位免祸，必当如此。故廉之一字，全是本等分内所该。”所以，作为优秀的将帅，一方面要保持廉洁，“坚心忍性，苦心窒欲，凡粗衣粝食，不过饱暖而已，父母妻子不至冻馁足矣”。这样一来，“人人知我为清操德人，三军服我为爱士贤将，所成所就，功立位高，自然足用，官久必富，岂不信然！即不能然，落得个好人品，日后有意外之患，人亦怜我”。另一方面，又不能恃廉傲物，专门挑剔别人的短处，恣意冒犯上司，任意欺凌部下。这样会丧失名位，最终没有好结果。

将帅要有度量。度量作为宽容的限度，是为人处事的准则。凡与个人打交道，要有一定的度量；与群体相处，也要有一定的度量。“为三军之主，驭数千万血气之夫，非度量宽容，岂能使之各得其所，各无怨尤也哉!”但是，“将道贵严，国是当守。上司虽尊，事有必争，不争则不利于下；僚宷虽亲，法必当执，不执则被挠于中。若一概以宽容含忍处之，所谓委靡，所谓罢软，此人即为一人之长、一家之长，亦且不堪，况驭三军而将将乎?”因此，宽容不可过度，“法果宜民，当争则争，此为力量而非抗傲也；令果当行，何忌僚宷，此为任事而非执钩也；法果当行，何厌诛戮，此为威严而非狂罔也”。所以，只有保持一定的度量，“既不失为有容之士，又可免委靡、罢软之祸”，才能成为优秀将帅。

关于将帅的缺陷，戚继光认为做一名优秀将帅，必须克服七种缺陷，包括“声色害”“货利害”“刚愎害”“胜人害”“逢迎害”“委靡害”“功名害”，并且分析了每一种缺陷。

将帅不能贪恋声色。贪恋淫声和美色，作为人性的弱点，是做将帅的大忌。历史上许多将帅，曾经被声色所败坏。戚继光有鉴于此，很有感慨地说：“予常见系念于此之人，百事无心，一片暮气。夫三军恃我为强弱，岂可以暮气临之!”因此，将帅要远离声色，以免遭受危害。“夫淫声过耳，便如大风吹去，随吹随灭。何似看些好书，操些武艺，教习士卒。书入心记，便不可忘；武艺到手，年年得用；士卒一熟，便不能生疏，皆为我有用之物。”在跳过声色关后，用心读书、练武和教导士卒，才是将帅的正道。

将帅不能贪图钱财。贪图金钱和财物，是很多人的缺陷。在戚继光看来，作为一名将帅，不宜多取钱财，“有聚必有散，且财物与怨相联，利入则怨随”；更不能利用职权，巧立名目，聚敛钱财，以供个人享乐。这般贪赃枉法，必定“失士卒心，败疆场事，身死名丧，求为匹夫而不可得”。所以，在物质利益面前，必须知止知足，“惟有知止知足，以淡薄节俭为务，则无欲；无欲则心清神爽，智虑生焉”。将帅做到这一点，平素有助于养生，战时有利于制胜。

将帅不能刚愎自用。戚继光认为：“善将者，凡于古今名将成败之政，一时山川形势之殊，敌情、我军隐微之变，必广询博访，集众思，屈群策，虽不挠于非礼，而转环于听纳。人之有技，如己有之。即其人不足取而言可采，略其人而取其言，师其言而不用其人。”作为一名将帅，只有集思广益，才能使谋略周全。

将帅不能嫉贤妒能。所谓嫉贤妒能，即只想自己胜过别人，怨恨别人胜过自己，对于将帅来说，是极为有害的缺陷。“设将自治之功忘却，只存一点不许人胜我之念于胸中，见人有能，必思所以忌之；见人有功，必思所以没之，便谓人不如我。如此推之，僚属之才者，但行事有一长，必思所以忌没之而后已；他人有寸能，必思所以攘为己有而后已。”这样损人利己，必定树怨招祸，实不如任贤用能，一同建功立业。

将帅不能阿谀逢迎。战争是危险之事，稍有处置不当，就会遭受损害。在戚继光看来：“吾人有疆场之责，遇上司之命令、当道之咨询，必须是曰是，非曰非。某事不宜行，即曰不宜；某事力不能奉行，即曰力不能，直以告之。虽一时有拂上官意，终必无失于己。他日功求成，事求可，其上官且感我矣。”所以，那些有德的将帅，会鼓励刚正直率，远离阿谀逢迎。

将帅不能萎靡不振。戚继光认为：“为将而委靡者，必是贪滥徇私，虚冒帑饷，临阵偷生怕死，不肯用命之徒。”不过，有些人廉洁谨慎，同样是萎靡不振。因为他们怕得罪人，尤其怕得罪上司，遇事畏缩不前，但求明哲保身，甚至奴颜婢膝，投机钻营，只是图谋私利。所以，在戚继光看来，“刚不可吐，柔不可茹”，应为将帅的准则。

将帅不能贪图功名。依戚继光之见：“夫功名有分，天地最忌多取。使我实尽此力，实事有十分，而功名至七八分，则受之不为过，享之不为侈，天地鬼神亦安然付我矣。若只管多方做虚套，求益功名，专事粉饰，而实事不继，实苦不受，最难瞒是久远，一旦败露，天怨人恶，鬼神阴为褫夺，甚至寿命且不永。”显然，贪图功名的欲望，是做将帅的大忌。

关于将帅的素质，戚继光认为做一名优秀将帅，必须具备十二种素质，包括“尚谦德”“惜官箴”“勤职业”“辨效法”“习兵法”“习武艺”“正名分”“爱士卒”“教士卒”“明恩威”“严节制”“明保障”，并且说明了每一种素质。

将帅要谦虚谨慎。戚继光认为，谦虚谨慎是美德，“为将者处功伐之间，当危疑之任，非虚不能受益，非谦不能永保终誉”。但是，在当时明朝将帅中，“宁以委靡为美德，而视谦虚为委靡”，却成为一种通病。其实，谦虚和委靡，有本质的不同。“夫卑以自牧，有功能忘，有劳不伐，谓之谦；取人为善，收服人心，谓之虚。”具体落实到行动上，“凡人有德，我必慕之效之；一言一行之长，我必求之纳之。凡遇上司僚属，必尽礼尽职，立功建业，视为职分所该；辛勤劳苦，须知臣子当然”。将帅若尽职尽责，无怨无悔，自然会受人爱戴。许多将帅因为谦虚谨慎，得以善始善终，即可作为明证。

将帅要遵守官箴。官箴作为一种规范，具有一定的约束力。“为将者，三军司命，表率数千万人，而欲使之尽力于我，我得假此以报国，期使杀之而不怨，利之而不庸，我不自己爱惜官箴，恪守正道，立身行己，凡百点检务，可以率下事上，以身为众人之法程，以官为众人之视效。”将帅要行为规范，成为三军的楷模。唯有如此，“独处则无愧于神明，自思则无愧于此心，上无愧于上司，中无愧于僚友，升堂无愧于公座”。

将帅要恪尽职守。在戚继光看来，作为一名将帅，必须把所守疆域，时刻放在心上；要经常探视士卒，若遇疾病祸患，及时给予关照；

要经常检查武器，若有武器损坏，及时加以修理；要经常清点队伍，若见紊乱现象，及时加以纠正；要经常巡视城垣，若有毁坏情形，及时加以修缮；要经常查阅文件，若有搁置未办，及时予以办理。这样恪尽职守，无论精粗巨细，都能办理停当，自然有备无患。

将帅要效法先贤。戚继光认为，将帅必须钻研经典，譬如熟读《百将传》，从前代名将身上，汲取必要的养料。“不独习其用兵之事，凡为人、存心、立行，一一细玩。有不二之心、纯忠之行者，我则师其德；长于兵机而短于德行者，我则师其术；某将竟致败坏，属之自取，我则鉴而戒之；某将忠廉智勇，无愧于己，而无妄得祸，我师其行。”将帅懂得以史为鉴，才会有前人的荣誉，而无前人的祸患。

将帅要熟习兵法，练习武艺。在戚继光看来：“兵之有法，如医之有方，必须读习而后得。但敏知之人，自然因而推之，师其意，不泥其迹，乃能百战百胜，率为名将。”同时，“欲为全才之将，凡种种武艺，皆稍习之，在俱知而不必俱精，再须专习一二种，务使精绝，庶有实用，庶可练兵”。这说明熟习兵法，练习武艺，是将帅的基本条件。

将帅要确定名分。戚继光认为，将帅统领千军万马，纵横驰骋，倘若职责不清，谁肯用力杀敌？所以要确定名分，使上下秩序井然，做到令行禁止。“军中名分，须从军礼为始，但军中之政，以联情义为首。恪执名分，情义颇隔，须于名分之间，寓以联属之道，尊严之地，通以共难之情。”这样一来，下级对待上级，就会保持尊敬；上级指挥下级，就会感到顺畅。纵然有千军万马，仍能使赴汤蹈火。

将帅要关心士卒，注重训练。仅就军队而言，将帅为腹心，士卒为手足。“将诚勇，以力相敌，不过数人极矣。数十万之众，非一人可当，必赖士卒誓同生死，奋勇当锋。”将帅对待士卒，既要切实关心，又要加强教育。“授以号令，操之于场；练以武艺，教之于夙。”

将帅要恩威并重，懂得节制。戚继光认为，军队离不开赏罚，而要赏罚得当，必须合乎情理。“理兴于心，情通于理，赏之以众情所喜，罚之以众情所恶”，就会感动士卒，或令士卒畏惧，“感心发则玩心消，畏心生则怨心止”，军队就有节制。“夫节制工夫，始于士伍，以至队哨，队哨而至部曲，部曲而至营阵，营阵而至大将，一节相制一节，节节分明，毫不可干。”军队得到节制，才能统一意志，统一行动。

将帅要牢记宗旨。在戚继光看来，军队建设的宗旨，在于维护国家安全，保护民众利益。“凡我将士，跃马食肉，握符当关。其所统军卒，不耕而食，不织而衣，征民商之税课，为之供养。毋问风雨宴安，坐靡廪饩，无非用其力于一朝，除乱定暴则民生遂，民生遂则国本安。”所以，“今后为吾将者，须是看定兵马，真为安国保民之物，事事报恩之本，无问文武分途，展布难易，一心从保安民社上起念”。这说明为将之道，应把安国保民的宗旨，时时挂在心上。

综括上述观点，戚继光明确地指出：“心术正，则志向自立而不忒；志向立，则死生自明而不畏；死生明，而利害自辨；利害辨，人品自好；做好人，而未有不知坚操守者也。操守坚，而狭隘者有之，故次之以宽度量，心广体胖矣。而最难窒者，欲也。欲莫如声色与货利。真能拔除难窒之欲，而尚德不可以不谨刚愎害、胜人害、逢迎害、委靡害、功名害，皆以轻重次第，而切磋琢磨之可也。夫惟诸害既去乎身，善美已归诸己，于是而骄吝或生焉，非所以受益也，故尚谦虚之德焉。谦而无箴，其弊也弱，故次之以惜官箴，则谦不至于弱矣。勤职业者，官之箴也；辨效法者，官之箴也。官箴正矣，或于将之职未尽也。将以戡乱为务，戡乱有具，兵法为要，武艺次之；治军有方，名分为切，教授次之；教授有术，故次之以恩威也、节制也。合而言之，无非以保民为职，故终之以明保障。约之以一言，曰正心术而已矣。”[①] 显而易见，戚

① 《练兵实纪》卷九《练将》。

继光“练将”的关键，在于“正心术”，从“正心术”到“明保障”，总共26条标准，构成了一套完整的练将思想。这一思想既有正面的引导，又有反面的劝诫，与以往所有的将论相比较，都显得更加细致。

需要指出的是，“练将”作为一个军事概念，是由戚继光首先提出，并且作出了系统的论述。在练将的方式上，戚继光既重视理论修养，又强调实践锻炼，希望利用各种途径，把有志从戎的儒生、武弁组织起来，首先读《孝经》《忠经》《论语》《孟子》《武经七书》，不必一味考究句读，但求领会精神实质。其次读《百将传》，了解历代名将的人品、心术、功业，参照每个人的特点，反复地加以体悟。其次读《春秋左传》《资治通鉴》，或增读《大学》《中庸》，进一步拓宽知识面，树立正确的人生观。最后练习各种军事技能，熟悉行军布阵的要领，掌握作战指挥的方法。通过这样的学习和训练，就能培养出合格的将领。

四、揭暄的将论

明朝末年，揭暄撰著《兵经》，选用100个军事词语，汇集历代兵学思想，并把它们贯穿起来，构成了一个较完整的体系。其中，他把将帅分为五种类型，概括说明了每一类型的特点。

> 有儒将，有勇将，有敢将，有巧将，有艺将。儒将智，勇将战，敢将胆，巧将制，艺将能。兼无不神，备无不利。①

这是说将帅可以分为五种类型：儒将、勇将、敢将、巧将和艺将，

---

①（明）揭暄著，李炳彦、崔彧臣释评：《兵经释评》，解放军出版社1987年版，第73页。

儒将足智多谋，勇将能征善战，敢将胆略过人，巧将长于制造，艺将多才多能。作为一名将帅，倘若具备这些素质，就能够用兵如神，战无不胜。

到了清代末年，浙江学堂教员侯荣针对上述观点，加以释义和引证：

> 用将如用药，期于中病而已。敌人狡诈，儒将可使也；敌人凶悍，勇将可使也；敌人守险，敢将可使也；敌人坚阵，巧将可使也；敌人利器，艺将可使也。儒将尽变，勇将冲锋，敢将深入，巧将练兵，艺将制器。有一将可以固国，有全将可以灭敌。
>
> 儒将如管仲、诸葛、孙武、吴起之类；勇将如张桓侯、赵子龙、尉迟敬德、常遇春之类；敢将如邓艾、魏延、李愬、狄青之类；巧将如程不识、周亚夫、李靖、李光弼、戚继光、李穆堂之类；艺将如墨子、公输子十二攻法、十二守法之类。①

应该说，侯荣"用将如用药"的比喻是一种较为精当的解释，如同用药"期于中病而已"，历代划分将帅类型的根本目的，并不在于单纯地区分高下，而在于通过区分不同才质的将帅，使每一类型的将帅都能得到合理的使用，最终在战争中取得胜利。

第六节　近代军事制度下的"将"

近代以来，清朝廷饱受内忧外患，因为政治体制的落后和对外战争

---

① （明）揭暄著，李炳彦、崔彧臣释评：《兵经释评》，第73页。

的失败，深陷于前所未有的泥淖。从洋务派、维新派到革命派，许多有识之士认识到要强国强兵，非造就具备近代军事素质的将帅不可。张之洞撰著《劝学篇》，认为“教士卒不如教将领，教兵易练，教将难成也”①，强调新式军队的创建要“略于教兵，详于教将”②。各种新式军事学校的创立，为培养新式将帅开辟了重要场所。还有一些爱国志士如蔡锷、蒋百里等人，选择出国留学，去日本陆军士官学校深造，而后参与创办保定军校、云南讲武堂等，培养了一批优秀的新式将领，有力地推动了军队近代化的进程。20 世纪 20 年代初，在共产国际的建议下，孙中山在广州黄埔创办陆军军官学校。这一军官学校作为国共两党高级将领的摇篮，直接影响了 20 世纪上半叶的军事进程。

随着中西军事文化的交流，“将”作为兵家元典的核心关键词，也开始与世界“接轨”，在多种语言的转换中发生着微妙的语义转变。英语中对应“将”的单词为 general，有将军、将官之义。这一词语在英语语境中指“在职位上最高或占优势地位的”，既可以专指具备最高军衔的“上将”，也可以泛指在军队系统中具有高阶军衔的军人。与中文的“将军”类似，general 也是一种尊称，如 General Patton（巴顿将军）。英文对应“将”的单词，还有 commander，意为指挥官、司令官、将军，其动词形式 command 则对应“将”的动词词义，即指挥、率领、发号施令。

目前在世界范围内，将是军队的高级指挥官，低于元帅，高于校官，通常被分为三至四级。如美国军队分为陆、空、海和海军陆战队 4 种，陆、空、海军军衔设置六等二十四级，其中将官分为五星上将、上将、中将、少将、准将五级，海军陆战队不设五星上将。1955 年，中

---

① （清）张之洞：《劝学篇·序》，中州古籍出版社 1998 年版，第 43 页。

② （清）张之洞：《劝学篇》，中州古籍出版社 1998 年版，第 149—150 页。

国人民解放军实行军衔制，设置军衔6等19级，其中元帅二级：大元帅（实际未授衔）、元帅，将官分为四级：大将、上将、中将和少将。1966年，这一军衔制被取消。1988年，实行新的军衔制，设置军衔3等11级，取消大元帅、元帅、大将军衔，将官分为三级：上将、中将和少将。

此外，在中国象棋中，红方有“帅”，黑方有“将”，作为棋中的首脑，只能在“九宫”之内活动，是对弈争夺的目标。棋手对弈之时，攻击对方的“将”或“帅”，也称作“将”或“将军”。

第五章　阵：战斗的队形

阵是中国古代军队的战斗队形，广泛地运用于冷兵器时代，并且产生了各式各样的阵形，直接决定着战争的胜败，因而受到历代兵家的特别关注，成为兵家元典的一个核心关键词。

第一节　阵与阵系关键词

阵，通“陳”，亦作“敶”，是一个会意字。金文作，小篆作。《说文解字》曰：“敶，列也。从攴陈声。”徐锴注：“古书军敶多如此。”惠栋注：“列之为敶，俗作阵。起于八分，非古也。《路史》以为古，是以晋宋为古耳。阵字见《吕氏春秋》，乃后人所改。”段玉裁注：“敶者，陳之古文。”“此本敶列字，后人假借‘陳’为之，‘陳’行而‘敶’废矣；亦本军敶字，‘硏’下云‘读若军敶之敶’，是也。后人别制无理之‘阵’字，‘阵’行而‘敶’又废矣。”张舜徽总结诸说，进一步地解释说：“许君本以‘敶’为军敶字矣。经传多以‘陳’为之，‘陳’字草书时，末二画急作之为一，遂成‘阵’字矣。此字形转变之讹也。自军敶义引申之为敷陈，为陈列，其本字皆当作‘敶’，经传亦假‘陈’字为之，‘陈’

行而‘敶’废矣。”① 这说明“阵”之本字作“敶”，经传为“陈”字，其本义为陈列，后指阵形、战阵。

人类社会有了战争，就可能产生了阵法。因为战争双方的较量，为了充分发挥战斗力，需要保持一定的队形。这一定的队形就是特殊的阵法。关于阵法的起源，唐代李靖追溯至黄帝时代，并且与井田制相联系，作出了概要的论述：

> 黄帝始立丘井之法，因以制兵，故井分四道，八家处之，其形井字，开方九焉。五为阵法，四为闲地，此所谓数起于五也；虚其中，大将居之，环其四面，诸部连绕，此所谓终于八也。及乎变化制敌，则纷纷纭纭，斗乱而法不乱；混混沌沌，形圆而势不散。此所谓散而成八，复而为一者也。②

照此来说，黄帝创立“丘井之法”，用以治理民众，在井田制的基础上，确立了军事制度。每一井的土地用四条道路划分，八家环绕相处，中间作为公田，它的形状像一个“井”字，共分为九块土地。按前、后、左、右、中五处布设阵形，四个角落作为空地，就构成五个阵形；如果空出中央部分，由大将居中指挥，以前、后、左、右及四个角落环绕在四周，就构成八个阵形。待到临阵分合变化，打击敌人的时候，则旌旗纷纷，人马纭纭，混乱中作战却阵脚不乱；混混沌沌，迷迷蒙蒙，两军搅成一团却在把握之中。这就是分散开来成为八个小阵，合起来成为一个大阵的意思。

有关阵法和兵法的起源，历代学者大多沿袭李靖的观点。如盛唐

① 张舜徽：《说文解字约注》，华中师范大学出版社 2009 年版，第 756 页。

② 《李卫公问对》卷上。

独孤及撰有《风后八阵图记》，记述风后推演出八阵之法，并且运用到阪泉之战和涿鹿之战，而相传风后为黄帝的大臣。元明之际叶子奇说："兵法始于黄帝，而井田亦始于黄帝。八阵图亦出于井田，公田即中军也，私田八家即八阵也。"① 明朝末年茅元仪说："阵之法，不见于天下，阵之说，徒以惑听闻。吾尝究之于井田，而圣人作阵之故较然也。"② 这都是说八阵起源于黄帝，亦即阵法起源于黄帝时代。

中国兵家元典阐释的阵法，主要有两个组成部分：一是以军队的组合对"阵"的分类，包括五军阵、六花阵、八军阵和九军阵等；二是从阵形的功能对"阵"的分类，包括方阵、圆阵、锥行阵、雁行阵、钩行阵、玄襄阵、四武冲阵、鸟云阵等。还有后世兵家创立和运用的阵法，包括平戎万全阵、拐子马阵、鸳鸯阵和三才阵等。所有这些阵法汇编在一起，构成了一个庞杂的阵法系统。

第二节 先秦兵家的阵法

在中国历代战争史上，最早使用的阵法见载于《左传》。鲁桓公五年（前707），郑国以"曼伯为右拒，祭仲足为左拒，原繁、高渠弥以中军奉公为鱼丽之阵。先偏后伍，伍承弥缝，战于儒葛。"杜预注释说："《司马法》：'车战，二十五乘为偏。'以车居前，以伍次之，承偏之隙，而弥缝阙漏也。五人为伍。此盖鱼丽阵法。"③ 这是说郑国的军队一军五偏，一偏五队，一队五车，五偏五方为一方阵。这样的编队犹如鱼群游动，所以称为鱼丽阵。

---

① （明）叶子奇：《草木子》卷三下《杂制》，中华书局1959年版，第56页。

② （明）茅元仪：《武备志》卷五二《阵练制序》。

③ （晋）杜预：《春秋左氏经传集解》桓公五年。

一、孙子、吴起论“阵”

孙子生活在春秋时期，应该了解当时的阵法。但在《孙子兵法》一书中，较少谈及阵法的问题，只是说过“勿击堂堂之陈”，语意还很笼统。另在《势篇》曰：

> 纷纷纭纭，斗乱而不可乱也；浑浑沌沌，形圆而不可败也。

唐代杜牧注：“此言阵法也。《风后握奇文》曰：‘四为正，四为奇，余奇为握。奇音机，或总称之，先出游军定两端。’此之是也。奇者，零也。阵数有九，中心有零者，大将握之不动，以制四面八阵，而取准则焉。其人之列，面面相向，背背相承也。”这一注解上承李靖之论，对后代孙子学者多有启发。

吴起撰著《吴子兵法》，从阵法与战争决策的关系，到春秋五霸的军队，再到战国七雄的战阵，较多地谈及阵法的问题。《图国篇》曰：

> 昔之图国家者，必先教百姓而亲万民。有四不和：不和于国，不可以出军；不和于军，不可以出陈；不和于陈不可以进战；不和于战，不可以决胜。是以有道之主，将用其民，先和而造大事。

这是把阵法与国家、军队、战争放在一起，讨论战争决策问题。在吴起看来，国家内部不统一，不可以出兵；军队内部不团结，不可以出阵；军队阵形不整齐，不可以进战；战斗行动不协调，不可以决胜。所以，有道的君主动用民众，必先做到内部一致，然后才发动战争。

《图国篇》又曰：

> 昔齐桓募士五万，以霸诸侯；晋文召为前行四万，以获其志；秦缪置陷陈三万，以服邻敌。故强国之君，必料其民。

这里的“陷陈”，即“陷阵”，指冲锋陷阵的部队。在吴起看来，齐桓公招募勇士五万人，赖以称霸诸侯；晋文公集中前锋四万人，以得志于天下；秦穆公拥有冲锋陷阵的部队三万人，得以征服邻国。所以，强国的君主必须根据民众的特点，指导军队建设。

最令人注目的是，吴起考察战国军队的阵形，经过分析得出结论：

> 齐阵重而不坚，秦阵散而自斗，楚阵整而不久，燕阵守而不走，三晋阵治而不用。[1]

照此来说，齐国的军阵庞大而不坚固，秦国的军阵分散而各自为战，楚国的军阵严整而不能持久作战，燕国的军阵善于防守而不善于机动，赵、魏、韩三国的军阵整齐而不中用。这说明了七国战阵的特点，但未指明各国军阵的样式。

吴起分析各国军阵的目的，在于找到击破这些军阵的方法。如要击破齐国的军阵，“必三分之，猎其左右，胁而从之，其陈可坏”。要击破秦国的军阵，“必先示之以利而引去之，士贪于得而离其将，乘乖猎散，设伏投机，其将可取”。要击破楚国的军阵，“袭乱其屯，先夺其气，轻进速退，弊而劳之，勿与战争，其军可败”。要击破燕国的军阵，“触而迫之，陵而远之，驰而后之，则上疑而下惧，谨我车骑必避之路，其将

---

① 《吴子兵法·料敌》。

可虏”。要击破赵、魏、韩三国的军阵，“阻陈而压之，众来则拒之，去则追之，以倦其师”①。

战国时期，军队行进时扎营，交战时列阵，营阵之制相通。吴起论述行军的要领，特别提示到：

> 无当天灶，无当龙头。天灶者，大谷之口。龙头者，大山之端。必左青龙，右白虎，前朱雀，后玄武，招摇在上，从事在下。将战之时，审候风所从来。风顺致呼而从之，风逆坚陈以待之。②

这里说的“天灶”“龙头”是不适宜扎营的地方。所谓“左青龙，右白虎，前朱雀，后玄武”，加上将帅统领的中军，就形成五军阵。以五军阵扎营，左、右、前、后四军分别处于东、西、南、北四方，中军驻扎在高处，以便指挥行动。在与敌军交战之前，要注意观测风向，顺风对我方有利，就乘势呐喊，发动进攻；逆风对我方不利，就坚守阵地，等待战机。

二、孙膑论阵法

在先秦兵学家中间，孙膑对阵法的论述最为翔实，在汉简本《孙膑兵法》中，“阵”字出现过100多次，设有《八阵》《十阵》等篇，专门论述各种不同的阵法。孙膑把战阵分为10种：方阵、圆阵、疏阵、数阵、锥行阵、雁行阵、钩行阵、玄襄阵、火阵和水阵，并且对各种阵形

---

① 《吴子兵法·料敌》。

② 《吴子兵法·治兵》。

的功能作出具体的解释：

> 方阵者，所以剸也；圆阵者，所以团也；疏阵者，所以吠也；数阵者，为不可掇；锥行之阵者，所以决绝也；雁行之阵者，所以接射也；钩行之阵者，所以变质易虑也；玄襄之阵者，所以疑众难故也；火阵者，所以拔也；水阵者，所以伥固也。①

依照孙膑的解释，方阵用以攻击敌人，圆阵用以保护自己，疏阵用以虚张声势，数阵用以制止敌人攻击，锥行阵用以分割敌人，雁行阵用以弩战，钩行阵用以随机应变，玄襄阵用以迷惑敌人，火阵用以攻取敌人营寨，水阵用以增强防御力量。而在实战过程中，各种阵形相互配合运用，可以发挥出更多的功能。

在介绍战阵的功能后，孙膑接着论述各种阵法，认为方阵的用法，必须中间兵力少，四周兵力多，机动部队摆在后面。疏阵的用法，必须加大队列的间隔距离，多树一些旗帜，多摆一些武器；战车不要驰骋，步兵不要疾行；把士卒分成若干部分，或者前进，或者后退，或者出击，或者固守。数阵的用法，必须缩小队列的间隔距离，保证队列不混乱，前后能相互支援；敌人进攻，不要出阵阻击，敌人撤退，不要出阵追击；整体无隙可乘，两翼稳如泰山。因为汉简本的残缺，已经无法一一叙述。

上述 10 种战阵的分类，主要是依据不同的战斗队形，只有水、火两种阵法，是以作战环境相区别的。如果除去火阵、水阵，就有所谓“八阵”之说。孙膑以“八阵”为题目，指出各种阵法的总原则：

---

① 《孙膑兵法·十阵》。

用八阵战者，因地之利，用八阵之宜。用阵三分，每阵有锋，每锋有后，皆待令而动。斗一守二，以一侵敌，以二收。敌弱以乱，先其选卒以乘之；敌强以治，先其下卒以诱之。车骑与战者，分以为三，一在于右，一在于左，一在于后。易则多其车，险则多其骑，厄则多其弩。险易必知生地、死地，居生击死。①

这说明阵法的总原则，是根据地形的有利条件，采用适当的战阵，具体做法包括：(1) 每一种战阵都要有前锋，每一支前锋都要有后队卫，一同待命而动。(2) 军队要分为三部分，用一部分投入战斗，另两部分作为预备队。(3) 敌方力量弱小、战阵混乱，先用精锐部队进行攻击；敌方力量强大、战阵整齐，就先用老弱部队加以引诱。(4) 车兵、骑兵参加作战，也要分为三部分，部署在左、右两翼和后面。(5) 根据不同的地形条件，分别加大车、骑、弩兵的投入，并且占据有利的生地，在不利的死地攻击敌人。

接下来，孙膑论述了击破各种阵形的方法。如攻击方阵，“我阵而待之，规而离之，合而佯北，杀将其后，勿令知之”②。这是说对付敌人的方阵，需要摆好阵形等待敌人，设法分散敌人的兵力，刚一交战就假装败退，然后转向敌人的后方，去干掉敌人的将帅，决不能让敌人察觉我军的企图。攻击圆阵，“三军之众分而为四五，或傅而佯北，而示之惧，彼见我惧，则遂分而不顾。因以乱毁其固，驷鼓同举，五遂俱傅。五遂俱至，三军同利”③。这是说对付敌人的圆阵，应当把全军分成四、五个部队，以一个部队与敌人接触一下就假装败退，表示怯弱。敌人见我军怯

① 《孙膑兵法·八阵》。

② 《孙膑兵法·十问》。

③ 《孙膑兵法·十问》。

弱，就会不顾一切分兵追击，而打乱自己的阵形。然后战鼓齐鸣，五个部队同时逼近敌人。全军集合完毕，就可以协力进攻，夺取胜利。

此外，孙膑还把“阵”与“势”“变”“权”三者有机地结合起来，作为作战指挥的四种要素，并且以剑、弓弩、车船、长兵器作比喻，来说明它们的特点及其相互关系。“阵”即战阵，“势”即作战态势，“变”即机动性，“权”即主动权。用剑比喻战阵，是因为剑要早晚佩带在身上，不一定经常使用。用弓弩比喻作战态势，是因为箭由弓弩发射出来，可以迅速地杀伤敌人。用车船比喻机动性，是因为车船在陆地或水面行进，可以灵活地改变方向。用长兵器比喻主动权，是因为长兵器使用起来很便利，可以在远距离刺击敌人。这四种要素运用得当，就能够打败强大的敌人；如果运用不当，也会导致我方的损伤。

三、《尉缭子》论阵法

关于军队建设问题，《尉缭子》记述了各种军事条例，其中有《兵令上》一篇，对于临敌布阵的规则、方法和要求，提出了具体的说明。

> 陈以密则固，锋以疏则达。

这是说布阵的原则，在于队形密集，行列疏散。队形密集，有利于保持阵形；行列疏散，则便于使用兵器。

> 出卒陈兵有常令，行伍疏数有常法，先后之次有适宜。常令者，非追北袭邑攸用也，前后不次则失也，乱先后斩之。

尉缭认为，出兵布阵有一般的规则，队形疏密有一定的标准，先后次序有适当的规定。有关出兵布阵的规则，不适用于追击和突袭城邑。因为阵形混乱会导致作战失败，所以要处死扰乱次序的人，以保持稳定的阵形。

常陈皆向敌，有内向，有外向，有立陈，有坐陈。夫内向所以顾中也，外向所以备外也，立陈所以行也，坐陈所以止也。立坐之陈，相参进止，将在其中。坐之兵剑斧，立之兵戟弩，将亦居中。

按照布阵的方法，通常是要面向敌人，在特殊的情况下，也有向内或向外布阵，还有立阵和坐阵。向内是为了保护中军，向外是为了防备敌人。立阵用于准备进攻，坐阵用于加强驻守。立阵和坐阵相互配合，既可以用于进攻，又可以用于驻守。坐阵常用的兵器是剑和斧，立阵常用的兵器是戟和弩，将帅在阵中指挥。

四、《六韬》论阵法

关于阵法，《六韬》根据作战指挥的需要，解释了“天阵”“地阵”“人阵”的含义，罗列了用于攻破坚阵的各种武器装备，还针对在特殊地形的作战方法，提出和阐述了“四武冲陈”“鸟云之阵”等阵法。

《六韬·虎韬·三阵》曰：

日月、星辰、斗杓，一左一右，一向一背，此谓天陈。丘陵水泉，亦有前后左右之利，此谓地陈。用车用马，用文用武，此谓人陈。

所谓“天阵”，是参照日月、星辰、北斗星的具体方位来布阵；所谓“地阵”，是利用丘陵、水泽等自然条件来布阵；所谓“人阵”，是根据战车、骑兵和政治诱降或武力攻取等不同战法布阵。依此而言，临敌布阵既要考虑天候、地形等因素，又要考虑参战兵力和其他有利因素。

所谓“四武冲陈”，是一种用战车警戒四周的阵形。当我军被敌人四面包围，处于交通和粮道断绝的情况下，只有鼓起勇气迅速突围，才能够摆脱险境；如果士气不振，行动迟缓，就注定要遭到灭亡。突围的方法，是把军队结成“四武冲阵”，即“以武车骁骑，惊乱其军，而疾击之”①，这样就能横行无阻地突围。

按照《六韬》所言，凡是把军队布置在山顶上，就会遭受敌人隔绝；凡是把军队布置在山脚下，就会遭受敌人围困。所以，军队在山地作战，必须布设鸟云之阵。

> 鸟云之陈，阴阳皆备。或屯其阴，或屯其阳。处山之阳，备山之阴；处山之阴，备山之阳；处山之左，备山之右；处山之右，备山之左。其山敌所能陵者，兵备其表，衢道通谷，绝以武车，高置旌旗，谨敕三军，无使敌人知我之情，是谓山城。②

所谓“鸟云之阵”，是在山地布置军队的一种阵形。军队驻扎在山的南面，要戒备山的北面；驻扎在山的北面，要戒备山的南面；驻扎在山的左面，要戒备山的右面；驻扎在山的右面，要戒备山的左面。敌人能够通行和攀越的地方，都要派兵戒备，并且高挂旗帜，以便联络；整饬三军，严阵以待，不要让敌人得知我军的情况，这样就成了一座山城。这种阵型好像鸟雀聚散无常，彩云飘忽不定，时分时合，所以称作

---

① 《六韬·虎韬·疾战》。

② 《六韬·豹韬·鸟云山兵》。

鸟云之阵。

《六韬》记述的阵法，尤其是所谓“三阵”，深受后人的关注。如唐高宗在位时，曾经亲临武成殿，召见应试举人，询问何谓“天阵”“地阵”“人阵”？员半千超越等次，上前回答说：“臣观载籍多矣。或谓：‘天阵，星宿孤虚也；地阵，山川向背也；人阵，偏伍弥缝也。’以臣愚见则不然。夫师出以义，有若时雨，则天利，此天阵也；兵在足食，且耕且战，得地之利，此地阵也；卒乘轻利，将帅和睦，此人阵也。若用兵者，使三者去，其何以战？”① 唐高宗非常赞赏，提拔员半千为优等，担任左卫渭上参军。

第三节　汉唐兵家的阵法

一、诸葛亮：“八阵图”

三国时期，诸葛亮指挥作战，比较注重阵法，自称“八阵既成，自今行师，庶不覆败矣”②。蜀汉建兴十二年(234)，诸葛亮北伐期间病逝，蜀汉军队全线撤退，司马懿巡视诸葛亮布置的营垒，十分感慨地说：“天下奇才也！”③ 蜀汉灭亡之后，司马昭让陈勰“受诸葛亮围阵用兵倚伏之法，又甲乙校标帜之制”④。西晋时期，镇南将军刘弘称赞诸葛亮说：“推子八阵，不下孙吴。”⑤ 陈寿评论诸葛亮，“推演兵法，作八阵图，咸得

---

① （唐）刘肃：《大唐新语》卷四，中华书局1984年版，第64—65页。

② 《水经注》卷三三《江水一》。

③ 《三国志》卷三五《诸葛亮传》。

④ 《晋书》卷二四《职官志》。

⑤ 《三国志》卷三五《诸葛亮传》注引《蜀记》。

其要。”①

诸葛亮的八阵图，是用乱石堆砌而成，按遁甲分成生、伤、休、杜、景、死、惊、开八门，即由天、地、风、云、龙、虎、鸟、蛇八种阵形组成的一种阵法。因为它的神秘性，在后世备受关注。宋代苏轼谈道：

> 诸葛亮造八阵图于鱼腹平沙之上，垒石为八行，相去二丈。桓温征谯纵，见之曰：“此常山蛇势也。”文武皆莫识。吾尝过之，自山上俯视，百余丈凡八行，为六十四，正圜，不见凹凸处，如日中盖影。予就视，皆卵石，漫漫不可辨，甚可怪也。②

据此可知，八阵图修建在今重庆奉节长江边上，东晋时桓温西征谯纵，行军途中见过这一阵法。到了北宋时期，只留下一堆堆鹅卵石，仍有一行行排列，但要辨识八阵图，已经非常困难。而在苏轼之后，又有岳珂写到：

> 瞿塘滟滪，天下至险，每春夏涨潦，砂碛巨石如屋者，皆一夕随波去。独诸葛武侯八阵图，岿然历千古独存，识者谓其有神护。③

总起来说，诸葛亮创制“八阵图”，在中国军事史上增添了一段传奇故事，引发了后代许多诗人的凭吊。特别是杜甫的《八阵图》：“功盖

① 《三国志》卷三五《诸葛亮传》注引《蜀记》。

② （北宋）苏轼：《东坡志林》卷二，中华书局 1981 年版，第 27 页。

③ （南宋）岳珂：《桯史》卷一四《八阵图诗》，中华书局 1981 年版，第 161 页。

三分国，名高八阵图，江流石不转，遗恨失吞吴。”① 这首诗借着“八阵图”的遗址抒发感慨，表达对诸葛亮功业未竟的惋惜，从而使“八阵图”成为一个流传极广的军事术语。

二、李靖论阵法

唐朝初年，李靖与唐太宗讨论军事问题，围绕历史上的各种阵法，尤其是“五阵”“八阵”和“六花阵”及其变换特征，作出了精辟的阐述。

李靖认为，八阵起源于黄帝时代，与井田制相关联。所谓“八阵”，本来是一个战阵，由八个部分组成。因为保守秘密的需要，古人给这八个部分各取一个名称，于是有天、地、风、云、龙、虎、鸟、蛇八阵之说。其实，天、地、风、云是旌旗的名字，龙、虎、鸟、蛇是部队的番号，后人误以为阵名，把“八阵”说成八个战阵。

如前所述，八阵之法出自井田之制，每一个井分为九部分，前、后、左、右、中部用于布阵，四个角落作空地，就是阵数起于五的原因；空出中央部分，用周围八部分布阵，就是阵数终于八的原因。在实际作战过程中，军队需要频繁机动，时而分散开来，构成八个小阵；时而合在一起，构成一个大阵，这就是战阵变化的规则。

所谓“六花阵”，又称七军阵，是以中军居中、六军居外的一种阵形。它由八阵图演变而来，仍是大阵包容小阵，大营包容小营，“隅落钩连，曲折相对”②，因为外面六阵成方形，中央军阵成圆形，整体如同六角花瓣，所以称六花阵。依照李靖的设计，在实战过程中，六花阵的运用，要保持队列的间距，注意队形的变化：

---

① （唐）杜甫：《八阵图》，载《校编全唐诗》，湖北人民出版社2001年版，第906页。

② 《李卫公问对》卷中。

> 凡立队，相去各十步，驻队去前队二十步，每隔一队立一战队。前进以五十步为节。角一声，诸队皆散立，不过十步之内。至第四角声，笼枪跪坐。于是鼓之，三呼三击，三十步至五十步以制敌之变。马军从背出，亦五十步临时节止。前正后奇，观敌如何。再鼓之，则前奇后正，复邀敌来，伺隙捣虚。①

据此可知，六花阵的运用，对于“驻队”“战队”和骑兵，都有明确的规定；每前进50步为一节，都要停下整理队列；等前进至距敌人30—50步时，要观察敌人的动静；其最主要的作战特点，是便于步兵的集中，便于骑兵的机动，便于奇正的转换，利用敌人的薄弱环节，实施有效的打击。

三、李筌论阵法

唐朝后期，李筌编撰《太白阴经》100篇，摘录各种兵学观点，选辑历代著名战例，加以阐发和总结。其中有《阵图》10篇，主要记述各种阵法，并且附有图形，以便于军队演练。

李筌认为，阵法起始于黄帝，“黄帝设八阵之形：车厢洞当，金也；车工中黄，土也；乌云鸟翔，火也；折冲，木也；龙腾却月，水也；雁行鹅鹳，天也；车轮，地也；飞翼浮沮，巽也”②。所有的阵法，都是以八阵为基础，或者合而为一，或者离而为八，成为固定的阵形。

在行军布阵时，怎样演变阵法？李筌解释说：“从一阵之中，离为八阵，从八阵复合而为一；听音望麾，以出四奇，飞龙、虎翼、鸟翔、

① 《李卫公问对》卷中。

② 《太白阴经》卷六《阵图总序》。

蛇蟠为四奇阵，天、地、风、云为四正阵。夫善战者，以正合，以奇胜，奇正相生，如循环之无端，孰能穷之？奇为阳，正为阴；阴阳相薄，而四时行焉！奇为刚，正为柔；刚柔相得，而万物成焉！奇正之用，万物无所不胜焉！"[①] 由此可知，无论是"合而为一"，还是"离而为八"，都要符合"奇正"的战法。

此外，李筌认为军队演练、安营筑垒，通常有阵图可依，而与敌人交战，则没有预定的阵法。"夫营垒教战有图，使士卒知进止、识金鼓。其应敌战阵不可预形，故其'战胜不复，而应形无穷。兵形象水，水因地而制形，兵因敌而制胜，能与敌变化而取胜者，谓之神。'则其战阵无图，明矣。"[②] 所有的阵法，都是用于军队演练，那些庸将以演练之阵为战阵，则十分荒谬。

第四节　宋明兵家的阵法

一、《武经总要》论阵法

北宋时期，随着君主专制的强化，历朝皇帝紧握兵权，每逢朝廷发兵作战，都会授予将帅以阵图，用以指挥行军作战，因而涌现出各种阵图。

曾公亮编撰《武经总要》，叙述阵法，首列宋太宗制定的平戎万全阵法，次为宋朝八阵法，包括牝阵、牡阵、冲方阵、车轮阵、罘罝阵、雁行阵等；次为宋朝常用阵法，包括中军阵、东西拐子马阵、先锋阵、

① 《太白阴经》卷六《合而为一阵图篇》。

② 《太白阴经》卷六《阵图总序》。

策先锋阵、前阵、拒后阵等；最后列出古阵法，包括八阵图、握奇图、李靖阵法、裴绪阵法、常山蛇阵等。除记载这些阵法之外，还附录有阵图，作出详细的解释，成为宋代阵法的重要资料。

中国古代是营阵同制，驻军安营为营法，行军作战为阵法。依照《武经总要》的解释，“阵中容阵，谓队伍布列，有广狭之制，欲其回转离合，无相夺伦；营中有营，谓部分次序，有疏密之法，欲其左右救援，不相奸乱。”① 这说明军队安营扎寨、布置阵形，有着基本相同的方法，只不过运用时有所区别。

曾公亮论述营法，强调在平原地带安营，如果无险可恃，就作方营；如果半边有险阻，就作月营。军队要长久驻扎，则为柴营、木栅营、掘濠营、筑城营；若不长久驻扎，则为车营、拒马营、立枪营、梳枪营。每一种营法，都有各自的特点，但在营地选择上，又有相同的要求。“夫下营之法，择地为先。地之善者，左有草泽，右有流泉，背山险，向平易，通达樵木，谓之四备。大约军之所居，就高去下，向阳背阴，养生处实，无以水火为虑。居山在阳，居水避卑，不居恶名，谓豆入牛口之类。不居无障塞，谓四通八达之道，受敌益多；不居深草，恐有潜袭，或被火烧；不居水冲，恐有涨溢，或彼决壅；不居无水及死水，恐渴饮致病；不居无出路，谓四面地隘，恐被围难解，及粮运阻绝；不居无草莱，恐军乏绝；不居下湿，恐人多疾病，军马不利；不居废军故城、久无人居者，急疾无固守；不居冢墓间，与鬼神共处；春夏宜居高，以防暴水；秋冬不居清涧深阜，虑有延潦。”② 这些说明了安营扎寨的要领。

至于古今阵法，虽然有不同的队形，但在队形排列、行为规范和要

---

① 《武经总要·前集》卷六《下营法》。

② 《武经总要·前集》卷六《下营择地法》。

领等方面，也有相同的要求。曾公亮论阵法的要领，称“在士卒训练，兵械坚良，号令以申之，赏罚以督之，因山川形势之宜，讲步骑离合之要”①；论战阵的变化，称“奇不得正，虽锐而无恃，正不得奇，虽整而无功，故必交相用，而后能百战百胜矣”②；论队列的编排，称“凡卒一人居地，广纵各二步，十人为列，十列为队，则广纵各二十步，阵间容阵，队间容队，曲间容曲”③；论作战的要求，称“前御其前，后御其后，左防其左，右防其右，行必鱼贯，立必雁行，长以参短，短以参长，回军转阵，以后为前，以前为后，进无速奔，退无遽走，四头八尾，触处为首，敌冲其中，两头俱救”④。这些论述从兵学理论的角度，揭示了古今阵法的特点。

曾公亮认为，将帅懂得各种阵法，必须活学活用。“今取古今阵法，绘出其图，以存梗概，俾将帅度宜而行之，若能沿古以便今，闻一而悟十，触类以长，此又寄之明哲，要之与孙吴暗合，为极至耳。”⑤由此说来，将帅能否活学活用，是运用阵法的关键所在。

二、戚继光：鸳鸯阵

晚明时期，为了平定倭寇的侵扰，戚继光创建了能征善战的戚家军，还适应新的作战方式，创立了鸳鸯阵和三才阵，并且经受实战的检验，被确定为正规的战斗队形。

鸳鸯阵是一种战斗阵形，以 12 人为一队，最前端的为队长，随后

---

① 《武经总要·前集》卷七《阵法总说》。

② 《武经总要·前集》卷七《阵法总说》。

③ 《武经总要·前集》卷七《阵法总说》。

④ 《武经总要·前集》卷七《阵法总说》。

⑤ 《武经总要·前集》卷七《阵法总说》。

的两人一执长牌、一执藤牌，其次的两人执狼筅，再次的四人执长枪，分列左右两边，再后的两人执镗钯，最后边的为伙夫。这一阵形根据作战的需要，可以把纵队变为横队，构成两个或三个小阵。当变成两小阵之时，称为“两才阵”，左右盾牌手分别跟随狼筅手、长枪手和短兵手，护卫进攻；当变成三小阵之时，称为“三才阵”，狼筅手、长枪手和短兵手居中，盾牌手在两侧护卫。这类阵形运用于实战，在平息倭寇的战斗中，发挥了重要的作用。

这一阵形不仅因长短兵器的迭用，有利于攻守的配合，而且可以根据战场、道路的情况，作出适当的整合，有利于对付倭寇的侵掠。在鸳鸯阵的基础上，戚继光创制营阵法，其特点是“一头两翼一尾”，即以正兵为头，用于阻挡敌人的进攻；在正兵的两翼布置奇兵，用于包抄敌人；在奇兵的后面，布置一部分兵力为尾，用于策应行动。经过严格的训练，这支军队很快成为一支武器装备精良、武艺精湛、纪律严明的军队。正是依靠这支军队，戚继光在抗倭战场上，取得了一个个胜利。

三、茅元仪论阵法

明朝末年，茅元仪编纂《武备志》，从兵诀、战略、阵练、军资、占度五个方面，系统地汇集了历代兵学的主要成果。其中“阵练制”41卷，分为“阵”和“练”两部分。前一部分16卷，包括94个子目、319幅阵图，记载了先秦至明代各种阵法。

茅元仪认为，军队建设必须讲究阵法，必须注重军事训练，因而把这两项日常活动与天体运行、“六经”传世相提并论，说成是天经地义的事情：

> 兵之有阵，天之垂象也；兵之有练，圣人之六艺也。阵而不练，则土偶之须髭；练而不阵，犹驱虎豹入市，徒以走众。

使三人同心，乘势而捽，则立毙矣。①

因为重视阵法和军事训练，茅元仪对这两方面的内容给予特别的关注，在具体编纂过程中，确定了一个原则："阵取其制，制则宁详；练取其实，实则宁俚。"② 即对阵法的解说，力求详细完备，而对军事训练的论述，强调通俗易懂，尽可能具有实用性。

茅元仪认为，阵法是兵民合一的产物，最初发端于井田制度，与农业生产密切相关，因为土地有不同的形状，军队的编组和训练，就有方、圆、曲、直、锐诸种阵法：

夫聚耕奴于陇亩，至十百人，不分田而授之，则互为诿；不限力而责之，则各为诿；不量其布获之烦、暑雨之迫，而教其合力焉，则一人势不给，虽不诿而自诿。故前后、左右者，其所分田也；坐作、进退者，其所限力也。此击则彼救，阳突则阴伏者，量其烦迫而教其合力也。然使数者举，而主人之相产，必平坂广原而后可，则天下之弃地多矣。故量地制阵，而方、圆、曲、直、锐之形别焉。③

这里，茅元仪解释阵法的起源，比较符合历史实际。自从秦朝焚书以后，各种阵法、阵图不断失传，加上谶纬迷信的流行，人们在解说阵法的时候，时常带有浓厚的神秘色彩，"易以旌旗之名，诡以神将之临，重以五行之目，饰以五方之色，淆以吉凶之门"④，使原本清晰的阵法，

① 《武备志》卷五二《阵练制序》。
② 《武备志》卷五二《阵练制序》。
③ 《武备志》卷五二《阵练制·阵序》。
④ 《武备志》卷五二《阵练制·阵序》。

变得玄之又玄，扑朔迷离。茅元仪参照李靖“存之乃所以废之”的见解，“先以天，次以神，继以时，终以杂家”①，把唐宋以来的阵法，逐一加以编辑，说明各种阵法的要领，实在可以增长学者的见识。

第五节　近代战争背景下的“阵”

历史上，“阵”作为冷兵器时代的作战队形，随着火器时代的来临，逐渐丧失了它的功能。到了近代，欧美各国军队的作战队形，就从传统的方阵转变为线式队形，再从线式队形转变为纵队和散兵战。

1857 年，恩格斯为《美国新百科全书》撰写了一系列条目，在《军队》《会战》中，论述了古代希腊、罗马以来军队的作战队形，主要是方阵的组织和使用问题。在上古时期，希腊人和马其顿人排成密集的方阵进行攻击，随后用剑进行短促的格斗，来决定胜败。罗马人把军队列成三线，以便用第二线的兵力再次攻击和用第三线的兵力进行决定性的机动。在中世纪，铁甲骑兵部队的集中攻击，决定着每一次会战的结局，直到步兵使用了新式火器才起变化。从欧洲军事史来看，由方阵到线式队形的过渡，是在弗里德里希大帝时期逐渐完成；由线式队形到纵队和散兵战的过渡，是在拿破仑战争时期逐渐实现。

在中国近代军事史上，新型军队的出现，新式火器的运用和作战方式的变化，同样使传统的阵法失去了用武之地，从而退出了战争舞台。代之而起的是线式队形，与此相适应出现了阵地战，也就是依托阵地进行战斗。因此，在 20 世纪战争史上，就出现了“阵地”“阵地战”等一

① 《武备志》卷五二《阵练制・阵序》。

系列新的军事术语。

“阵地”是指作战时占据的地方，通常修筑有防御工事，是部队作战的重要依托。其中有进攻出发阵地、防御阵地、导弹发射阵地等。选择阵地的条件是：能疏散隐蔽地配置兵力兵器，便于指挥、观察、机动和发扬火力。阵地一般都构筑工事，设置障碍，进行必要的伪装。有些阵地还构筑坑道、地道等永备工事，并且配置生活、作战等设施。而在现实生活中，阵地经常被用来比喻某种工作、斗争的场所。如在“文化大革命”运动中，人们经常说要夺回资产阶级占领的学术阵地；在各种抗险救灾活动中，人们用血肉之躯筑起坚固的防线，还经常说“人在阵地在”。这都是“阵地”一词现代转义的特殊表现。

“阵地战”是指军队依托阵地进行防御或对据守阵地的敌人实施进攻的作战形式，可以分为坚固阵地攻防作战、野战阵地攻防作战、城市阵地攻防作战等类型。在中国近代军事史上，阵地战、运动战、游击战是三种基本作战形式。中国共产党领导新民主主义革命战争，逐步地确立了实行运动战、阵地战、游击战相结合的战略战术。特别是在国共内战时期，中国人民解放军运用阵地战形式突破了一道道坚固防线，攻克了一大批重要城市，为夺取全国的胜利奠定了坚实基础。

最后要说的是，随着世界历史的演进和国际关系的变化，现代汉语还出现了“阵营”“阵线”等词语。“阵营”本来指军队行军作战的阵形和营制，而今却指对某种社会形态或政治制度保持不同立场或观点的社会团体或国际联盟。如在第二次世界大战之后，基于社会制度和意识形态的差异，国际社会被分裂为两大阵营，即以美国为首的资本主义阵营和以苏联为首的社会主义阵营，由此开启了全球范围内的冷战格局。“阵线”本来指交战双方的接触线，而今却指持不同立场和信念的人或社会团体结成的政治联盟。如 20 世纪 60 年代，越南共和国各政党和社会团体及宗教组织联合成立越南南方民族解放阵线，70 年代法国极右翼政治组织成立国民阵线 (Front National) 。倘若仅就语义而言，在现代汉语中的“阵营”“阵线”与传统时代的“阵形”“阵法”之间，已经缺少了本质的联系。

第六章　计谋：制胜的关键

计谋，作为人们参与社会活动的一种行为方式，在中国传统社会既是人们进行政治竞逐的一种基本素质，又是人们指导军事斗争的一种博弈手段，还是人们处理各种人际关系的一种主要方法，因而“计谋”成为中国文化元典的核心关键词，不但是兵家构筑兵学体系的一个支撑点，在整个文化领域都是一个热门的敏感词。

第一节　释计谋

计，指计算、合计。《说文解字》曰：“计，会也，筭也。从言从十。”张舜徽解释说：“原文当为‘会筭也’，三字为句，乃一义，非二义，谓会合多人共筭之也。‘筭’即‘算’之借字。传写者误增一‘也’字，而分为二义，失之矣。会合多人共筭之，则差误少，故计字从言从十，十谓人之多也，犹古字从十口耳。”①

谋，指考虑、谋划。《左传·襄公四年》曰：“咨难为谋。”《国语·鲁语》曰：“咨事为谋。”《论衡·超奇》曰：“心思为谋。”《说文解字》

① 张舜徽：《说文解字约注》，华中师范大学出版社2009年版，第555页。

曰："谋，虑难曰谋，从言某声。"又，《广雅》曰："谋，议也。"张舜徽解释说："谋之古文，作𠰕或作𢘑，皆从母，此盖最初字形也。所以从母者，人世一切谋虑，始于母之为赤子谋也。《礼记·大学》：'《康诰》曰：如保赤子。心诚求之，虽不中，不远矣。未有学养子而后嫁者也。'郑注云：'养子者推心为之，而中于赤子之嗜欲也。'郑氏此注，尤足以发明母为子谋之深意。赤子初生，不能言语，赖母推心为之。时其饥寒而衣食之，候其疾痛而调卫之。以养以育，所以为之谋虑者，至周至密。谋字古文作𠰕，或作𢘑，非偶然也。其后乃变为谋，犹之木部梅，或从某作楳耳。"① 参照这一解释，"谋"之本义，在于考虑难处。

计谋，是"计"和"谋"合成的一个名词。在商周出土文献中，未曾见"计谋"一词。"计""谋"二字合成一词，最早见于《孙子兵法》。《玉篇·言部》曰："谋，计也。"是以"计"释"谋"。《篇海类编·人事类·言部》曰："计，谋也。"是以"谋"释"计"。"计""谋"二字互训，连缀在一起为"计谋"，属于并列结构，在兵学领域指对战争和作战的筹划。

在中国兵家元典中，以"计谋"为核心而生成的关键词群，主要有三个组成部分：一是以"计""谋"为词根加前缀而组成的关键词，如权谋、智谋、阳谋、阴谋、阴谋诡计等；二是以"计""谋"为词根加后缀而组成的关键词，如计策、谋略；三是与"计谋"语义相近的一些词语，如权术、权数、策略等。其中，权谋、权术、谋略、策略作为"计谋"的替代词语，至今仍然被广泛使用。

① 张舜徽：《说文解字约注》，华中师范大学出版社 2009 年版，第 536—537 页。

第二节　先秦兵家论计谋

《孙子兵法》以“计”开篇，曹操注解说：“计者，选将、量敌，度地、料卒，远近、险易，计于庙堂也。”① 唐代李筌解释说：“计者，兵之上也。《太一遁甲》：‘先以计，神加德宫，以断主客成败。’故孙子论兵，亦以计为篇首。”杜牧解释说：“计，算也。曰：计算何事？曰：下之五事，所谓道、天、地、将、法也。于庙堂之上，先以彼我之五事计算优劣，然后定胜负。胜负既定，然后兴师动众。用兵之道，莫先此五事，故著为篇首耳。”宋代张预总结说：“用兵之道，以计为首。”就战争指导而言，计谋具有关键性作用，每一位将帅指挥作战，都要掌握和运用计谋。这是中国兵家的方法论，是兵家元典的基本内容。

一、孙子对“计谋”的阐释

《孙子兵法》十三篇，说到底是一部军事谋略著作。诚如孙子的理想境界，在于一个“全”字；孙子的作战方法，在于一个“争”字；孙子的价值取向，在于一个“利”字；孙子思想的核心，在于一个“谋”字。《孙子兵法》以“计”开篇，又有《谋攻篇》之“谋”，足见孙子对“计”“谋”的高度重视。

先秦兵家崇尚计谋，尤以《孙子兵法》为最。孙子认为“道”“天”“地”“将”“法”五者是战争胜败的决定因素，统称为“五事”。

---

① （春秋）孙武撰，（东汉）曹操等注，杨丙安校理：《十一家注孙子校理》，中华书局 1999 年版，第 1 页，下同。

在进行战争预测的时候，“五事”可以分解为“七计”：“主孰有道？将孰有能？天地孰得？法令孰行？兵众孰强？士卒孰练？赏罚孰明？”参照“五事七计”的标准，分析和比较敌我双方的情势，就能够预测战争的胜败。春秋时期，这一战争决策活动，通常是在庙堂里进行，所以称为“庙算”。“夫未战而庙算胜者，得算多也；未战而庙算不胜者，得算少也。多算胜，少算不胜，而况于无算乎！”① 这说明“计”有“计算”“比较”之义，是战争决策的前提条件。

通检《孙子兵法》全书，“计”字出现 11 次，“谋”字出现 10 次。其中有作名词使用的，如《计篇》曰：“将听吾计，用之必胜，留之；将不听吾计，用之必败，去之。”《谋攻篇》：“上兵伐谋。”《虚实篇》曰：“策之而知得失之计。”《军争篇》曰：“不知诸侯之谋者，不能豫交。”《九地篇》曰：“易其事，革其谋，使人无识。”有作动词使用的，如《计篇》曰：“计利以听，乃为之势，以佐其外。”《谋攻篇》：“兵不顿而利可全，此谋攻之法也。”《虚实篇》曰：“无形，则深间不能窥，智者不能谋。”《九变篇》曰：“围地则谋。”《地形篇》曰：“料敌制胜，计险阨远近，上将之道也。”这里作动词的“计”“谋”，是表示行为的过程，而作名词的“计”“谋”，是表示行为的结果。

值得注意的是，历代孙子学者从军事谋略的角度来解释《孙子兵法》，总是把“计谋”与“诡道”“兵以诈立”连在一起。《计篇》曰：

> 兵者，诡道也。故能而示之不能，用而示之不用，近而示之远，远而示之近，利而诱之，乱而取之，实而备之，强而避之，怒而挠之，卑而骄之，佚而劳之，亲而离之，攻其无备，出其不意。此兵家之胜，不可先传也。

① 《孙子兵法·计》。

所谓“诡道”，指诡谲狡诈的手段，用以欺骗、迷惑和战胜敌人。能攻须装作不攻，要打须装作不打，在近处行动须指向远处，朝远处行动须指向近处。敌人贪利，就用小利引诱它；敌人混乱，就乘机战胜它；敌人力量充实，就注意防备它；敌人力量强大，就暂时避开它。敌将容易动怒，要想方刺激他，使其轻举妄动；敌将行为谨慎，要设法骄纵他，使其丧失警惕。敌人休整良好，就多方骚扰它；敌人内部团结，就用计离间它。在敌人没有准备的状态下实施攻击，在敌人意想不到的情况下采取行动。孙子认为，这一系列指挥作战的方法是兵家制胜的秘诀，因而很容易被解释为计谋。

再者，《孙子兵法·九地》曰：“运兵计谋，为不可测。”这是“计谋”一词的最早出处。不过，这里所谓“计谋”，通常被视作动宾结构，与现代汉语中作为名词的“计谋”还不相同。

二、战国兵家论“计谋”

战国时期，在兵家元典中“计”“谋”作为核心关键词，接着孙子的理论阐释，得到一定的补充论述。通检《吴子兵法》一书，“谋”字一共出现9次。其中，有作为单字使用的，如《图国篇》曰：“谋者，所以远害就利也。”即计谋的目的在于趋利避害。

有作为词根使用的，如《图国篇》曰：

有道之主，将用其民，先和而造大事，不敢信其私谋，必告于祖庙，启于元龟，参天之时，吉乃后举。

《料敌篇》曰：

燕性悫，其民慎，好勇义，寡诈谋，故守而不走。

这里的“私谋”，指个人的谋划或私下的计谋。所谓“诈谋”，指诡诈的计谋。在吴起看来，有道的君主动用民众去作战，应当先搞好团结，然后才进行战争，不能只相信个人的谋划，而必须祭祀祖先，占卜吉凶，参照天时，得到吉兆而后行动。燕国人性格实诚，民众做事谨慎，偏重勇力和义气，而缺少诡诈的计谋，所以能够坚守，而不善于机动作战。

关于权谋和诡诈的问题，在孙膑和田忌之间有过一次明快的对话。《孙膑兵法·威王问》曰：

田忌曰：“权、势、谋、诈兵之急者耶？”

孙子曰：“非也。夫权者，所以聚众也；势者，所以令士必斗也；谋者，所以令敌无备也；诈者，所以困敌也。可以益胜，非其急者也。”

这里，孙膑回答田忌的问题，认为所谓“权”“势”“谋”“诈”都不是用兵最要紧的条件。权力可以用来调集部队，威势可以用来驱使士兵战斗，计谋可以使敌人无法防备，诡诈可以使敌人陷入困境。这些都有助于取得胜利，但不是用兵最要紧的事情。

在先秦兵家元典中，尉缭对进行一场战争做过完整的设计。《尉缭子·兵教》曰：

凡兴师必审内外之权，以计其去。兵有备阙，粮食有余不足，校所出入之路，然后兴师伐乱，必能入之。地大而城小者，必先收其地；城大而地窄者，必先攻其城；地广而人寡者，则绝其阨；地狭而人众者，则筑大堙以临之。无丧其利，无夺其时，宽其政，夷其业，救其弊，则足以施天下。

从这个设计方案看，征伐别的国家之前，必须考察敌我形势的变化，以谋划军队的行动。军队准备的好坏，粮食储存的多少，比较双方进出的道路，然后出兵进攻，就能顺利进入敌境。敌人土地辽阔而城邑小，必先攻取土地；城邑大而土地狭窄，必先攻占城邑；土地辽阔而人口少，就要控制险要地形；土地狭窄而人口多，就构筑土山攻城。对被征伐的国家，不要损害民众的利益，不要耽误民众的耕种，实行宽松的政策，安定民众的生活，挽救社会的弊端，就能够施恩于天下。

三、《六韬》:“文伐十二节”

《六韬》成书于战国后期，是先秦兵学的集大成者。所谓“韬”，本义指装弓、剑的皮套，带有隐藏、收敛的意思，引申为用兵的计谋。这部兵家元典讨论战争指导问题，既有政治、经济和外交的视野，又有大战略、战略、战术诸层次。其中，《六韬·文韬·六守》曰:“事之而不穷者，谋也。”这是说计谋能使人日理万机，应变无穷。《六韬·文韬·上贤》曰:“无智略权谋，而以重赏尊爵之故，强勇轻战，侥幸于外，王者慎勿使为将。”这是说那种没有谋略，只知道逞强斗狠，轻率出战，侥幸立功受赏的人，君主不能用为将帅。《六韬·武韬·三疑》曰:“凡谋之道，周密为宝。”这是说使用计谋的原则，最重要的是讲求周密。

从国家利益考虑，《六韬》提出“全胜不斗，大兵无创”①，把“全胜”作为一种大战略，摆放在理想的位置。为了实现这一理想，君主应当有大智谋，以天下为己任，与民众同心同德。因为与民众同心同德，没有战车也能进攻，没有壕沟也能防守，没有兵器也能取胜。

然而，具体到战争实践，“全胜”目标的实现，不仅要靠自身的条

① 《六韬·武韬·发启》。

件，还必须通过非军事手段，去削弱敌方的力量，瓦解敌人的意志。《六韬》总结以往的计谋，提出了“文伐”的概念，并且作出详细说明：

凡文伐有十二节：一曰因其所喜，以顺其志。彼将生骄，必有奸事。苟能因之，必能去之。二曰亲其所爱，以分其威。一人两心，其忠必衰。廷无忠臣，社稷必危。三曰阴赂左右，得情甚深。身内情外，国将生害。四曰辅其淫乐，以广其志，厚赂珠玉，娱以美人。卑辞委听，顺命而合。彼将不争，奸节乃定。五曰严其忠臣，而薄其赂，稽留其使，勿听其事。亟为置代，遗以诚事，亲而信之，其君将复合之。苟能严之，国乃可谋。六曰收其内，间其外，才臣外相，敌国内侵，国鲜不亡。七曰欲锢其心，必厚赂之。收其左右忠爱，阴示以利，令之轻业，而蓄积空虚。八曰赂以重宝，因与之谋，谋而利之。利之必信，是谓重亲。重亲之积，必为我用。有国而外，其地大败。九曰尊之以名，无难其身，示以大势，从之必信。致其大尊，先为之荣，微饰圣人，国乃大偷。十曰下之必信，以得其情。承意应事，如与同生。既以得之，乃微收之。时乃将至，若天丧之。十一曰塞之以道。人臣无不重富与贵，恶死与咎。阴示大尊，而微输重宝，收其豪杰。内积甚厚，而外为乏。阴纳智士，使图其计；纳勇士，使高其气。富贵甚足，而常有繁滋。徒党已具，是谓塞之。有国而塞，安能有国？十二曰养其乱臣以迷之，进美女淫声以惑之，遗良犬马以劳之，时与大势以诱之，上察而与天下图之。十二节备，乃成武事。所谓上察天，下察地，征已见，乃伐之。[1]

---

① 《六韬·武韬·文伐》。

所谓“文伐”，指在军事行动以前，针对敌国君主和群臣，运用非军事手段，加以腐蚀败坏、分化瓦解，以达到战争的目的。其中包括12种方法：（1）依敌国君主的嗜好，尽量顺从他的心愿，使他滋长骄傲情绪，做出邪恶的事情。（2）拉拢敌国君主的亲信，削弱他们的忠诚度，分化敌国朝廷的力量。（3）贿赂敌国君主的近臣，跟他们建立友谊，使他们心向国外。（4）赠送各种珍宝、美女，诱使敌国君主腐败，贪图荒淫的生活。（5）尊重敌国的忠臣，使他们与我友好相处，而遭受其君主的怀疑，逐渐被疏远。（6）离间敌国的权臣，使他们心怀二志，不再为朝廷卖命。（7）通过厚施贿赂，引导敌国君臣忽视生产，致使国库空虚。（8）借助于共同的利益，加强敌我双方的关系，使敌国君主为我所用。（9）利用吹捧和浮夸，使敌国君主狂妄自大，逐渐懈怠于朝政。（10）故意表示恭顺，骗取敌国君主的信任，加以微妙的控制。（11）收买敌国的豪杰，招揽敌国的士人，阻塞其君主的耳目。（12）扶植敌国的乱臣，削弱其君主的威信。

总起来说，所谓“文伐十二节”，就是对付敌国君臣的12条政治权谋。从西方近代军事理论来说，这可以归为“政略”的范畴。对于这些政治权谋，后世学者囿于儒家思想，大都持怀疑的态度。① 不过，依照《六韬》的解释，运用这些政治权谋，可以辅助军事行动。“所谓上察天，下察地，征已见，乃伐之。”② 这是说待到时机成熟，就可以进行战争。

---

① 明代刘寅注称：“所谓诈谋诡道，岂文王之所用心哉？古之圣人‘行一不义，杀一不辜而得天下，皆不为也’，‘文王三分天下有其二，以服事殷’，孔子称其至德。顾不义之事，文王肯为之乎？文王以太公为师，而问文伐之法，太公喋喋以谋诈告之，亦独何心哉？不惟文王厌听，而太公亦难以启齿矣！”说明刘寅认识“文伐”，有着鲜明的思想倾向：文王作为一代圣人，不可能以阴谋立国；太公作为一代王者师，也不会以诡诈成功。

② 《六韬·武韬·文伐》。

四、《三略》论计谋

秦汉之际，张良从黄石公手上得到《三略》，非常重视计谋的实用价值，“非计策无以决嫌定疑，非谲奇无以破奸息寇，非阴谋无以成功”①，认为计谋可以帮助人们打消疑虑，破除奸邪，从而赢得成功。

在运用计谋方面，《三略》认为将帅指挥作战，务必保守机密，不能泄露既定的谋略：

> 《军谶》曰：“将谋欲密，士众欲一，攻敌欲疾。”将谋密，则奸心闭；士众一，则军心结；攻敌疾，则备不及设。军有此三者，则计不夺。将谋泄，则军无势；外窥内，则祸不制；财入营，则众奸会。将有此三者，军必败。②

这里，《三略》援引《军谶》说：将帅的谋略要保密，士卒的思想要统一，进攻敌人的行动要迅速。而后加以解释说：将帅的谋略保密，奸细就不能得逞；士卒的思想统一，军队就能精诚团结；进攻的行动迅速，敌人就来不及防备。军队做到这三条，作战计划就能顺利执行。与此相反，将帅的谋略被泄露，军队就会丧失有利态势；敌方间谍获取我军内部的情况，祸患就不可避免；不义之财进入军营，邪恶之人就会结党营私。将帅有了这三条，军队就会打败仗。

在选用人才方面，《三略》注重个人的特点，把因材用人当作一种权术，要求将帅特别留意：

---

① 《三略·中略》。

② 《三略·上略》。

《军势》曰："使智使勇，使贪使愚。"智者乐立其功，勇者好行其志，贪者邀趋其利，愚者不顾其死。因其至情而用之，此军之微权也。[①]

这里，《三略》援引《军势》说：任用有智谋的人、勇敢的人、贪婪的人和愚笨的人，应该有不同的方法。而后加以解释说：有智谋的人乐于建立功业，勇敢的人喜欢实现自己的志向，贪婪的人追求财物利禄，愚笨的人不珍惜生命。在军队用人方面，能关照个人的特点，就是一种巧妙的权术。

当然，说到《三略》的计谋，最著名的还是那一段话："能柔能刚，其国弥光。能弱能强，其国弥彰。纯柔纯刚，其国必削。纯刚纯强，其国必亡。"[②] 这一治理国家的谋略思想，要求既能用柔又能用刚，既能守弱又能用强，反对一味用柔守弱，或者一味用刚逞强。这一强弱并用、刚柔相济之论，或许出自黄老之术，却不拘泥于黄老学。

第三节　诸子各家论计谋

一、《老子》："绝圣弃智"

在先秦道家元典中，《老子》包含较多的计谋成分。从现实社会出发，老子看到争斗的危害性，强调"不争"；又看到柔弱的力量，认为柔弱胜过刚强；还看到无为的结果，倡导"无为而治"。依照《老子》

① 《三略·中略》。

② 《三略·上略》。

的原话说：

> 夫唯不争，故天下莫能与之争。[1]
>
> 柔弱胜刚强。[2]
>
> 无为而无不为。[3]
>
> 我好静而民自正，我无事而民自富，我无欲而民自朴。[4]
>
> 治大国若烹小鲜。[5]

以上引文中，也许老子的本义并不是计谋，但在后世一些学者的笔下，经常被当作计谋来解读，甚至作为一种统治方法，被一些君主运用于国家治理。唐代王真把《老子》当作一部兵书，称其“深衷微旨，未尝有一章不属意于兵”[6]，借着“无为”“不争”等观点，表达了他本人的军事思想。

至于说具体的计谋，则有《老子》第三十六章曰：

> 将欲歙之，必固张之；将欲弱之，必固强之；将欲废之，必固兴之；将欲取之，欲固与之，是谓微明。

这段话应该作何解释呢？在老学研究者中存在着较大的分歧。一说是《老子》的政治、人生观，含有阴谋权诈的意味；一说是《老子》的

---

① 《老子》第二十二章。

② 《老子》第三十六章。

③ 《老子》第四十八章。

④ 《老子》第五十七章。

⑤ 《老子》第六十章。

⑥ （唐）王真：《进道德经论兵要义述叙表》。

自然、宇宙观，旨在揭示“物极必反”的规律。其实，这段文字译成现代汉语，大致是说：想要收敛，必须暂且扩张它；想要削弱，必须暂且强盛它；想要废弃，必须暂且兴起它；想要夺取，必须暂且给予它。所谓“微明”的计谋，较之《孙子兵法》所谓“以迂为直，以患为利”的谋略思想，都属于一种间接路线。这种以迂为直的间接路线，同“柔弱胜刚强”“无为而无不为”一样，被解释为老子思想的精髓。

但是，从另一方面看，《老子》具有明显的反谋略倾向，甚至把计谋和仁义一并否定，因而反复地说：

> 大道废，有仁义；智慧出，有大伪。①
>
> 绝圣弃智，民利百倍；绝仁弃义，民复孝慈；绝巧弃利，盗贼无有。②
>
> 以智治国，国之贼。不以智治国，国之福。③

这是说大道废弃，才有仁义；智慧出现，才有诈伪。抛弃圣明和智谋，民众可以得到百倍的好处；抛弃仁义，民众可以恢复孝慈的本性；抛弃机巧和利益，盗贼就自然会消亡。所以，用智谋治理国家，是国家的祸害；不用智谋治理国家，是国家的幸福。这一反谋略的观点，有学者称为反智主义，的确是《老子》政治思想的基本倾向。特别是到《庄子》那里，反谋略思想更加突出，完全陷入了自然主义、相对主义的泥潭。以此说来，先秦道家还不能算作一个谋略流派。

---

① 《老子》第十八章。

② 《老子》第十九章。这三句话在简本《老子》作：“绝智弃变，民利百倍；绝巧弃利，盗贼无有；绝伪弃虑，民复季子。”虽然文字有出入，但意思大致相同。

③ 《老子》第六十五章。

二、先秦儒家论权谋

先秦儒家对计谋的解析，侧重于“经”与“权”的关系，参照董仲舒的说法，一方面“《春秋》有经礼，有变礼”，“明乎经变之事，然后知轻重之分，可与适权矣”①，一方面“仁人者，正其谊不谋其利，明其道不计其功。是以仲尼之门，五尺之童羞称五伯，为其先诈力而后仁谊也”②。与兵家的观点相左，先秦儒家谈及权谋，总是与“仁义”相提并论，或者持否定的态度。

从所有文献资料来看，孔子较少谈论计谋，但认为“谋”很重要。他在回答弟子之问时，谈到“权”和“谋”。如说“可与共学，未可与适道；可与适道，未可与立；可与立，未可与权”③，这所谓“道”是一般的行为准则，“权”则是这一准则的灵活运用。在其他场景中，孔子同样使用“谋”字表达个人的见解。如说“不在其位，不谋其政”④；“小不忍则乱大谋”，“君子谋道不谋食”，“道不同，不相为谋”⑤。这几个“谋”字均指谋划、图谋。

与军事问题相关涉，孔子不仅要求统治者教导民众，努力练就基本的军事技能，而且要求战争指导者谨慎细致，具有一定的军事谋略。

> 子路曰：“子行三军，则谁与？”子曰：“暴虎冯河，死而无悔者，吾不与也。必也，临事而惧，好谋而成者也。⑥

---

① 《春秋繁露·玉英》。
② 《汉书》卷五六《董仲舒传》。
③ 《论语·子罕》。
④ 《论语·泰伯》，又见《宪问》。
⑤ 《论语·卫灵公》。
⑥ 《论语·述而》。

据此可知，孔子认可的战争指导者，不是“暴虎冯河，死而无悔”的人，而是“临事而惧，好谋而成”的人。能不能小心谨慎，懂不懂军事谋略，是衡量战争指导者的标准。正是在这层意义上，孔子评论晋文公说：“临难用诈，足以却敌；反而尊贤，足以报德。文公虽不终，始足以霸矣。”① 这表明他并未否认权谋，反而承认权谋的实用价值。

在讨论夷夏关系时，孔子明确地指出：“裔不谋夏，夷不乱华，俘不干盟，兵不逼好。”② 这里的“裔”指与夏人相关的戎狄，“夷”指与华人相关的蛮夷，整句话是说华夏以外的人不得图谋中原，周边少数部族不得触犯盟会。

战国时期，孟子作为孔子的再传弟子，盛赞孔子为“圣之时者”③，非常关注现实政治，但与他人说事讲理，从不愿意谈论权谋。《孟子》开篇写到：魏惠王见着孟子，只想他能出谋划策，有助于魏国的发展。谁料孟子开口却说：“王何必曰利？亦有仁义而已矣。”这就把“仁义”和“利”完全对立起来，只讲“仁义”而不讲“利”，哪还需要权谋呢？这反映出孟子对待“权谋”的排拒态度。

因为极力倡导“仁政”，孟子反对一切政治权术。他在讨论治国方略时，总是说“以力假仁者霸，霸必有大国；以德行仁者王，王不待大”④；讨论战争胜败的决定因素，则说“天时不如地利，地利不如人和”⑤。他在评论历史人物时，认为公孙衍、张仪纵使“一怒而诸侯惧，安居而天下熄”，也不配称大丈夫，真正的大丈夫应该“居天下之广居，

① 《吕氏春秋·孝行览·义赏》。

② 《左传·定公十年》。

③ 《孟子·万章下》。

④ 《孟子·公孙丑上》。

⑤ 《孟子·公孙丑下》。

立天下之正位，行天下之大道”①。他在被问及小国处于大国之间的图存之道时，就只好说“是谋非吾所能及也”②。这表明孟子不屑与人谈权谋，否认权谋的必要性。

孟子之后，荀子作为先秦最后一位大儒，以孔子之学为根基，兼容诸子思想，构筑起一套完整的政治理论，其中从治国理政的角度，针对“权谋”的实用功能，作出了深刻的解释。《荀子·王制》曰：

> 权谋倾覆之人退，则贤良知圣之士案自进矣。

《富国篇》曰：

> 有掎挈伺诈，权谋倾覆，以相颠倒，以靡敝之，百姓晓然皆知其污漫暴乱而将大危亡也。

《王霸篇》曰：

> 用国者，义立而王，信立而霸，权谋立而亡。
>
> 上诈其下，下诈其上，则是上下析也。如是，则敌国轻之，与国疑之，权谋日行而国不免危削，綦之而亡，齐闵、薛公是也。
>
> 与积礼义之君子为之则王，与端诚信全之士为之则霸，与权谋倾覆之人为之则亡。
>
> 乱世则不然：污漫、突盗以先之，权谋倾覆以示之……

① 《孟子·滕文公下》。

② 《孟子·梁惠王下》。

《君道篇》曰：

上好权谋，则臣下百吏诞诈之人乘是而后欺。

《强国篇》曰：

人君者，隆礼尊贤而王，重法爱民而霸，好利多诈而危，权谋倾覆幽险而亡。

《天论篇》曰：

君人者，隆礼尊贤而王，重法爱民而霸，好利多诈而危，权谋倾覆幽险而尽亡矣。

以上引文表明，荀子着眼于治国理政的方略，把“权谋”与“倾覆”连在一起，置于道义、诚信的对立面，加以彻底否定。他认为商汤王、周武王起自“百里之地”，而能成为天下共主，是因为昭义于天下；齐桓公、晋文公本是一方诸侯，而能成为天下霸主，是因为取信于天下；齐湣王拥有万乘之国，而落得“身死国亡”，是因为“不由礼义而由权谋”。

对待战争指导问题，荀子同样坚持“仁义”的立场，而不赞成兵家权谋。他曾经出访赵国，在拜会赵惠文王时，与临武君讨论军事问题。临武君认为，“兵之所贵者势利也，所行者变诈也。善用兵者，感忽悠暗，莫知其所从出，孙、吴用之，无敌于天下。”① 荀子明确地指出：

① （清）王先谦：《荀子集解》卷一〇《议兵》，中华书局1988年版，第266页。

臣之所道，仁者之兵，王者之志也。君之所贵，权谋势利也；所行，攻夺变诈也，诸侯之事也。仁人之兵，不可诈也。彼可诈者，怠慢者也，路亶者也，君臣上下之间滑然有离德者也。①

这里，荀子强调的是仁人的军队，代表着王者的意志，而临武君看重的是权谋和势力，要做的是攻夺和诡诈，被荀子视为诸侯的做法。基于这种政治观念，荀子评论当世名将说："齐之田单，楚之庄蹻，秦之卫鞅，燕之缪虮，是皆世俗之所谓善用兵者也，……掎契司诈，权谋倾覆，未免盗兵也。"② 这表明荀子恪守儒家的立场，对待兵家权谋仍持排拒的态度。

三、《管子》："计必先定"

在战争指导方面，《管子》强调计谋的重要性，要求在实施战争前，必须确定作战计划。《七法篇》曰：

凡攻伐之为道也，计必先定于内，然后兵出乎境。计未定于内，而兵出乎境，是则战之自败，攻之自毁也。是故张军而不能战，围邑而不能攻，得地而不能实，三者见一焉，则可破毁也。故不明于敌人之政，不能加也；不明于敌人之情，不可约也；不明于敌人之将，不先军也；不明于敌人之士，不先陈也。是故以众击寡，以治击乱，以富击贫，以能击不能，以教卒练士击驱众白徒，故十战十胜，百战百胜。

---

① （清）王先谦：《荀子集解》卷一〇《议兵》，中华书局 1988 年版，第 266—267 页。

② 《荀子集解》卷一〇《议兵》，第 276 页。

依此来说，战争指导的原则，是在国内先定下计划，而后举兵出境。倘若已经摆开阵势，还没有确定打仗，都是会被毁灭的。所以，不熟悉敌国的政治，不能进行战争；不了解敌军的情形，不能约定战争；不了解敌人的将帅，不先采取行动；不了解敌人的士卒，不先摆列战阵。只有确保以众击寡，以治击乱，以富击贫，以懂得用兵的将帅对付不懂得用兵的将帅，以经过训练的士卒对付临时招集的乌合之众，才能无往而不胜。至于具体的作战计划，《参患篇》曰：

> 凡用兵之计，三惊当一至，三至当一军，三军当一战。故一期之师，十年直蓄积殚；一战之费，累代之功尽。今交刃接兵而后利之，则战之自败者也；攻城围邑，主人易子而食之，析骸而爨之，则攻之自拔者也。是以圣人小征而大匡，不失天时，不空地利，用日维梦，其数不出于计。故计必先定而兵出于竟。计未定而兵出于竟，则战之自败也，攻之自毁者也。

这说明用兵作战的特点，三次警戒等于一次出征，三次出征等于一次围攻，三次围攻等于一次交战。从所需军费来看，一年的军费开支，要耗去十年的积蓄；一次交战的费用，要用光十年的积蓄。所以，一旦与敌人交战，而未定下作战计划，就等于自寻失败，而先定下作战计划，继而出兵进攻敌人，就能够取得胜利。

显而易见，所谓先定之“计”，具有谋略和算计的两重含义，是把战争指导和作战计划建立在一系列算计的基础上。为了算计清楚，《管子》还很重视地图的作用，认为“凡主兵者，必先审知地图”①，对地形的险易、道路的远近、城郭的大小等，都必须完全了解。甚至地形的

① 《管子·地图》。

出入交错，也必须心中有数。“兵也者，审于地图，谋于日官，量蓄积，齐勇士，遍知天下，审御机数，兵主之事也。”① 只有具备这些条件，才可以行军作战，才能够举措得宜，而不会丧失地利。

四、法家对权术的解析

在先秦诸子学说中，兵家、法家、纵横家从社会现实出发，为了解决当前面临的重大问题，注重对谋略理论与实践的探索。大体上说，兵家侧重于军事，法家侧重于政治，纵横家侧重于外交，由此形成了三个谋略理论流派：兵家谋略、法家谋略和纵横家谋略。其中，法家谋略经过商鞅、申不害和慎到的理论阐释，最终由韩非集大成，形成了一整套政治谋略理论。

战国时期的法家，在地域上可以分为三派：齐法家、晋法家和秦法家。齐法家以慎到为代表，体现着道家向法家的转化，具有道法家的特征；晋法家以申不害、韩非为代表，强调权术的政治价值，具有法术家的特征；秦法家以商鞅为代表，主张通过变法来治理国家，具有法家的典型性。从时间上可以分为两派：前期法家和后期法家。前期法家以商鞅为代表，后期法家以韩非为代表。前期和后期法家的区别，在于前者以国家为本位，致力于富国强兵；后者以君主为本位，着眼于专制统治。

韩非总结前期法家的理论成就，怀着强化君主专制的目的，坚持君主本位的基本立场，构筑起一套“法”“术”“势”相结合的政治理论。“法”“术”“势”的含义及其相互关系，可以概括如下：(1)“法”是君主治理国家、统治人民的成文法令，即所谓“法者，编著之图籍，设之

① 《管子·七法》。

于官府，而布之于百姓者也”[①]。用“法”必须注意：“法莫如一而固”，“以其所重，禁其所轻”，“法不阿贵”。(2)“术”是君主驾驭臣下、考核臣下的主要手段，即所谓“术者，因任而授官，循名而责实，操生杀之柄，课群臣之能者也”[②]。用“术”的要领在于：“君无见其所欲”，“虚静无事，以暗观疵”，“群臣公举，不下相合”，循名责实，参验臣下。(3)“势”是君主独揽的生杀予夺的权势，即所谓“势者，胜众之资也”[③]，“人主之爪牙也”[④]。用“势”的关键是：稳操“刑”“德”二柄，不许臣下染指，禁止臣下结党营私，严格控制重臣的政治经济实力。(4)大体上“术”是核心，是筋骨；“法”为“术”之据，“势”为“术”之恃，二者是辅弼，是血肉；“君主本位”则是灵魂，是精髓所在。因为有“法”，用“术”得以披上合理的外衣；因为有“势”，用“术”得以具备有利的条件。“法”“术”“势”三者，在“君主本位”的统领下，有机地结合在一起，成为韩非子学说的基本结构。

在《韩非子》一书里，充斥着大量的政治计谋。韩非对这些计谋的论述，不仅有很多理论上的建树，而且通过列举大量的例证，使所持观点更有说服力。君主既有驭臣之术，臣下就有弄君之术，君臣“上下一日百战”，表明传统政治生活的险恶。韩非列举大量的实例，论证了君主考验和督察臣下的基本方法，如有所谓“七术”：“一曰众端参观，二曰必罚明威，三曰信赏尽能，四曰一听责下，五曰疑诏诡使，六曰挟知而问，七曰倒言反事。”[⑤]同时，韩非利用大量的权谋故事，揭露了臣下玩弄君主、危害君权的手段，如有所谓“六微”：“一曰权借在下，二曰

---

① 《韩非子·难三》。

② 《韩非子·定法》。

③ 《韩非子·八经》。

④ 《韩非子·人主》。

⑤ 《韩非子·内储说上》。

利异外借，三曰托于似类，四曰利害有反，五曰参疑内争，六曰敌国废置。”① 这类政治权术的提出和论证，不但为君主专制制造了一大批精神武器，还给各级官僚参与政治竞逐提供了有效的运作方式。

五、《鬼谷子》论“权”“谋”

战国时期，纵横家是外交舞台上最活跃的一批历史人物。所谓“纵横”，是一个具有特定内涵的政治概念。“纵”即“合纵”，是指山东六国从燕到楚，南北合成一片，共同抗击秦国，以保障各国的利益；“横”即“连横”，是指秦国与任何国家结盟，东西连成一线，攻击其他国家，以促进天下的统一。纵横家迎合战国中后期的政治形势，根据各国诸侯的需要，抱定“从横短长之说”，或者奔走游说，或者入朝干政，为各国诸侯出谋划策。作为一个谋士群体，他们在行为方式上，有着明显的共同特征：崇尚策略，权谋至上。如果说法家信仰“以力服人”，儒家坚持“以礼服人”，那么，纵横家则主张“以理服人”。他们认为“安民之道，在于择交”②，而谋略是外交成败的关键。最高统治者运用谋略，可以发挥无比的效力，于内可使国治民安，于外可使“诸侯相亲”，于己则可得其所欲。然而，总括他们的言论和行动，所谓“从横短长之说”，无外乎投其所好，巧言进谏；因人所惧，危言耸听；饰短诵长，弄虚作假；挑拨离间，纵横捭阖；倾轧反复，刚柔相济。在一个谋略场内，他们往往会提出三种谋略，“上不可则行其中，中不可则行其下”，以此在诸侯面前显示谋略的力量。纵横家有文化、有智慧，通过演练和开展游说活动，给后人留下一大批文献材料，有以国别分类的，也有杂

① 《韩非子·内储说下》。

② 《史记》卷七〇《苏秦列传》。

乱无章的，直到西汉末期，经过刘向的甄选和整理，最后编纂成《战国策》一书，一直流传于今。这是一部较完整地反映战国时期纵横家为所事国家出谋划策的资料汇编。与此不同的是，《鬼谷子》作为现今仅存的一部纵横家的经典著作，较系统地阐述了"捭阖""内揵""抵巇""反应""飞箝""忤合""揣""摩""权""谋""决"等问题，具体地揭示了外交谋略的主要内容。

《鬼谷子》主要讨论游说进策活动，针对这项活动本身的特点和从事这项活动的方法，提出和阐明了"量宜发言之术"。所谓"宜"，是指通过"量权""揣情"而得出的一种有利于己的游说进策时机。"量权"要从多方面进行，"度于大小，谋于众寡，称财货之有无，料人民之多少，辨地形之险易，别君臣之亲疏，观天时之祸福"①。一句话，对谋略客体的考察要周详细致。至于"揣情"，"必以其甚喜之时，往而极其欲也，其有欲也，不能隐其情；必以其甚惧之时，往而极其恶也，其有恶也，不能隐其情"②。每个人的性情因为不同的心境，而发生不同的变化，所以，只有当一个人的心境充分暴露出来后，谋略主体才能吃透其真实的性情。

关于"量宜发言之术"，《鬼谷子》进行了高度的概括。如说："说人主者，必与之言奇；说人臣者，必与之言私。"③这是因为与君主言奇，可以创立非常之功；与臣下言私，可以保全安身之道。又说："无以人之不欲而强之于人，无以人之所不知而教之于人。"④这是因为这两种做法背离人之常情，很难达到预期的目的。至于说"与智者言，依于博；与博者言，依于辨；与辨者言，依于要；与贵者言，依于势；与富者言，

① 《鬼谷子·揣篇》。

② 《鬼谷子·揣篇》。

③ 《鬼谷子·谋篇》。

④ 《鬼谷子·谋篇》。

依于高；与贫者言，依于利；与贱者言，依于谦；与勇者言，依于敢；与进者言，依于锐”[1]，透过游说者的揣情摩意，概括了游说进策活动的基本要领。

第四节 汉唐学者论计谋

一、《淮南子》：“贵谋”

西汉中期，淮南门客编撰《淮南子·兵略训》，构筑起一个军事理论体系。在战争决策问题上，他们认为，“凡用兵者，必先自庙战。主孰贤？将孰能？民孰附？国孰治？蓄积孰多？士卒孰精？甲兵孰利？器备孰便？故运筹于庙堂之上，而决胜乎千里之外矣”[2]。这实际上是重申孙子的“庙算”原则，加上“运筹”“决胜”之类的字眼。

淮南门客论述战争指导问题，仍然强调“计定而发，分决而动，将无疑谋，卒无二心”[3]，把“计”和“谋”看成战争胜败的关键因素，提出了“三势”“二权”之说。所谓“三势”，即“气势”“地势”“因势”，分别指高昂的士气、有利的地形和可以利用的机会。优秀的将帅指挥作战，都会考虑这些条件。所谓“二权”，即“智权”“事权”，淮南门客解释说：

善用间谍，审错规虑，设蔚施伏，隐匿其形，出于不意，

① 《鬼谷子·权篇》。
② 《淮南子·兵略训》。
③ 《淮南子·兵略训》。

敌人之兵无所适备，此谓知权。陈卒正，前行选，进退俱，什伍抟，前后不相撚，左右不相干，受刃者少，伤敌者众，此谓事权。①

这里说的“智权”，就是善于开展间谍活动，充分了解敌人的情形，因而措施和谋虑审慎周密，在丛林草莽中设伏兵，隐藏行动的踪迹，然后出其不意，使敌人无所防备。而所谓“事权”，就是要求队列规正，行军整齐，进退一致，队伍紧凑，前后不互相干扰，尽可能减少伤亡，而更多地消灭敌人。

在作战指挥方面，只要把“二权”与“三势”相结合，就能够夺取胜利，所以，淮南门客概括地说：

权势必形，吏卒专精，选良用才，官得其人，计定谋决，明于生死，举错得失，莫不振惊。故攻不待冲隆云梯而城拔，战不至交兵接刃而敌破，明于必胜功也。故兵不必胜，不苟接刃；攻不必取，不为苟发。故胜定而后战，铃悬而后动。②

这说明将帅用兵，如果注重“权势”，善于精选士卒，任用贤才，有正确的谋略，有适当的举措，必将使敌人震惊。所以，不需要冲车云梯，就能够攻克城池；不需要短兵相接，就能够打败敌人。反而言之，没有必胜的把握，就不跟敌人交战；没有必取的条件，就不发动进攻，一定要打有准备之仗，打有把握之仗。

当然，战争双方你死我活，总是相互地侦查和研判，为了达到

① 《淮南子·兵略训》。

② 《淮南子·兵略训》。

预期目的，将帅运用各种谋略，除谋略本体高明之外，还必须保守秘密：

兵贵谋之不测也，形之隐匿也；出于不意，不可以设备也。谋见则穷，形见则制。故善用兵者，上隐之天，下隐之地，中隐之人。隐之天者，无不制也。①

这是说将帅指挥作战，贵在谋略高深，行动隐蔽，总能出其不意，使敌人无法防备。谋略一旦暴露，就会陷入困境；行动一旦暴露，就会受人制约。所以，必须利用天候、地形，发挥人的作用，做好隐蔽活动。只有保守谋略秘密，我方才能知敌谋敌，而敌人却不能知我谋我，所以能战胜敌人。这种“谋略制胜”论，强调谋略对战争的关键性作用，是《淮南子》军事思想的重要内容。

值得注意的是，淮南门客提倡柔弱胜刚强，不赞同先发制人，主张后发制人，认为柔弱代表着生存，刚强意味着死亡。先发制人，只是穷途末路；后发制人，才能畅通无阻。至于具体的作战方法，《淮南子》虽然论述不多，却立足于上述理念，提出了明确的观点：

用兵之道，示之以柔而迎之以刚，示之以弱而乘之以强，为之以歙而应之以张，将欲西而示之以东，先忤而后合，前冥而后明，若鬼之无迹，若水之无创。故所向非所之也，所见非所谋也，举措动静，莫能识也，若雷之击，不可为备，所用不复，故胜可百全。②

① 《淮南子·兵略训》。
② 《淮南子·兵略训》。

依此说来，指挥作战的方法，在于表露柔弱的样子，却用刚强迎击敌人；摆出收敛的架势，却猛烈地打击敌人；即将向西边挺进，却在东边佯动；先好象背离图谋，而后达到目的；前面显得很神秘，而后完全清楚。对于我方的动静，敌人根本无法了解，如同遭到雷击，仍旧无法防备。这一系列军事谋略，大概援引自《老子》思想，体现着黄老道家的特征。

二、刘向：正谋和邪谋

西汉后期，刘向编撰《新序》《说苑》，辑录先秦以来的历史文献资料。按通行本统计，《新序》收载 183 篇，其中《善谋》24 篇，占全书 13.1 %。《说苑》收载 718 篇，其中《权谋》47 篇，占全书 6.6 %。总计两部著作 901 篇，而《善谋》《权谋》71 篇，占两部著作 7.9 %。这样用较大的篇幅记述历史上的权谋故事，表明刘向对权谋的高度重视。

《新序·善谋》《说苑·权谋》收载的历史文献，主要是一些精彩的权谋故事。这些权谋故事上起商汤王，下迄汉宣帝，跨越 1500 多年时间，展现出各个历史时期的重大问题。根据这些权谋故事，刘向对“权谋”的内涵、性质和作用，作出了概括性的解释。透过对先秦历史的审视，他认为权谋受到统治者的关注，成为治国用兵的关键因素，主要发生在春秋战国之际。

> 仲尼既没之后，田氏取齐，六卿分晋，道德大废，上下失序。至秦孝公，捐礼让而贵战争，弃仁义而用诈谲，苟以取强而已矣。……当此之时，虽有道德，不得施谋；有设之强，负阻而恃固；连与交质，重约结誓，以守其国。故孟子、孙卿儒术之士弃捐于世，而游说权谋之徒见贵于俗。是以苏秦、张仪、

公孙衍、陈轸、代、厉之属生，从横短长之说左右倾侧。[1]

这是说自孔子以后，因为社会秩序崩溃，战争替代礼让，权谋替代仁义，诡诈替代道德，整个社会陷入混乱。像孟子、荀子之类的大儒，在政治舞台上被边缘化，而像苏秦、张仪之类的策士，却驰骋于权力核心区。

那什么是权谋呢？刘向作为一位大儒，坚持以仁义为本，从理论上解释说：

> 谋有二端：上谋知命，其次知事。知命者，预见存亡祸福之原，早知盛衰废兴之始，防事之未萌，避难于无形，若此人者，居乱世则不害于其身，在乎太平之世则必得天下之权。彼知事者亦尚矣，见事而知得失成败之分，而究其所终极，故无败业废功。[2]

这是说权谋有两类：一是知命之谋，一是知事之谋。刘向认为懂得命运，就能预见存亡祸福的根由和盛衰兴废的源头；懂得事理，就能预知事情的发展变化及成败得失的区别。就权谋主体而言，懂得命运的人即使处于乱世，也不会损害自身，处于太平盛世，就能掌握天下的权柄；懂得事理的人会追求最好的结果，也就不会荒废功业。所以相比较而言，知命之谋高于知事之谋。至于权谋的性质，刘向明确地指出：

> 夫权谋有正有邪，君子之权谋正，小人之权谋邪。夫正

① 《战国策·叙录》。

② 《说苑·权谋》。

者，其权谋公，故其为百姓尽心也诚；彼邪者，好私尚利，故其为百姓也诈。①

这是把权谋分为两种：正谋和邪谋。正谋作为君子的权谋，是为公众谋求利益，因而对百姓讲诚信；邪谋作为小人的权谋，是为私人谋求利益，因而就会欺诈百姓。这两种性质的权谋，运用于具体的社会活动，就会有不同的结果。

夫诈则乱，诚则平，是故尧之九臣诚而兴于朝，其四臣诈而诛于野。诚者隆至后世，诈者当身而灭。知命知事而能于权谋者，必察诚诈之原而以处身焉，则是亦权谋之术也。夫知者举事也，满则虑溢，平则虑险，安则虑危，曲则虑直。由重其豫，惟恐不及，是以百举而不陷也。②

这是说权谋的作用，正谋讲求诚信，能够造就太平；邪谋要弄欺诈，必定导致祸乱。仅就个体而言，诚信的人兴隆延及后代，欺诈的人本身就会灭亡。无论是知命之谋，还是知事之谋，都必须认清诚信和欺诈的根源，这是权谋的前提条件。在刘向看来，明智的人做事情，水满会想到漫出，路平会想到险阻，安定会想到危急，曲折会想到捷径。因为注重防患于未然，唯恐谋虑不周到，所以做任何事情，都不会遭遇挫折。

刘向对权谋的解释，有思辨性的理论分析，也有实证性的历史例释，也就是以理论分析揭示义理，以历史佐证发明事理。刘向谙熟先秦

---

① 《说苑·权谋》。

② 《说苑·权谋》。

诸子学说，在构筑自己的权谋观时，一方面注重权谋的实用价值，把权谋看作人们解决现实问题的一把钥匙，一方面强调权谋的道德属性，把权谋区分为正谋和邪谋。即便从思想史的角度看，这一权谋观的提出，也是对儒家思想的一次理论突破，具有较大的理论价值。[①]

三、诸葛亮："先定其谋"

东汉末期，诸葛亮是一位杰出的政治家和谋略家，早年博览群书，关心天下大事，被时人赞誉为"卧龙"。建安十二年(207)，因为刘备"三顾茅庐"，他以《隆中对》相筹策，开始登上政治舞台。

> 自董卓已来，豪杰并起，跨州连郡者不可胜数。曹操比于袁绍，则名微而众寡，然操遂能克绍，以弱为强者，非惟天时，抑亦人谋也。今操已拥百万之众，挟天子而令诸侯，此诚不可与争锋。孙权据有江东，已历三世，国险而民附，贤能为之用，此可以为援而不可图也。荆州北据汉沔，利尽南海，东连吴会，西通巴蜀，此用武之国，而其主不能守，此殆天所以资将军，将军岂有意乎？益州险塞，沃野千里，天府之土，高祖因之以成帝业。刘璋暗弱，张鲁在北，民殷国富而不知存恤，智能之士思得明君。将军既帝室之胄，信义著于四海，总揽英雄，思贤如渴，若跨有荆益，保其岩阻，西和诸戎，南抚夷越，外结好孙权，内修政理，天下有变，则命一上将将荆州之军，以向宛洛，将军身率益州之众，出

① 详见赵国华：《论刘向的权谋观》，《朱绍侯九十华诞纪念文集》，河南大学出版社2015年版，第294—308页。

于秦川，百姓孰敢不箪食壶浆，以迎将军者乎？诚如是，则霸业可成，汉室可兴矣。①

诸葛亮在《隆中对》里，指明曹操、孙权割据一方，暂时无法动摇。刘备要想开创霸业，复兴汉室，必须在曹操、孙权两家之外，造就第三方势力。具体说来，这一经国方略分为两个步骤：一是争取“跨有荆益”，建立自己的政权，达成三分天下的格局；二是趁着“天下有变”，从荆州、益州两路出兵，图谋进取中原。在诸葛亮看来，完成上述两个步骤，必先以“外结孙权，内修政理”为基本条件。在这“千古一策”中，诸葛亮强调的是“人谋”，为了实现复兴汉室的目标，必须充分依靠个人的谋略，开创一个新的政治格局。这给后人诠释“计谋”提供了一个珍贵的样板。

不仅如此，诸葛亮比较重视兵家、法家的理论，曾经“写《申》《韩》《管子》《六韬》一通”②，用以教导刘禅，著有《南征》《北出》《兵要》《军令》等篇，被编辑为《诸葛氏集》，而署名诸葛亮的著作，还有《将苑》《便宜十六策》。其中，在战争指导方面，诸葛亮提出了一整套思路。

夫用兵之道，先定其谋，然后乃施其事，审天地之道，察众人之心，习兵革之器，明赏罚之理，观敌众之谋，视道路之

---

① 《三国志》卷三五《诸葛亮传》。

② 据《三国志·蜀书·先主传》注引《诸葛亮集》，刘备临终遗诏，叮嘱刘禅读书：“可读《汉书》、《礼记》，闲暇历观诸子及《六韬》《商君书》，益人意智。闻丞相为写《申》《韩》《管子》《六韬》一通已毕，未送，道亡，可自更求闻达。”这里刘备要刘禅读《汉书》，是为了了解汉朝历史；读《礼记》，是为了熟悉礼仪制度；读《商》《申》《韩》《管》，是为了掌握治国之道；读《六韬》，是为了懂得用兵之法。

险，别安危之处，占主客之情，知进退之宜，顺机会之时，设守御之备，强征伐之势，扬士卒之能，图成败之计，虑生死之事，然后乃可出军任将，张禽敌之势。①

这一战争指导方略，要求君主用兵作战，必先制定作战计划。为了制定作战计划，必须审视时势潮流，考察人心归向，熟悉作战训练，明确赏罚制度，观测敌人的意图，弄清路途的险阻，查明地形的安危，分析敌我的形势，了解进退的适度，顺应最佳的时机，设置防御的设备，增强作战的能力，鼓动士卒的才智，筹划成败的计策，考虑生死的大事，而后调兵遣将，壮大出兵的声势。这一方略包含 15 项内容，具有较强的系统性。

四、李筌："术有阴谋"

唐朝后期，李筌编撰《太白阴经》，论述了天时、地利到人谋，军礼、兵器到战备，阵法、医药到占候等问题，提出了"天无阴阳""地无险阻""人无勇怯""主有道德""国有富强""贤有遇时""将有智谋""术有阴谋""数有探心""政有诛强"等论点，对"智谋""阴谋"作出了细致的阐释。

李筌回顾以往的历史，认为历代开国创业者无不运用智谋。秦国统一天下，是因为用商鞅、李斯的智谋；汉高祖消灭项羽，是因为用张良、陈平的智谋。隋朝擒获陈后主，是因为用高颎的智谋；唐太宗打败颉利可汗，是因为用李靖的智谋。所以，对君主和将帅来说，只有充分地运用谋略，才能够成就大业。

① 《便宜十六策·治军》。

将军之事，以静正理，以神察微，以智役物，见福于重关之内，虑患于杳冥之外者，将之智谋也。①

显然，在李筌看来，将帅运用谋略，关键是要分清祸福，冷静地对待问题，仔细地观察问题，巧妙地处理问题，最终避开祸患，赢得福祉。具体到战争实践，要慎重对待谋略，区别思想和行动，把两者分离开来：

善用兵者，非信义不立，非阴阳不胜，非奇正不列，非诡谲不战。谋藏于心，事见于迹。心与迹同者败，心与迹异者胜。②

这是说善于用兵的人，不讲究信义，就不能自立；不借助阴阳的变化，就不能获胜；不懂得奇正的关系，就不能布阵；不运用诡诈的方法，就不能作战。谋略有思想、行动的区别，思想隐藏在心里，行动表现在外面。这两者相一致，就会遭到失败；这两者相分离，就能取得胜利。

所谓“阴谋”，指暗中策划的计谋。既然是在暗中策划，总有不可告人的目的。李筌重视阴谋，把它当作“文武之教”，给予特殊的地位。“太上用计谋，其次用人事，其下用战伐。”③ 在发动战争之前，运用阴谋手段，能够麻痹、腐蚀和瓦解敌人，构成致命性的打击。

用计谋者，荧惑敌国之主，阴移谄臣以事佐之，惑以巫觋，使其尊鬼事神；重其彩色文绣，使贱其菽粟，令空其仓庾；遗之美好，使荧其志；遗之巧匠，使起宫室高台，以竭其

① 《太白阴经·将有智谋》。

② 《太白阴经·沉谋》。

③ 《太白阴经·术有阴谋》。

财，役其力……然后淫之以色，攻之以利，娱之以乐，养之以味，以信为欺，以欺为信，以忠为叛，以叛为忠，忠谏者死，谄佞者赏，令君子在野，小人在位，急令暴刑，人不堪命。①

李筌对“阴谋”的解说，大抵出自《六韬》，被说成齐太公首倡。历史上，阴谋手段的运用，可以使敌国自行崩溃，“汤用此而桀放，周用此而纣杀，越用此而吴国墟，楚用此而陈蔡举，三家用此而鲁国弱，韩魏用此而东周分”②。所以在李筌看来，明君圣贤运用阴谋手段，就能够战无不胜。

第五节　宋明兵家论计谋

一、《虎钤经》：“先谋为本”

北宋前期，许洞撰著《虎钤经》，专列《军谋》《先谋》两篇，讨论战争指导的原则和根本。《军谋》开宗明义说：

用兵之道，先正其礼，次渊其谋，次择其人，然后详天地之利害，审人心之去就，行赏罚之公，慎喜怒之理，责进退之地，张攻伐之权，明成败之图，度主客之用。

这是战争指导的原则，首先端正礼仪，其次深谋远虑，再次选拔将

① 《太白阴经·术有阴谋》。
② 《太白阴经·术有阴谋》。

帅，然后熟悉天地的利害，审察人心的背向，实行公正的赏罚，控制喜怒的情绪，选择进退的地形，作出进攻的计划，明确成败的企图，决定主客的行动。而在军事实践中，计谋必须预先确定，作为军事行动的依据。所以，《先谋》强调说：

用兵之法，先谋为本。是以欲谋行师，先谋安民；欲谋攻敌，先谋通粮；欲谋疏阵，先谋地利；欲谋胜敌，先谋人和；欲谋守据，先谋储蓄；欲谋强兵，先谋正其赏罚；欲谋取远，先谋不失其迩。苟有反是而用兵者，未有不为损利而趋害者也。是故圣王之兵，先务其本，本壮则末亦从而茂矣。

依此而言，战争指导的根本，在于先有谋略。要想出兵打仗，必先安定民众；要想进攻敌人，必先运输粮食；要想排兵布阵，必先争取地利；要想战胜敌人，必先求得人和；要想组织防御，必先搞好储备；要想增强兵力，必先严明赏罚；要想进攻远方，必先稳定近处。否则，违背这些指导原则，就会遭到失败。

在上述条件中，许洞特别注重粮食储备。“用兵必以粮储为本，谋略为器，强勇为用，锋刃为备，禄位为诱，斩杀为威。”① 这是说战争的实施，必须以粮食储备为基础，以谋略为手段，以军队为工具，以兵器为保障，以爵禄为诱饵，以斩杀为威慑。

二、“计战”与“谋战”

南宋时期，谢枋得编撰《百战奇法》，作为一部介绍作战方法的著

---

① 《虎钤经·军谋》。

作，首先列出“计战”“谋战”，并且给予明确的解释。《计战》曰：

> 凡用兵之道，以计为首。未战之时，先料将之贤愚，敌之强弱，兵之众寡，地之险易，粮之虚实。计料已审，然后出兵，无有不胜。法曰：“料敌制胜，计险厄远近，上将之道也。”

这是《百战奇法》的第一法，要求在实施战争之前，首先了解敌将的贤愚、敌军的强弱、兵力的多少、地形的险易、粮饷的虚实，经过仔细的研判，然后出兵作战。为了说明“计战”的正确性，谢枋得引用诸葛亮的《隆中对》作例证，增强了对“计”的历史解读。

《谋战》曰：

> 凡敌始有谋，我从而攻之，使彼计穷而屈服。法曰：“上兵伐谋。”

这仍是援引自《孙子兵法》。“上兵伐谋，其次伐交，其次伐兵，其下攻城。”孙子把“伐谋”当作战争制胜的最佳途径。然而“伐谋”是什么意思？历来有两种解释：一是依靠谋略战胜敌人，一是挫败敌人的谋略。这里的“谋战”使用了后一种解释，即对敌人将计就计，使敌人黔驴技穷，最终被迫屈服。

三、《草庐经略》：“诡谲之用”

晚明时期，《草庐经略》作为一部注重“经略”的兵学著作，综合以往的军事理论，提出了一系列战争指导原则，如关注战略目标，要求将帅“不以小胜而喜，不以小败而忧，不以小利而趋，不以小害而避，洞达利害，兼览始终”①；追求军容雄壮，认为“军容不盛，则军威不张；军威不张，则将之能否可知矣，是以器械务取其精锐，旌旗务求其绚烂，甲胄务欲其鲜华”②；强调督战的作用，认为“督之者，须速其赏赉，峻其诛戮。有功者，即于阵前赏之；退却者，即于阵前诛之，则人知有进战之利，反顾其害，故人自为战矣”③；重视招抚手段，认为“乱世思乱，叛者四起，不可不且诛且抚；治世同伦，一夫倡乱，不可不有诛无抚”④。

特别是对待“计谋”，《草庐经略》注重“诡谲”的价值，认为兵家不能不用诡诈手段，明确地指出：

> 夫兵不出奇与正，奇之外，诡谲之名何自而立也。盖其为术小，而施之于用则巨。或以为外愚士卒，令入我彀中而不觉耳。是故敌交非诡不疑，敌情非谲不致，敌谋非诡不误，士众非谲不鼓，谁谓诡谲而可废可哉！若曰仁义之兵不用诡谲，此宋襄、成安之迹，安得不败也。第诡谲之用，须当度敌情，揣事机，达微暖，料始终。知情有所必至，机有所必应，暧有所必通，局有所必结。乘敌之隙，舞智弄术，圆而转之，神而用之，初若无奇，终知微妙，斯巧于谲者也。⑤

这是说指挥作战的方法，无外乎奇兵和正兵。奇兵之外，为什么又

① 《草庐经略》卷三《远略》。
② 《草庐经略》卷三《军容》。
③ 《草庐经略》卷六《督战》。
④ 《草庐经略》卷七《招抚》。
⑤ 《草庐经略》卷三《诡谲》。

有诡诈的名称？因为诡诈作为权宜之计，只是一些小手段，而使用于指挥作战，它的作用很大。有人认为使用诡诈手段，能愚弄士卒的耳目，使他们掉入将帅的圈套，而完全不知道。因此，不使用诡诈手段，就不能搅乱敌国的外交；不使用诡诈手段，就不能获取敌方的情报；不使用诡诈手段，就不能贻误敌将的计谋；不使用诡诈手段，就不能鼓动我军的将士，谁说可以废除诡诈手段！如果说仁义的军队不使用诡诈手段，这是宋襄公、成安君的事迹，怎么会不失败呢？只是诡诈手段的使用，必须获取敌方的情报，揣测作战的时机，判断敌军的图谋，预料战争的胜败。要知道情报有所必至，时机有所必应，图谋有所必通，胜败有所必结。利用敌人的缺陷，选择适当的权谋，灵活地加以发挥，神秘地加以运用，起初好像并不出奇，最终却是非常微妙，这就是善于使用诡诈手段。

在作战方法上，《草庐经略》罗列出“误敌”“怒敌”“饵敌”“疑敌”“骄敌”“懈敌”“饥敌”“待敌”“薄敌”“离敌”“追敌”“蹑敌”“诳敌”13个题目，并且给予详细的解释。如认为“误敌之法，难容悉数：或激之使躁于动，或诱之使人贪于得；或迫之使不得不往，或缓之使坐安其患，或欲东而佯击西，或实进而谬为之退；使敌当守而不守，当趋而不趋；或趋其所不必趋，守其所不必守”①；又“疑敌之术，动而若静，则疑我之休兵，而遂弛其防；静而若动，则疑我之兴师，而遂敛以守；实而若虚，则疑而不复备；虚而若实，则疑而不敢攻”②。这说明“误敌”“疑敌”等都是战胜敌人的重要方法。

《草庐经略》认为，战时使敌人疑惑而取得胜利，完全靠虚张声势，所以在“疑敌”之外，又以“疑兵”立题，作出进一步的解释。

---

① 《草庐经略》卷九《误敌》。

② 《草庐经略》卷十《疑敌》。

> 疑之之术，昼必多旌旗，夜必多火鼓；或广张其犒飨，或疏布其阵势；或曳柴扬尘，或疑或栖，或更换服色；或以旌旗微露山林，俨若伏状；或鼓角夜逼敌垒，一似袭营；或结草为人，真伪相半，布列示多；或开门待敌，佯若间暇，以乖其向。总使敌人不测多少，不知虚实，则将必乱，此兵家诡谲也。①

这是说使敌人疑惑的手段，白天必须多插一些旗帜，夜晚必须多用篝火和战鼓；或者高调地进行犒赏，或者稀疏地布置阵势；或者拖柴草扬起灰尘，或者转移军队的营地，或者改换士卒的服装；或者把旗帜插在山林，露出一角，假装埋伏的样子；或者擂鼓吹角，夜间逼近敌人的壁垒，好像要攻击敌营；或者捆扎草人，冒充士卒，显示人数众多；或者打开城门，等待敌人到来，装作轻闲的样子，以改变敌人的趋向。总体来说，使敌人无法预测我军的兵力，不知道我方的虚实情形，指挥作战出现混乱，这就是兵家的诡诈手段。

四、“三十六计”

人们通常说：“三十六计，走为上策。”这话出自《南齐书·王敬则传》。经过千百年的流传，大概到了明清之际，引申出《三十六计》一书。

现今所见的《三十六计》，注有“秘本兵法”字样，是一部收录兵家权谋的通俗读物。全书将权谋分为六套，即胜战计、敌战计、攻战计、混战计、并战计和败战计。每一套又分为六种权谋：胜战计分为瞒天过海、围魏救赵、借刀杀人、以逸待劳、趁火打劫、声东击西；敌战

① 《草庐经略》卷七《疑兵》。

计分为无中生有、暗渡陈仓、隔岸观火、笑里藏刀、李代桃僵、顺手牵羊；攻战计分为打草惊蛇、借尸还魂、调虎离山、欲擒故纵、抛砖引玉、擒贼擒王；混战计分为釜底抽薪、混水摸鱼、金蝉脱壳、关门捉贼、远交近攻、假道伐虢；并战计分为偷梁换柱、指桑骂槐、假痴不癫、上屋抽梯、树上开花、反客为主；败战计分为美人计、空城计、反间计、苦肉计、连环计和走为上。全套共有三十六种权谋。

为什么要凑三十六种权谋呢?《三十六计·总说》指出："六六三十六，数中有术，术中有数。阴阳燮理，机在其中。机不可设，设则不中。"这说明"三十六计"的名称，原是借太阴六六之数，表示权谋多端而已。客观事物蕴涵着权谋，权谋要依据实际情况。认识事物内部的矛盾，就可以掌握和运用权谋。权谋不能单凭主观想象，生搬硬套不可能成功。这种粗略的解释，带有辩证法的色彩。

《三十六计》择取的权谋，都有一定的出处和用途。有的是对战争艺术的总结，如"围魏救赵"出自战国中期齐魏桂陵之战，是由孙膑提出的攻其必救、歼其必退的典型战法；"暗渡陈仓"全称当作"明修栈道，暗渡陈仓"，是汉高祖为夺得关中而采取的以正面佯动，来掩护进攻路线的作战方针。有的是对历史经验的概括，如"假道伐虢"出自春秋中期晋国吞并虢、虞两国的做法，是强国对付弱国、一举两得的有效手段；"远交近攻"是秦国在统一天下过程中，根据范雎的主张而制定的结交远邦、攻取近邻的外交方略。有的是对兵学著作的摘录，如"以逸待劳"取自《孙子兵法·军争》，同"以近待远""以饱待饥"合为掌握军队战斗力的三种途径；"反间计"出自《孙子兵法·用间》，同"乡间""内间""死间""生间"合为常用的五种间谍活动方式。有的是对文学作品的借用，如"李代桃僵"语见《乐府诗集·鸡鸣篇》："桃生露井上，李树生桃旁，虫来啮桃根，李树代桃僵"，引申为一种以较小的代价，换取较大利益的应变手段；"擒贼擒王"取自杜甫《前出塞》第六首："挽弓当挽强，用箭当用长，射人先射马，擒贼先擒王"，是一种抓住关键因素，争取彻底胜利的原则。

《三十六计》即三十六条成语。这样的编撰形式，使得它的内容便于记忆，也很容易理解和借鉴，因而一经刊布于世，就在民间广泛地流传开来。与别的兵学著作相比较，《三十六计》自有独特的魅力。

五、《兵经》论"计谋"

明清之际，揭暄撰著《兵经》，因为选择使用100个字，概括论述军事问题，又称《兵法百言》《兵经百篇》。其中有《谋》《计》两篇，专门讨论计谋之义。揭暄解释"计"说："计有可制愚不可制智，有可制智不可制愚。一以计为计，一以不计为计也。惟计之周，智愚并制，故计必因人而设。"又解释"谋"说："兵无谋不战，谋当底于善。古画三策，上为善，有用其中而善者，有用其下而善者，有两从之而善者，并有处败而得善者。智不备于一人，谋必参诸群士。善为事极，谋附于善为谋极。"

孙子论述作战方法，特别强调"兵者，诡道也"。所谓"诡道十四变"，只是军事领域的权变手段。揭暄的《兵经》则不然，在专门讨论"计谋"之后，还有《妄》《借》诸篇，进一步地论述"诡道"。

> 善兵者，诡行反施，逆发诈取。天行时干，俗禁时犯，鬼神时假，梦占时托，奇物时致，谣谶时倡，举措时异，语言时舛，鼓军心，沮敌气，使人莫测。亡固不可为，苟有利于军机，虽妄以行妄，直致无疑可也。①

---

① 《兵经·术部·妄》。

这是说善于用兵的人，行动诡诈多变，反常用兵，出奇制胜；为了达到作战目的，常常借助不良的天时而行动；故意违反习俗和禁忌；借用鬼神为军事行动服务；时而假托占卜和解梦，时而玩弄离奇古怪，时而散布谣言和谶语；举止行动反复无常，说话故意前后矛盾。通过上述反常的手段，鼓舞军队的士气，败坏敌人的士气，使敌人无法预料。虚妄的做法本来不可取，但若有利于军事机宜，就可以用于指挥作战，并且要做得无懈可击。

> 吾欲为者诱敌役，则敌力借矣；吾欲毙者诡敌歼，则敌刃借矣；抚其所有，则为借敌财；劫其所储，则为借敌物；令彼自斗，则为借敌之军将；翻彼着为我着，因彼计成吾计，则为借敌之智谋。①

依此说来，我方力量不足，就要设法借用敌人力量；直接歼灭敌人有困难，就要设法借用敌人的刀斧；我方缺乏钱财，就要设法借用敌人的金帛；作战物资匮乏，就要设法借用敌人的辎重；我方兵少将乏，就要设法借用敌方的人员；实施计谋受挫时，就要将敌之计就敌之计。设法使敌人内部发生争斗而削弱敌人力量，就等于借用敌人的兵将；把敌人的措施变为我的措施，利用敌人的计谋来实现我的企图，就等于借用敌人的计谋。

揭暄重视军事谋略，认为将帅的才能与作战的态势、军队的数量、武器装备的质量等相比较，更是决定战争胜败的关键因素：

> 较器不如较艺，较艺不如较数，较数不如较形与势，较形

① 《兵经·术部·借》。

与势不如较将之智能。智能胜而势不胜者，智能胜；势胜而形不胜者，势胜；形胜而数不胜者，形胜；形与数胜而艺器窳者，形数胜。①

这是说较量兵器不如较量技艺，较量技艺不如较量数量，较量数量不如较量形与势，较量形与势不如较量将帅的智谋。将帅的智谋高过敌人一筹，尽管战势劣于对方，智谋高的一方就能取胜；战势较优而力量较弱，战势占优势的一方就能取胜；力量较强而数量不及对方，力量占优势的一方就能取胜；力量与数量都占优势，即使技艺生疏、兵器粗劣，也能够取得胜利。

六、魏禧的“兵谋”

魏禧生活在明清之际，参与过抗清斗争，重视军事谋略研究。他以《左传》为底本，编撰出三部兵书：《兵迹》《兵谋》和《兵法》。《兵迹》总结战争经验，《兵谋》探讨军事谋略，《兵法》探讨作战方法。

通检《兵谋》一书，共列出32条谋略，依次为“和”“息”“量”“忍”“弱”“强”“致”“畏”“防”“需”“疾”“久”“激”“断”“听”“诡”“信”“谍”“间”“内”“衅”“逼”“与”“胁”“假”“名”“辞”“备”“法”“同”“本”“保”。对于每一条谋略，魏禧先作概念的解释，而后附录春秋时期的战例，加以具体的佐证。

依照魏禧的解释，“和”指上下礼让，同心协力；“息”指与民休息，积蓄实力；“量”指衡量，知彼知己，审时度势；“忍”指国君忍辱含垢，以图谋大业；“弱”指力量强大，而故意示弱，以骄纵敌人；“强”

① 《兵经·法部·较》。

指力量弱小，而故意示强，以震慑敌人；“畏”指敬畏，强而不恃，胜而不骄；“需”指故意缓行，以挫伤敌人；“疾”指行动迅速，以利用时机；“久”指长困久围，使敌人屈服；“激”指自我克制，以激怒敌人；“诡”指诡诈，知人之诡，我以诡人；“衅”指内乱、饥荒和丧事，在我方要谨慎处理，在敌人应加以利用；“逼”指逼迫敌人，屈从我方的意志；“胁”指威胁敌人，服从我方的调动；“假”指借用占卜、鬼神或物象，蒙骗敌人；“名”指师出有名；“备”指有备无患；“本”指作战以民为本；“保”指保卫胜利果实。

对于相关的计谋，魏禧予以特别关注，作出综合性的说明。如论“需”“疾”，则说“当需者不可以疾，当疾者不可以需，需不害疾，疾不害久”；论“诡”“信”，则说“兵虽诡道，不厌信礼”；论“内”，则说：“在外曰奸，在内曰宄。肉烂于外，人得而知也；鱼溃于内，人不得而知。敌侵于外，奸伏于内，不可支矣”；论“本”“保”，则说“未战修其本，既战保其胜”。诸如此类说法，都有一定的新意。

再看《兵法》一书，共列出22种战法，依次为“先”“潜”“覆”“诱”“乘”“衷”“误”“瑕”“援”“分”“尝”“险”“整”“暇”“众”“简”“一”“劝”“死”“物”“变”“将”。对于每一种方法，同样是先作概念的解释，而后附录春秋时期的战例，加以具体的佐证。

根据魏禧的解释，“先”指先声夺人，先发制人；“潜”指暗中行动，袭击敌人；“覆”指预设埋伏，伏击敌人；“乘”指出其不意，攻其无备；“衷”指分割包围敌人；“误”即“多方以误之”；“瑕”指攻击敌人的薄弱处；“分”指分散兵力，“兵必分道，以攻则奇，以守则固，以罢人则逸，以息民则不劳，以备不虞则不败”；“尝”指试探性进攻；“险”指利用险要地形；“整”指军容整齐；“暇”指将帅从容镇定；“简”指使用精锐部队；“一”指统一指挥号令；“劝”指恩威并重，或以身作则，以激励士气；“死”指拼死作战；“物”指用各种什物助战；“变”指权变，随机应变；

“将”指“将将”，即根据智谋、功业、职位、年龄、家世等条件，来统率所有将领。

《兵谋》《兵法》是一对姊妹篇。“凡兵有可见，有不可见。可见曰法，不可见曰谋。法而弗谋，犹搏虎以挺刃，而不设阱也；谋而弗法，犹察脉观色，而亡方剂也。”① 从编撰体例看，它们都以经传体成书，亦论亦史，简明扼要。正如后人所言：《兵谋》《兵法》两篇，与韩非《内储》《外储》同格；魏禧研究传统兵学，“以文法言兵，以兵法作文”②，颇具独到的学术功底。

第六节 现代军事领域的“计谋”

在世界军事学术史上，19 世纪初期是一个重大的分水岭，人们开始告别传统军事理论，步入近代军事理论的殿堂。无论是克劳塞维茨的《战争论》，还是约米尼的《战争艺术》，在论述战争指导和作战问题的时候，都着重使用了战略（strategy）、战术（tactics）等军事术语。克劳塞维茨认为：“狭义的军事艺术本身又分为战术和战略。前者研究战斗的方式，后者研究战斗的运用。”③ 根据这样的区分，“战术是在战斗中使用军队的学问，战略是为了战争目的运用战斗的学问”④。约米尼认为：“战争的艺术，一般说来，包括五种纯粹军事方面的学问战略学（在

---

① 《兵谋》。

② （清）沈楙德：《兵法跋》。

③ ［德］克劳塞维茨：《战争论》，中国人民解放军军事科学院译，解放军出版社 2010 年版，第 97 页。

④ ［德］克劳塞维茨：《战争论》，中国人民解放军军事科学院译，解放军出版社 2010 年版，第 89—90 页。

战场上指挥大军的艺术）、大战术学、阵中勤务学（调动军队的艺术）、工程学（要塞的攻守技术）和战术学。”① 其中，战略是在地图上进行战争的艺术，是研究整个战场的问题；战术是指挥战斗的艺术，是研究在决定性时间和地点投入军队进行战斗的问题。到了20世纪初期，随着战争中战役的发展演变，在战略和战术之间增添了战役法（operational art），即指导战役的方法。这样一来，有关战争指导和作战指挥的原则和方法，就有了战略、战役法、战术三个关键词，由此构筑起一个军事理论体系。

回顾中国古代军事史，历代兵家论述战争指导和作战问题所使用的重要关键词，主要是一些军事计谋或谋略。“战略”一词，最早见于西晋司马彪编撰的《战略》，该书主要记述汉魏历史，所谓“战略”等同于“兵略”，与现代军语之“战略”不完全相同。“战术”一词，大抵始见于唐代李隐的《潇湘录·马举》：“叟曰：方今正用兵之时也，公何不求兵机战术，而将御寇雠？”这里的“战术”是笼统地指作战方法，与现代军语之“战术”不完全相同。至于“战役法”一词，则未见诸任何兵学著作。然而，进入中华民国以后，随着西方近代军事理论的广泛传播，人们开始习惯于使用新的军事术语。如毛泽东在领导新民主主义革命时期，先后撰写了《中国革命战争的战略问题》《抗日游击战争的战略问题》《论持久战》《战争和战略问题》等军事著作，提出了一整套人民战争的战略战术，包括保存自己、消灭敌人；以歼灭敌人有生力量作为作战的主要目标；集中优势兵力，各个歼灭敌人；实行运动战、阵地战、游击战相结合；战略上藐视敌人，战术上重视敌人等原则和方法。中华人民共和国成立以来，在每一版《中国人民解放军军语》中都对战略、战役法、战术作出了权威解释，如称战略是“指导战争全局的方

① ［瑞士］约米尼：《战争艺术》，钮先钟译，战士出版社1981年版，第1页。

法”，战役法是“指导战役的方法”，战术是“指导战斗的方法”。这些解释不同于传统军事谋略，体现出“计谋”系关键词的再生性，是近代战争和战争指导的客观反映。

从历史语言学的角度看，这些属于军事计谋的“战略”“战术”等词语，在现代汉语系统中经过重新的组合，再生出一系列新的关键词。如“战略”一词，运用于国家建设与发展层面就有“国家战略”，指为实现国家总目标而制定的总方略；具体运用到国家安全层面就有“国家安全战略”，指从国家和国际的全局高度筹划和指导维护国家安全利益的方略；运用于经济发展层面就有“经济发展战略”，指一个国家对于经济社会发展的长期目标和实施步骤所作出的整体规划；运用于外交领域就有“外交战略”，指一个国家在与别的国家交流和交往的某一段时间内以维护本国利益为出发点而制定的方针路线。“战术”一词，运用于足球运动中就有“足球战术”，即指足球比赛的方法；运用于搏击运动中就有“搏击战术”，即指搏击比赛的方法。这些新生的关键词跃动在各种社会领域，直接影响着人们的社会生活。

值得注意的是，20 世纪 80 年代，瑞士汉学家胜雅律（Harro von Senger）系统地研究“三十六计”，蒐集欧美各国的历史资料加以佐证，编撰出《智谋：平常和非常时刻的巧计》一书，构筑起一门现代智谋学。这部著作以东西方文化相融合的特色，受到东西方社会的广泛关注，相继出版了德、英、法、意、俄、日诸文本，还翻译出版了中文本，在世界上造成了较大的影响。

第七章　攻守：战斗的方式

攻守，即进攻和防守，作为战斗的基本方式，是指挥作战的关键环节。在实际作战过程中，应该进攻还是应该防守，往往依赖于对各种情况的分析和判断，也就决定于将帅的判断力。进攻之所以受挫，主要是因为判断错误；防御之所以失败，同样是因为判断错误。无论是进攻抑或防守，没有一成不变的指挥模式。关于进攻和防守的问题，先秦兵家元典都有专门的解析，而后世兵家也有补充论述，这就使以“攻守”为核心的关键词系格外令人注目。

第一节　释攻守

攻，是一个形声字，甲骨文作，金文作，小篆作。《说文解字》曰：“攻，击也，从攴工声。”段玉裁注：“《考工记》‘攻木’‘攻皮’‘攻金’，注云：‘攻犹冶也。’此引申之义。”王筠注：“无论攻城、攻敌、攻金、攻玉，未有不击之者，故许君以击统之。”张舜徽解释说：“攻篆与鼓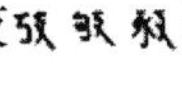诸篆比叙，自以击物为本义，因引申为凡击之称。”①这样以击

① 张舜徽：《说文解字约注》，华中师范大学出版社2009年版，第764页。

训攻，“攻”之本义，即为打击。

守，是一个会意字，甲骨文作，金文作，小篆作。《说文解字》曰：“守，守官也。从宀从寸。从宀，寺府之事也；从寸，法度也。”徐灏注：“守当从又声，从又之字，多互从寸，取字体绵密耳。”张舜徽解释说：“从又之字，亦可从寸，如又部‘叜’，籀文从寸作；叔或体从寸作，皆其例证。金文中‘守’多从又作，又者手也，即以手治事义。此与又部尹、二篆俱训治也，而皆从又同意，不必谓为从又声也。”① 这是说“守”之本义为守官。“攻”与“守”相对而言，用于表述作战方式，则始见于《孙子兵法》。

进攻和防守，作为战斗的基本方式所派生的关键词群，主要包括三个组成部分：一是从攻守的对象作出的分类，如攻城、守城、江防、海防；二是从攻守的形式作出的分类，如火攻、水攻、围攻、突围等；三是从攻守的策略作出的分类，如主攻、佯攻、伏击、袭击等。另外，与“攻”语义相近的，有“击”字，合为“攻击”一词；与“守”相近的，有“防”字，合为“防守”一词。

第二节　先秦兵家论攻守

一、孙子论攻守

通检《孙子兵法》全书，“攻”字出现 32 次，均指进攻、攻击；“守”字出现 13 次，大多指防守、防御。孙子认为，选择进攻、防守的作战

---

① 张舜徽：《说文解字约注》，华中师范大学出版社 2009 年版，第 1781 页。

方式，主要取决于敌我力量的对比。“不可胜者，守也；可胜者，攻也。守则不足，攻则有余。”① 不想被敌人打败，就应当防守，而要想战胜敌人，就必须进攻。防守是因为兵力不足，进攻是因为兵力有余。

关于进攻和防守作战的原则，孙子特别指出：“攻而必取者，攻其所不守也；守而必固者，守其所不攻也。故善攻者，敌不知其所守；善守者，敌不知其所攻。”② 这是说进攻必定取胜，就要进攻敌人没有防守的地方；防守必定稳固，就要防守敌人不敢进攻的地方。所以善于进攻的人，能使敌人不知道如何防守；善于防守的人，能使敌人不知道如何进攻。不过，比较对攻和守的论述，孙子明显地偏重于进攻，并不轻视防守。

孙子从作战指挥的角度讨论进攻和防守的要领，往往把进攻、防守两者相对比而立论。《形篇》曰：

> 善守者，藏于九地之下；善攻者，动于九天之上，故能自保而全胜也。

这是说善于防守的人，隐蔽自己的兵力，如同深藏于地下；善于进攻的人，使用自己的兵力，就像从天而降。这样既能保全自己，又能取得完全胜利。

《虚实篇》曰：

> 进而不可御者，冲其虚也；退而不可追者，速而不可及也。故我欲战，敌虽高垒深沟，不得不与我战者，攻其所必救

---

① 《孙子兵法·形》。

② 《孙子兵法·虚实》。

也；我不欲战，画地而守之，敌不得与我战者，乖其所之也。

这是说我军前进时，使敌人不能抵御，是因为冲击敌人力量薄弱的环节；撤退时，使敌人无法追击，是因为我军行动迅速，敌人追赶不上。所以我军要与敌人交战，敌人即使高垒深沟，也不得不出来交战，是因为进攻的是敌人必救的地方；我军不想与敌人交战，即使划定区域防守，敌人也无法与我交战，是因为我军设法改变了敌人的进攻方向。

需要说明的是，《孙子兵法》中“攻”的含义，除泛指进攻、攻击之外，也有专指攻城作战。其中，《谋攻篇》所谓“攻”，即指攻城，因而李筌解释说：“合阵为战，围城曰攻。”① 所谓“谋攻”，即指谋划攻城作战，讨论攻城的要领。

上兵伐谋，其次伐交，其次伐兵，其下攻城。攻城之法为不得已。修橹轒辒，具器械，三月而后成，距堙，又三月而后已。将不胜其忿而蚁附之，杀士卒三分之一，而城不拔者，此攻之灾也。

这里把“攻城”与“伐谋”“伐交”“伐兵”相并列，视为用兵制胜的四种途径，同时把“攻城”与“伐谋”“伐交”“伐兵”相比较，说明攻城作战是不得已而采用的下策。上述末句“此攻之灾”之“攻”，因为前有“城不拔者”作条件，无疑是指攻城，是“攻”即“攻城”的例证。在孙子看来，攻城作战需要制造攻城的大盾和四轮大车，准备攻城的器械，三个月才能完成，而后构筑攻城的土山，又要三个月才能峻工。如

① （春秋）孙武撰，（东汉）曹操等注，杨丙安校理：《十一家注孙子校理》，中华书局 1999 年版，第 44 页。

果将帅控制不住忿怒的情绪，驱使士卒像蚂蚁一样去爬梯攻城，结果士卒伤亡三分之一，仍然攻不下城邑，这就是攻城的祸害。

仅从敌我双方兵力对比而言，孙子认为攻城作战的方法，关键在于保持优势兵力，而在兵力不及敌人的情况下，又要设法避开敌人。《谋攻篇》曰：

> 用兵之法，十则围之，五则攻之，倍则分之，敌则能战之，少则能逃之，不若则能避之，故小敌之坚，大敌之擒也。

曹操注释“十则围之”曰：“以十敌一则围之，是将智勇等而兵利钝均也；若主弱客强，不用十也。操所以倍兵围下邳，生擒吕布也。”[①] 注释“敌则能战之”曰：“己与敌人众等，善者犹当设伏奇以胜之。”注释“少则能逃之”曰：“高壁坚垒，勿与战也。”[②] 具体说来，攻城作战的方法，有十倍于敌人的兵力，就要包围敌人；有五倍于敌人的兵力，就要攻击敌人；有两倍于敌人的兵力，就要设法分散敌人；如果敌我兵力相当，就可以与敌人交战；如果兵力少于敌人，就要避免与敌人交战，所以弱兵固守城邑，就会成为强敌的俘虏。

与“攻”为攻城作战相一致，《孙子兵法》中“守”的含义，除泛指防守、防御之外，也有专指守城作战。“凡军之所欲击，城之所欲攻，人之所欲杀，必先知其守将，左右，谒者，门者，舍人之姓名。”[③] 这里的“守将”，即指负责守卫城邑的将领。因此，在阅读和研究《孙子兵法》

① （春秋）孙武撰，（东汉）曹操等注，杨丙安校理：《十一家注孙子校理》，中华书局1999年版，第52页。

② （春秋）孙武撰，（东汉）曹操等注，杨丙安校理：《十一家注孙子校理》，第54页。

③ 《孙子兵法·用间》。

的时候，倘若简单地把“攻”解释为进攻，把“守”解释为防守，那就没有真正弄懂《孙子兵法》。

此外，《孙子兵法》提出了“火攻”一词，并且围绕“火攻”建构起一个关键词群。“凡火攻有五：一曰火人，二曰火积，三曰火辎，四曰火库，五曰火队。”[①] 这里的“火人”，即焚烧敌军人马；“火积”，即焚烧敌军储备的粮草；“火辎”，即焚烧敌军辎重；“火库”，即焚烧敌军仓库；“火队”，即焚烧敌军粮道。所谓“五火”，就是五种“火攻”的方式。至于实施火攻的要领，孙子也有详细的说明，如“行火必有因，烟火必素具。发火有时，起火有日”[②]，是说实施火攻必须有一定的条件，火攻器材必先准备妥当；放火要看准天时，起火要看准日子。

二、吴起：“审敌虚实而趋其危”

在作战指挥方面，《吴子兵法》注重判断敌情、捕捉战机、灵活用兵几个环节，主张利用使节了解敌国的情况，出动间谍了解敌军的情形，通过实地观察了解敌我双方占据的地形，然后作出准确的判断，进攻敌人的薄弱部位。

依照敌情的特点，不需要占卜吉凶，就可以跟敌人交战，主要有八种情形：（1）暴风严寒，昼夜兼程，还要伐木渡河，顾不得艰难；（2）盛夏酷热，行军急速，途中不休息，又饥又渴，只顾赶往远处；（3）出兵时间长，没有粮食，百姓怨怒，谣言四起，将帅不能禁止；（4）军用物资耗尽，柴草短缺，加上阴雨连绵，无处可以掠取；（5）军队人数不足，水土不服，人马感染疾疫，援军还没有赶到；（6）经过长途跋涉，

① 《孙子兵法·火攻》。
② 《孙子兵法·火攻》。

已是黄昏时分，士卒疲惫恐惧，还没有吃饭，就解甲休息；(7) 将帅缺少威望，军吏遭到轻蔑，士卒不能稳定，时常发生惊扰，又孤立无援；(8) 战阵尚未列成，宿营尚未就绪，又要翻山越险，只过去一半士卒。凡是遇到这些情形，都应该迅速出击，不要有任何迟疑。其次，不需要占卜吉凶，就应该避免跟敌人交战，主要有六种情形：(1) 敌国土地辽阔，人口众多，经济富裕；(2) 统治者爱护民众，恩惠普及社会；(3) 赏罚严明，处理及时；(4) 依照军功大小，确定职位，能任用贤能；(5) 军队人数众多，武器装备精良；(6) 有邻国帮助、大国支援。凡是这些方面不如敌人，就应该避免跟敌人交战，不要有什么迟疑。所谓"见可而进，知难而退"，就是指这个道理。

再次，依照敌情的特点，就可以进攻敌人，主要有十三种情形：用兵必须审敌虚实而趋其危。敌人远来新到，尚未列成战阵；刚吃过饭，还没有戒备；士卒慌乱奔走；军队疲劳过度；没有占据有利地形；丧失有利时机；旌旗混乱，士卒涣散；经过长途行军，还没有得到休息；只有半数部队渡过河流；正在通过险道狭路；战阵频繁变动；将帅脱离士卒；军心动摇恐惧。凡是遇到这些情形，都应该选派精锐部队，先去冲击敌人，而后出动后续部队，迅速进攻敌人。

概括起来说，上面列出的与敌人交战、避免与敌人交战及进攻敌人的各种条件，都叫作"审敌虚实而趋其危"，也就是正确判断敌人的虚实情形，选择攻击敌人的弱点。这样解释进攻和实施攻击，体现出吴起作战指挥的特点。

三、孙膑："必攻不守"

依照传统兵学理论，进攻作战的一方为"客"，防御作战的一方为"主"。孙膑认为，敌我双方力量的对比，进攻者是防守者的二倍，或者说防守者是进攻者的一半，就可以算作势均力敌。防守者通常先部署兵力，进攻者则后部署兵力。无论进攻还是防守，“能分人之兵，能按人之兵，则錙銖而有余；不能分人之兵，不能按人之兵，则数倍而不足”①。这说明保持优势兵力，对于战争双方至关重要，尤其是进攻作战的一方，更需要集中优势兵力。

在战争指导方面，孙膑认为奖赏可以鼓舞士气，惩罚可以整饬纪律，权力可以用来调动军队，作战态势可以促使士卒勇敢战斗，计谋可以诱使敌人放松戒备，诡诈手段可以迷惑敌人，这些都是战争胜利的重要条件，而较这些条件更重要的，则是“必攻不守”方略。这里，引述一段孙膑和田忌的对话：

> 田忌曰：“赏罚者，兵之急者耶？”孙子曰：“非。夫赏者，所以喜众，令士忘死也；罚者，所以正乱，令民畏上也，可以益胜，非其急者也。”田忌曰：“权、势、谋、诈，兵之急者耶？”孙子曰：“非也。夫权者，所以聚众也；势者，所以令士必斗也；谋者，所以令敌无备也；诈者，所以困敌也，可以益胜，非其急者也。”田忌忿然作色：“此六者，皆善者所用，而子大夫曰：非其急者也，然则其急者何也？”孙子曰：“料敌计险，必察远近……将之道也。必攻不守，兵之急者也。”②

所谓“必攻”，指我方坚决的进攻；所谓“不守”，指敌方缺乏防守或者防守薄弱。在战略指导层面，采取“必攻不守”的作战原则，就要求进攻敌方较空虚的要害部位，也就是“批亢捣虚”的意思。孙膑指挥

---

① 《孙膑兵法·客主人分》。

② 《孙膑兵法·威王问》。

桂陵之战，正是运用了这一作战方略。与奖赏、惩罚、权力、作战态势、计谋、诡诈手段相比较，“必攻不守”强调战略进攻的必要性，把消灭敌人放在首位，注重把握战争的主动权，以“不守”为进攻目标。这一方略因为掌握战争胜利的关键，成为进攻作战的最佳选择。

齐威王曾问孙膑：有没有以一击十的方法？孙膑回答说：“有。攻其无备，出其不意。”① 田忌接着问道：敌人众多而且勇猛，有什么必胜的方法？孙膑回答说：“有。埤垒广志，严正辑众，避而骄之，引而劳之，攻其无备，出其不意，必以为久。”② 这里说的“攻其无备，出其不意”，应该援引自《孙子兵法》。与孙武不同的是，孙膑对待强大的敌人，除要求“埤垒广志，严正辑众，避而骄之，引而劳之，攻其无备，出其不意”之外，还强调“必以为久”，即必须用上述方法与敌人持久作战，而不是速战速决。

此外，孙膑论述以少胜多之法，还特别强调说：“击此者，告之不敢，示之不能，坐拙而待之，以骄其意，以惰其志，使敌弗识，因击其不意，攻其不御，压其怠，攻其疑。彼既贵既武，三军徙舍，前后不相睹，故中而击之，若有徒与。”③ 这是说以少胜多，必须打击战斗力强、兵力较多的敌人，扬言我们不敢打，表示我没有力量打，装着屈辱的样子以待时机，使敌人骄傲起来，斗志松懈，摸不清我方意图，然后出其不意地袭击它，攻击它没有防备的地方，打击它的弱点，或乘其不知所措时打击它，敌人骄傲而又自恃，部队移动，必然前后互不照应，一旦拦腰截击敌人，就能够形成局部优势。

值得一提的是，《孙膑兵法》有《雄牝城》一篇，专门讨论雄城不可攻，牝城可以攻的原则。

---

① 《孙膑兵法·威王问》。

② 《孙膑兵法·威王问》。

③ 《孙膑兵法·十问》。

城在卑泽之中，无亢山名谷，而有付丘于其四方者，雄城也，不可攻也。军食流水，生水也，不可攻也。城前名谷，背亢山，雄城也，不可攻也。城中高外下者，雄城也，不可攻也。城中有付丘者，雄城也，不可攻也。营军趣舍，毋回名水，伤气弱志，可击也。城背名谷，无亢山其左右，虚城也，可击也。地尽烧者，死壤也，可击也。军食泛水者，死水者，可击也。城在发泽中，无名谷付丘者，牝城也，可击也。城在亢山间，无名谷付丘者，牝城也，可击也。城前亢山，背名谷，前高后下者，牝城也，可击也。

城在低洼沼泽里，虽没有高山深谷，但四面有连绵山丘，这是难攻的城，不可进攻。敌军喝的是流动的水，这是活水，水源充足，不可进攻。城前临深山，背靠高山，这是难攻的城，不可进攻。城内有连绵的丘陵，这是难攻的城，不可进攻。敌军行军后仓促进入营地，这个营地没有大江大河环绕，士气颓丧，斗志衰弱，可以进攻。城后靠着深谷，左右没有高山，这是虚弱的城，可以进攻，城在贫瘠不毛的土地，也没有充足的粮食，可以进攻。军队喝的是地面积水，这是死水，水源不足，可以进攻。城在大的沼泽里，没有大的山谷和层叠的山丘，这是易攻的城，可以进攻。城前临高山，背靠深谷，前高后低，这是易攻的城，可以进攻。

四、《尉缭子》："攻权"和"守权"

尉缭撰著《尉缭子》，开篇就谈起攻城作战。"今有城……不能取者，城高池深，兵器备具，财谷多积，豪士一谋者也。若城下池浅守弱，则取之矣。"[①] 而在《尉缭子》一书中，列有《攻权》《守权》两篇，专门

---

① 《尉缭子·天官》。

论述“攻守”问题。

关于“攻权”，尉缭认为对敌国发动进攻，必须根据具体的情况，制定作战计划。敌国土地辽阔而城邑较小，必先占领它的土地；城邑较大而土地狭窄，必先攻占它的城邑；土地辽阔而人口稀少，就要控制它的要害；土地狭窄而人口众多，就要修筑土台攻城。攻城作战的原则，主要是集中兵力，有必胜的信心；将士齐心协力，有严格的纪律；有必胜的把握。

兵以静胜，国以专胜。力分者弱，心疑者背。夫力弱，故进退不豪，纵敌不擒。将吏士卒，动静一身。心既疑背，则计决而不动，动决而不禁。异口虚言，将无修容，卒无常试，发攻必衄。①

这是说军队靠沉着冷静取胜，国家靠团结统一强盛。军事部署分散，力量就会削弱；将帅犹豫不决，军心就会涣散。因为力量削弱，进攻就缺乏气势，即使有好的战机，也可能放走敌人；因为军心涣散，行动就难以控制，即使有好的计划，也不能立刻执行。军队里众说纷纭，夸夸其谈，将帅没有威严，士卒缺乏训练，这样发动进攻，必然遭到失败。所以，一旦发动攻城，将帅要指挥果断，士卒要服从命令，上下保持一致。

将帅者，心也；群下者，支节也。其心动以诚，则支节必力；其心动以疑，则支节必背。夫将不心制，卒不节动，虽胜，幸胜也，非攻权也。②

① 《尉缭子·攻权》。

② 《尉缭子·攻权》。

这个比喻很形象，将帅好比头脑，士卒好比四肢。头脑坚定，四肢运动就有力；头脑犹豫，四肢运动就迟疑。如果将帅指挥士卒，不像头脑控制四肢；士卒接受命令，不像四肢服从头脑，即使打败敌人，也是侥幸取胜，并不是攻城有方。

特别是说到士卒，在敌我双方之间，不会出现双重畏惧，即畏惧自己的将帅，就会蔑视敌人；畏惧敌人，就会蔑视自己的将帅。将帅被士卒蔑视，作战就会失败；将帅有威信，士卒蔑视敌人，作战就会胜利。作为一名将帅，懂得这个道理，就会以爱抚使士卒亲附，以威信使士卒畏惧。士卒受到爱抚，就不会怀有二心；将帅树起威信，就容易贯彻命令。这些对攻城作战来说，都是非常重要的条件。

在尉缭看来，凡是维护正义的战争，最好由我方发动；凡是争夺私利的战争，应等待敌人发动。不要进攻无过的国家，不要杀戮无辜的民众。对敌国发动进攻，既要有鲜明的正义性，又要以正确的指挥、统一的行动，来跟敌人进行决战。所以，将帅指挥攻城作战，必须持谨慎的态度，有必胜的把握。

> 战不必胜，不可以言战；攻不必拔，不可以言攻。不然，虽刑赏不足信也。信在期前，事在未兆。故众已聚不虚散，兵已出不徒归，求敌若求亡子，击敌若救溺人。①

这里的“攻”，仍是指攻城。在尉缭看来，一旦实施攻城作战，就必须攻克城邑。没有必胜的把握，就不能提出交战；没有必克的把握，就不能提出攻城。否则，即使采取严刑重赏，也不足以令人信服。威信要在平素树立，变故要在事前预见。将士一旦集中，就不能随便解散；

① 《尉缭子·攻权》。

军队一经出动，就不能无功而返。寻找敌人，要像寻找丢失的孩子那样迫切；攻击敌人，要像抢救落水的人那样果决。这反映出一种慎战必胜的理念。

当然，就攻城而言，最好的作战方法，是趁敌人缺乏防备，发动突然袭击。尉缭认为，敌人尚未拆毁桥梁，加固城防工事，设置障碍物；尚未进驻边塞，或者撤回边防部队；尚未征集牲畜、粮食和财物，自然无法守城。在这种情况下，我方发动攻城，如入无人之境，敌人来不及交锋，就已经被打垮。

关于“守权”，尉缭认为城邑的建设规模，要和辖地面积的大小相适应；辖地面积的大小，要和居住人口的多少相适应；居住人口的多少，要和粮食供应的能力相适应。建设一座城邑，能达到这三方面要求，就能实现稳固的防守。具体到守城作战，必须防守城外的要地，必须充分做好准备，必须有增援的部队，绝不能是单纯防御。

> 凡守者，进不郭圉，退不亭障以御战，非善者也。豪杰雄俊、坚甲利兵、劲弩强矢尽在国中，乃收窖廪毁折而入保，令客气十百倍，而主之气不半焉。敌攻者，伤之甚也。①

这是说守城的军队，如果把精锐部队和武器都留在城内，并收集城外的存粮，拆毁城外的房屋，让民众退守城邑，就会削弱自己的士气，助长敌人的气焰，一旦敌人发起进攻，就会损失惨重。所以，就守城作战而言，决不能放弃险隘。

具体说来，守城的方法是：每 1 丈长的城墙，需要 10 个人防守；出击的部队不防守，防守的部队不出击。这样就能充分发挥战斗力，做到

---

① 《尉缭子·守权》。

以一当十，以十当百。所以，修筑城郭，不能说是耗费民力，而是为了加强防御。若有千丈长的城墙，用上万人防守，护城河深而宽广，城墙厚而坚固，粮食、柴草供应充足，弓箭、戈矛配备精良，只要充分做好准备，就能守住城邑。

不过，守城作战的胜利，通常需要得到外部救援，从而造成有力的作战态势，对敌人发动反击。尉缭就此解释说：

> 攻者不下十余万之众，其有必救之军者，则有必守之城；无必救之军者，则无必守之城。若彼城坚而救诚，则愚夫愚妇，无不蔽城尽资血者。期年之城，守余于攻者，救余于守者。若彼城坚而救不诚，则愚夫蠢妇，无不守陴而泣下，此人之常情也。遂发其窖廪救抚，则亦不能止矣。必鼓其豪杰雄俊，坚甲利兵，劲弩强矢并于前，幺麽毁瘠者并于后。十万之军顿于城下，救必开之，守必出之，出据要塞，但救其后，无绝其粮道，中外相应。此救而示之不诚，则倒敌而待之者也。后其壮，前其老，彼敌无前，守不得而止矣。此守权之谓也。①

当敌人以强大的兵力攻城时，守城就需要援军，如果有可靠的援军，就能守住城邑；没有可靠的援军，就很难守住城邑。因为有可靠的援军，城内军民就会捐献财物，跟敌人拼死力战。援军要设法打开重围，或者在守军后方打开一条通道，确保城内的物资供应，跟守军互相策应，然后把敌军精锐部队引诱过来，以削弱敌人攻城的兵力，守军利用这个机会，对敌人发起反击，就能挫败敌人。

① 《尉缭子·守权》。

五、《六韬》论攻守

《六韬》认为，要想对敌人发动进攻，必须观察敌人的情形，当敌人出现以下情形，就可以进攻敌人：

> 敌人新集可击，人马未食可击，天时不顺可击，地形未得可击，奔走可击，不戒可击，疲劳可击，将离士卒可击，涉长路可击，济水可击，不暇可击，阻难狭路可击，乱行可击，心怖可击。①

以上14种情形，敌军刚刚集结、立足未稳，可以发动进攻；敌军人马饥饿，可以发动进攻；天象气候对敌人不利，可以发动进攻；地形对敌人不利，可以发动进攻；敌军奔走赶路，可以发动进攻；敌军没有戒备，可以发动进攻；敌军疲劳松懈，可以发动进攻；敌军主将离开部队，可以发动进攻；敌军长途跋涉，可以发动进攻；敌军正在渡河，可以发动进攻；敌军忙乱不整，可以发动进攻；敌军通过险阻隘路，可以发动进攻；敌军行列散乱，可以发动进攻；敌军心怀恐惧，可以发动进攻。

不过，囿于传统军事理论的缺陷，兵家元典对"攻城"的论述，也存在着有悖于常识的错误。如《六韬·龙韬·兵征》曰：

> 凡攻城围邑，城之气色如死灰，城可屠；城之气出而北，城可克；城之气出而西，城必降；城之气出而南，城不可拔；城之气出而东，城不可攻；城之气出而复入，城主逃北；城之

① 《六韬·犬韬·武锋》。

气出而覆我军之上，军必病；城之气出高而无所止，用日长久。凡攻城围邑，过旬不雷不雨，必亟去之，城必有大辅。此所以知可攻而攻，不可攻而止。

这是说攻城围邑时，要注意观察城上、城内的“气”。气如果是死灰色，该城就可被毁灭；城上的气冒出来飘向北方，该城就可被攻克；城上的气冒出来飘向西方，该城就可被降服；城上的气冒出来飘向南方，该城就坚不可拔；城上的气冒出来飘向东方，该城就不可进攻；城上的气冒出来又降下，守城的主将必然逃亡；城内的气冒出来覆盖我军上空，对我军必定不利；城内的气高升而不停止，是用兵长久的征候。攻城超过十天仍不打雷下雨，必须迅速撤退，因为城中必有贤人辅佐。这种借用“望气”之说来预测攻城的结果，还想教人懂得选择攻城时机的方法，就显得十分荒唐。

六、《商君书》论攻守

在商鞅变法以前，秦国地处关中一隅，是一个比较落后的国家，曾经受魏国向西扩张的威胁，难以保证自身安全。然而，关中特殊的地理条件，使秦国“进可攻，退可守”，特别有利于防守作战。商鞅站在战略的高度，从理论上探讨“攻守”问题，揭示了一系列作战原则：

“四战之国贵守战，负海之国贵攻战。”① 这里所谓“四战之国”，当指魏、韩两国；所谓“负海之国”，当指齐国。商鞅在这里讨论防御作战，从消极的一面说，四面受敌的国家，如果轻易地侵扰邻国，邻国一齐发起反击，那就必须四面迎战，国家就会危险。从积极的一面说，四

① 《商君书·兵守》。

面受敌的国家，要保卫自身的安全，就必须设立万户城邑，以驻扎大批的军队，来抗御外来的侵略。这是一种积极防御思想。

"守有城之邑，不如以死人之力，与客生力战。"[1] 商鞅认为在城邑防守战中，根据不同的作战目标，把军队分为两个部分，使城墙上的守军拼死作战，去消耗敌人的有生力量，为城内的主力军创造条件，是谓"以死人之力与客生力战"。因为敌人不把城墙上的守军全部消灭，就无法进入城内，而要把城墙上的守军全部消灭，也会被拖得疲惫不堪。城内的守军利用这个机会，可以养精蓄锐，再与疲惫之敌交战。是谓"以生人力与客死力战"。所以，对攻城一方来说，最大的危害是守城者的拼命抵抗，而对守城一方来说，最大的困难是坚定抗战到底的决心。

"慎使三军无相过。"[2] 商鞅认为防守城邑需要全民总动员，可依照年龄的大小，把征召起来的人分为三支部队：壮年男子组成一支部队，壮年女子组成一支部队，年老体弱的男女组成一支部队。"壮男之军，使盛食厉兵，陈而待敌。壮女之军，使盛食负垒，陈而待令。客至而作土以为险阻，及耕格阱，发梁撤屋，给徙徙之，不洽而熯之，使客无得以助攻备。老弱之军，使牧牛马羊彘，草水之可食者，收而食之，以获其壮男女之食。"[3] 为了充分发挥每一支部队的作用，必须严禁他们相互往来。因为壮年男子到女子军中去探望，就会爱恋上那些女子，甚至发生淫乱行为，再说壮年男女喜欢处在一起，就不愿尽早投入战斗。如果壮年男女去探望年老体弱的人，也会产生悲伤和怜悯之情，不能勇敢地投入战斗。因此，严禁三军相互往来，有利于增强防御力量，而增强防御力量，才能保证作战胜利。

---

① 《商君书·兵守》。

② 《商君书·兵守》。

③ 《商君书·兵守》。

第三节 墨家:“非攻”“救守”

墨子是墨家的创始人，本来“学儒者之业，受孔子之术”①，因为不赞成繁文缛节的说教，就从儒家分离出来，形成了一个新的学派。战国时期，儒、墨两家并称“显学”，在思想文化方面影响很大。根据近人的研究，《墨子》不是一人所作，亦不是一时所成，其中记述了墨子本人的活动，记录了墨子阐发和宣传的思想，记载了墨家的防御战术和守城器械。在战争指导方面，墨子站在社会下层的立场上，从积极防御战略出发，提出了“非攻”和“救守”的基本观点，可以说是独树一帜。

一、从“兼爱”到“非攻”

墨子认为，人类之间的关爱出自先天的本性，是维系社会秩序的基石。社会秩序的稳定，在于人与人相爱；社会秩序的混乱，在于人与人不相爱。因为人与人不相爱，才有欺诈、盗窃、篡夺、战争等行为：

> 诸侯不相爱，则必野战；家主不相爱，则必相篡；人与人不相爱，则必相贼；君臣不相爱，则不惠忠；父子不相爱，则不慈孝；兄弟不相爱，则不和调。天下之人皆不相爱，强必执弱，富必侮贫，贵必敖贱，诈必欺愚。凡天下祸篡怨恨，其所以起者，以不相爱生也。②

---

① 《淮南子·要略》。

② 《墨子·兼爱中》。

既然人与人不相爱，会产生欺诈、盗窃、篡夺、战争等行为，那么，防止这些行为的产生，就只有消除不相爱。墨子宣扬的基本方法，就是“兼相爱，交相利”①，即在人与人、国与国之间，提倡相互关爱、相互帮助，以取代自私自利、你争我夺。墨子接着上段话，又继续往下说：

> 视人之国，若视其国；视人之家，若视其家；视人之身，若视其身，是故诸侯相爱则不野战，家主相爱则不相篡，人与人相爱则不相贼，贵不敖贱，诈不欺愚，凡天下祸篡怨恨，可使毋起。②

显然，墨子宣扬的“兼爱”，并不分轻重厚薄，也就是“爱无差等”。在处理社会关系时，无论国家或个人之间，若能做到将心比心，推己及人，厉行互爱互助，除掉自私自利，就可以获得最大利益，消除欺诈、盗窃、篡夺、战争等行为。

在墨学体系里，“兼爱”作为一个关键词，始终处于核心的位置，表示一种基本理念。对待严酷的现实和剧烈的兼并战争，墨子怀着救世济人的态度，又从“兼爱”出发，提出了“非攻”的军事思想。

> 今有一人，入人园圃，窃其桃李，众闻则非之，上为政者得则罚之。此何也？以亏人自利也。至攘人犬豕鸡豚者，其不义又甚入人园圃窃桃李。是何故也？以亏人愈多，其不仁兹甚，罪益厚。至入人栏厩，取人马牛者，其不仁义又甚攘人犬

① 《墨子·兼爱中》。

② 《墨子·兼爱中》。

豕鸡豚。此何故也？以其亏人愈多。苟亏人愈多，不仁兹甚，罪益厚。至杀不辜人也，拖其衣裘，取戈剑者，其不义又甚入人栏厩，取人马牛。此何故也？以其亏人愈多。苟亏人愈多，其不仁兹甚矣，罪益厚。当此天下之君子皆知而非之，谓之不义。今至大为攻国，则弗知非，从而誉之，谓之义。此可谓知义与不义之别乎？①

在这段话里，墨子采用递进的方式，从个人的偷窃行为来说国家的战争活动，都因为损人利己而具有不义的性质。本来说“亏人愈多，其不仁兹甚”，是一个再平常不过的道理。但是，有些人对战争不但不加以反对，反而硬要加以赞誉，实在太不讲道理了！墨子说完这段话之后，又接着谈道：

杀一人，谓之不义，必有一死罪矣。若以此说往，杀十人，十重不义，必有十死罪矣；杀百人，百重不义，必有百死罪矣。当此天下之君子皆知而非之，谓之不义。今至大为攻国，则弗知非，从而誉之，谓之义，情不知其不义也。②

这说明杀害一个人，就有一次死罪；杀害十个人，就有十次死罪；杀害一百个人，就有一百次死罪。何况是战争活动，会杀害更多的人，简直罪大恶极。所以，对于一切侵略战争，不管由什么人发动，都必须加以反对。

墨子反对侵略战争，并非抹杀一切战争。战争有“攻”“诛”之别。

① 《墨子·非攻上》。
② 《墨子·非攻上》。

“攻”是攻伐无罪之国，“诛”是诛灭有罪之君。历史上像商汤伐桀、周武伐纣，都只能叫作“诛”，而不能叫作“攻”。“攻”则决不容许，“诛”则极为必要。这是以伦理为标准，基于战争双方的是非善恶，来区别战争的性质，肯定正义的战争，否定非正义的战争。

从理论上说，“非攻”“兼爱”作为一种理念的两方面，有着密切的关联。“兼爱”是“非攻”的基础，“非攻”是“兼爱”的保证。所以，墨子的“非攻”观点，既有鲜明的政治倾向，又是独特的社会空想。

二、从“救守”到“备城”

墨子反对侵略战争，倡导积极防御战略，对于城邑防御作战，做过深入的研究。从正面来说，实施城邑防御作战，必须做好物质准备。“食者，国之宝也；兵者，国之爪也；城者，所以自守也。此三者，国之具也。”① 这是把粮食、武器装备、城池视为战备的核心内容，从而把战争指导的重心，放在有备无患上面。

> 我城池修，守器具，推粟足，上下相亲，又得四邻诸侯之救，此所以持也。且守者虽善，［而君不用之，］则犹若不可以守也。若君用之守者，又必能乎守者，不能而君用之，则犹若不可以守也。然则守者必善，而君尊用之，然后可以守也。②

据此可知，城邑防御作战的成功，主要有五种因素：城垣工事完备，武器装备精良，粮食储备充足，军民上下和睦，邻国提供救援。依

---

① 《墨子·七患》。

② 《墨子·备城门》。

照墨翟的解释，这五种因素都具备，如果君主不能运用，仍旧无法守城；只有诸因素具备，君主又能充分运用，才能够守住城邑。

从反面来说，国家出现七种祸患，就不利于防御作战。“城郭沟池不可守而治宫室，一患也；边国至境，四邻莫救，二患也；先尽民力无用之功，赏赐无能之人，民力尽于无用，财宝虚于待客，三患也；仕者待禄，游者忧反，君修法讨，臣慑而不敢拂，四患也；君自以为圣智而不问事，自以为安强而无守备，四邻谋之不知戒，五患也；所言不忠，所忠不信，六患也；畜种菽粟不足以食之，大臣不足以事之，赏赐不能喜，诛罚不能威，七患也。”① 在墨子看来，因为有上述“七患”，国家得不到安全，城邑得不到稳固。所以，君主治理国家，必须消除这些祸患。

当然，实施城邑防御作战，还要根据具体情形，做好相应的防御准备。针对“临”“钩”“冲”“梯”“堙”“水”“穴”“突”“空洞”“蛾傅”“轒輼”“轩车”等攻城方式，墨家撰有《备城门》《备高临》《备梯》《备水》《备突》《备穴》《备蛾傅》《迎敌祠》《旗帜》《号令》《杂守》诸篇②，提出了一系列措施。如《备城门》曰：

> 凡守围城之法，厚以高，壕深以广，楼撕揗，守备缮利，薪食足以支三月以上，人众以选，吏民和，大臣有功劳于上者多，主信以义，万民乐之无穷。不然，父母坟墓在焉；不然，山林草泽之饶足利；不然，地形之难攻而易守也；不然，则有深怨于敌，而有大功于上；不然，则赏明可信，而罚严足畏也。

---

① 《墨子·七患》。

② 《墨子·备城门》以下 11 篇，或认为是汉人伪作。详见朱希祖的论文：《〈墨子·备城门〉以下二十篇系汉人伪说》，《古史辨》第四册，上海古籍出版社 1982 年版，第 261—271 页。

这是说守城作战的条件，在于城墙厚实高大，护城河深而宽阔，城楼护栏齐整，武器装备完好，柴草和粮食能支持三个月以上，官吏民众齐心协力，多数大臣都有功劳，君主讲究信义，能使民众心情舒畅，加上父母的坟墓在城里，山林湖泊可以利用，地形易守难攻，对敌人充满仇恨，都希望建功立业，君主赏罚分明，能使民众信服，共有十四项条件。在墨子看来，具备这些条件，民众就不会怀疑君主，再有邻国的救援，就能够守住城邑。

墨子倡导积极防御战略，并未停留在理论层面，而是带着极大的热情，勇敢地投入军事实践。据说楚惠王在位时，曾经计划攻打宋国，使公输盘制造云梯。墨子听说这件事，就急忙赶到郢都，跟楚惠王讲道理，与公输盘演练战法，以制止这场战争。

> 公输盘九设攻城之机变，子墨子九距之。公输盘之攻械尽，子墨子之守圉有余。公输盘诎而曰："吾知所以距子矣，吾不言。"子墨子亦曰："吾知子之所以距我矣，吾不言。"楚王问其故，子墨子曰："公输子之意，不过欲杀臣。杀臣，宋莫能守，乃可攻也。然臣之弟子禽滑厘等三百人，已持臣守圉之器，在宋城上而待楚寇矣，虽杀臣不能绝也。"楚王曰："善哉，吾请无攻宋矣。"①

这一段故事，被称为"盘攻墨守"，描述墨子的坚毅和智慧，可谓栩栩如生。墨子自持防御态势，挫败公输盘的进攻，迫使楚惠王放弃攻打宋国，除道义谴责之外，主要取决于宋国是否有防御准备。敢战方可言和，言和必须备战。假使墨子挡不住公输盘的进攻，墨家弟子不去宋国进行防御，要想遏制楚惠王的行动，那是不可能的事情。

---

①《墨子·公输》。

特别可贵的是，墨家围绕防御作战，积极开展军事技术研究，创造出许多武器装备。如运用杠杆原理，制造出撞击云梯的冲车、可悬挂的火攻器材和投掷石块的技机；运用水文地质和声学知识，判断地道的走向和位置；利用机械力代替人力拉弓，制造出新型的连弩车；还研制出可转向射箭的转射机、携带火种的箭、用于观察敌情并能移动的轩车、使用绞车张弓的木弩，以及向隧道射箭的藉车等。① 这些武器装备的研制，反映出当时军事技术的水平。

总起来说，墨子提出的“兼爱非攻”思想，墨家提出的城邑防御理论，具有较强的完整性和创造性，是中国兵学史上的重要成就。大抵从此以后，中国士人讨论军事问题，对开边黩武总是持鄙夷的态度，对守土御侮却表示极度的尊崇。这种理念的广泛影响，与墨家的“非攻救守”主张，应有一定的关联性。

三、《吕氏春秋》对“非攻救守”的批判

春秋战国时期，兼并战争连绵不断，备受人们的关注。从较早的“弭兵”活动，到后来的“寝兵”论调；从儒、道两家的反战倾向，到墨家的“非攻救守”思想，对人们认识战争问题，都有着一定的影响。所以，等到秦国统一战争来临，吕不韦召集门客编撰《吕氏春秋》，确立“义兵”观念之后，就针对这些观点和思想，进行了深入的批判。

吕氏门客认为，现实社会的黑暗，民众遭遇的苦难，都已经达到极点，“天子既绝，贤者废伏，世主恣行，与民相离，黔首无所告诉”②。世上有明君贤人，就应该动用战争手段，建立新的政治秩序，使垂死者

① 参见李继耐、张希宇：《论墨子的军事防御思想》，《文史哲》2000 年第 3 期。
② 《吕氏春秋·孟秋纪·振乱》。

得以新生，屈辱者得以荣耀，困苦者得以安逸。所以，不能因为是暴力手段，就随意反对战争。

本来，治理天下的原则，在于“长有道而息无道，赏有义而罚不义”①。可是，“非攻救守”的思想，完全违背这一原则，倘若用于治理天下，不会给社会带来安定，给民众带来利益，只会招致长久的战乱，造成更大的祸害。所以，每一位国家统治者，要想为民众谋利益，对这种思想的危害性，都应有充分的认识。吕氏门客解释说：

> 夫攻伐之事，未有不攻无道而罚不义也。攻无道而伐不义，则福莫大焉，黔首利莫后焉。禁之者，是息有道而伐有义也，是穷汤、武之事而遂桀、纣之过也。凡人之所以恶为无道不义者，为其罚也；所以蕲有道，行有义者，为其赏也。今无道不义存，存者赏之也；而有道行义穷，穷者罚之也。赏不善而罚善，欲民之治也，不亦难乎！②

这里，吕氏门客把“攻伐”“救守”对立起来，着眼于“攻伐”的合理性，来驳斥“非攻救守”。因为现实社会黑暗，民众困苦不堪，任何一次攻伐行动，都是“攻无道而伐不义”，可以促使社会安定，给民众带来利益。反之，宣扬“非攻救守”，就等于为无道的君主效力，为不义的行为辩护。因此，不区别战争的性质，对攻伐者一味称非，对救守者一味说是，就等于奖赏不义而惩罚有义，助长无道而削弱有道，完全不合乎情理。

接下来，吕氏门客从“非攻救守”的效果来驳斥这一思想，认为“凡救守者，太上以说，其次以兵。以说则承从多群，日夜思之，事心

---

① 《吕氏春秋·孟秋纪·振乱》。

② 《吕氏春秋·孟秋纪·振乱》。

任精，起则诵之，卧则梦之，自今单唇干肺，费神伤魂，上称三皇五帝之业，以谕其意；下称五伯名士之谋，以信其事，早朝晏罢，以告制兵者，行说语众，以明其道。道毕说单而不行，则必反之兵矣”①。显而易见，“非攻救守”的行为，并不能达到预期的目的。

既然如此，判断战争的性质，就不能单凭战争方式，对“攻伐”的一方予以彻底的否定，对“救守”的一方予以全面的肯定，而要看战争的目的是否符合正义。吕氏门客明确地指出：

> 取攻伐者不可，非攻伐不可；取救守者不可，非救守不可，取惟义兵为可。兵苟义，攻伐亦可，救守亦可。兵不义，攻伐不可，救守不可。②

这就是说，进攻和防守作为战争方式，不决定战争的性质。无论采取进攻方式，还是采取防守方式，都必须具备正义性。如果具备正义性，进攻和防守都是合理的；如果缺乏正义性，进攻和防守都是不合理的。这一批判作为“义兵”观念的推演，可以说是逻辑缜密。

第四节　唐宋兵家论攻守

一、李靖：“攻守两齐”

唐朝初年，李靖与唐太宗讨论兵法，围绕“攻守”的问题，唐太

---

① 《吕氏春秋·孟秋纪·禁塞》。

② 《吕氏春秋·孟秋纪·禁塞》。

宗认为，“攻守一法，敌与我分为二事。若我事得，则敌事败；敌事得，则我事败。得失成败，彼我之事分焉。攻守者，一而已矣；得一者，百战百胜”①。李靖表示高度的赞赏，并且进一步指出：

攻是守之机，守是攻之策，同归乎胜而已矣。若攻不知守，守不知攻，不惟二其事，抑又二其官，虽口诵《孙》《吴》，而心不思妙。攻守两齐之说，其孰能知其然哉？②

这是“攻守两齐”之说。依照李靖的说法，进攻是防守的转机，防守是进攻的手段，运用这两种作战形式，都是为了战胜敌人。倘若只知道进攻而不知道防守，或者只知道防守而不知道进攻，就不仅把攻守当作两回事，而且把攻守的运用孤立起来。这样一来，即使口诵《孙子兵法》《吴子兵法》，也不会理解运用攻守的奥妙，怎能懂得“攻守两齐”的实质呢？

至于攻守的对象，李靖认为不仅指城邑和战阵，还包括心理和士气，在与敌人作战时，必须注重心理战，即采取有效手段，从心理、士气上，瓦解和打击敌人：

夫攻者，不止攻其城、击其阵而已，必有攻其心之术焉；守者，不止完其壁、坚其阵而已，必也守吾气而有待焉。大而言之，为君之道；小而言之，为将之法。夫攻其心者，所谓知彼者也；守吾气者，所谓知己者也。③

① 《李卫公问对》卷下。

② 《李卫公问对》卷下。

③ 《李卫公问对》卷下。

这是说在进攻作战时，不仅要攻击敌人的城邑或战阵，还要从心理上瓦解敌人的士气；在防御作战时，不仅要巩固我方的城邑或战阵，还要从心理上保持我方的斗志。李靖重视心理战，认为瓦解敌人的士气，就是所谓“知彼”；保持我方的斗志，就是所谓“知己”，无论君主和将帅，都应该熟悉此理。

依照传统兵学理论，战时防守的一方为主，进攻的一方为客。在攻守和主客之间，存在着必然的联系。作战指挥的原则是：“兵贵为主，不贵为客；贵速，不贵久。”① 针对这一原则，李靖从辩证的角度分析攻守两者的关系，提出了“变客为主”“变主为客”的作战方法。

> “因粮于敌”，是变客为主也；“饱能饥之，佚能劳之”，是变主为客也。故兵不拘主客迟速，唯发必中节，所以唯宜。②

在李靖看来，所谓“因粮于敌”，是就我方而言，把进攻变为防御；所谓“饱能饥之，佚能劳之”，是就敌方而言，把防御变为进攻。指挥作战的奥妙，不在乎进攻防御，不在乎缓战速决，只要指挥得当，就能够取得胜利。

二、《武经总要》论攻守

北宋仁宗时期，对付辽、西夏的侵掠，主要采取防御战略。曾公亮讨论作战方式，继承孙子的军事思想，强调“攻城为下”的观点，认为攻城作战的原则，“必在乎审彼之强弱，量我之众寡，或攻而不围，或

---

① 《李卫公问对》卷下。

② 《李卫公问对》卷中。

围而不攻”①。而守城作战的原则，“必在乎智虑周密，计谋百变，或彼不来攻而我守，或彼不挑战而我击，或多方以谋彼师，或屡出以疲彼师，或彼求斗而我不出，或彼欲去而惧我袭”②。这分明是把“攻守”解释为攻城、守城作战，借此说明“攻守”的方法。

根据上述原则，曾公亮说明攻城作战的方法，在进攻敌人城堡之前，要明确行动的缓急，如果敌我双方势均力敌，敌人有强大的外援，对我方构成腹背之患，就必须迅速攻城；如果我方力量强大，敌方力量弱小，并且没有外援，就可以围困敌人；如果敌方城池坚固，兵力众多，外援即将赶来，就必须放弃攻城。当迫近敌人城堡时，要决定攻城或围城，先派间谍进入城内，探明敌人的数量，尤其是储粮的数量，如果粮多而人少，就可以攻而不围；如果粮少而人多，就可以围而不攻。在攻克敌人城堡后，要决定撤离或据守，如果在城堡周围，没有险要作屏障，就不用派兵镇守；如果城堡接近边境，就需要派兵固守，以便就地积蓄粮草，免除转运的劳苦。

关于防御作战问题，《武经总要》更有较多的论述。曾公亮认为守城失败的原因，主要是守卫力量薄弱，城邑大而人口少，粮食少而人口多，物资储备在城外，城内豪强不服从命令，加上城外河水高出城面，城墙土质疏松，护城河水较浅，防御器械、柴草、供水不足等，即使有高大的城墙，也应该放弃守城。与此相反，守城获胜的原因，主要是护城河修缮完备，防御器械充足，人口少而粮食多，刑罚严而奖赏重，上下团结一致，加上城邑背靠大山，面向平川，城墙土质坚硬，城外有河流、险隘作屏障等，倘若具备这种形势，就可以守城成功。

当然，在较多的情况下，为了夺取某个城邑，敌我双方会投入大量

① 《武经总要·前集》卷一〇《攻城法》。

② 《武经总要·前集》卷一二《守城》。

兵力，进行攻守作战。作为守城的一方，必须采用相应的方法。“凡守之道，敌来逼城，静然而待，无辄出拒，候其矢石可及，则以术破之：若遇主将自临，度其便利，以强弩丛射，飞石并击毙之，则军声沮丧，其势必遁；若得敌人称降及和，切勿弛备，当益加守御，防其诈我；若敌攻已久，不拔而去，此为疲师，可蹑而袭之，必破，此又寄之明哲，见利而行，不可羁以常检也。”① 这就从多角度指明了守城的方法。

除攻城和守城之外，曾公亮还独辟专章，讨论火攻、水攻问题。如论水攻，“凡水因地而成势，谓源高于城，本高于末，则可以遏而止，可以决而流，或引而绝路，或堰以灌城，或注毒于上流，或决壅于半济，其道非一，须先设水平，测度高下，始可用之也”②。这说明水攻的方法，可以切断敌人的道路，淹没敌人的城邑，冲垮敌人的房屋，破坏敌人的积聚。

三、苏洵论攻守

北宋中期，苏洵作为一位文学家，特别偏爱军事研究，著有《权书》《衡论》《几策》等书，其中专门列出《攻守》一篇，论述了攻城和守城作战的问题。

苏洵认为，战争双方处于不同的作战态势，攻城作战最是危险，守城作战最为困难，而历代名将指挥攻守作战，却有许多成功的经验。

> 古之善攻者，不尽兵以攻坚城；善守者，不尽兵以守敌冲。夫尽兵以攻坚城，则钝兵费粮而缓于成功；尽兵以守敌

① 《武经总要·前集》卷一二《守城》。

② 《武经总要·前集》卷一一《水攻》。

冲，则兵不分，而彼间行，袭我无备。故攻敌所不守，守敌所不攻。①

这是说善于进攻的人，不会把所有兵力用于攻打坚固的城邑；善于防守的人，不会把所有兵力用于防守敌人冲击的地方。因为把所有兵力用于攻打坚固的城邑，就会挫伤士兵的锐气，浪费军中的粮草，拖延取胜的时间；把所有兵力用于防守敌人冲击的地方，就不可能分兵作战，敌人则有机会偷袭我军缺乏防守的地方。所以，攻守作战的原则，在于攻击敌人缺乏防守的地方，防守敌人不会进攻的地方。

至于如何攻守作战？苏洵具体地分析说：

攻者有三道焉，守者有三道焉。三道：一曰正，二曰奇，三曰伏。坦坦之路，车毂击，人肩摩，出亦此，入亦此，我所必攻，彼所必守者，曰正道。大兵攻其南，锐兵出其北；大兵攻其东，锐兵出其西者，曰奇道。大山峻谷，中盘绝径，潜师其间，不鸣金，不挝鼓，突出乎平川，以冲敌人心腹者，曰伏道。②

依此说来，攻守作战有三种方法：所谓“正道”，即正常的战法，是在平坦的道路上，战车交错，人肩碰撞，敌我双方都可以往来，我方一定进攻的目标，正是敌人防守的地方。所谓“奇道”，即出奇的战法，是用大部队进攻敌人的南边，而派精锐部队袭击敌人的北边，或者用大部队进攻敌人的东边，而派精锐部队袭击敌人的西边。所谓“伏道”，即埋伏的战法，是在高山峡谷、弯道绝径，埋伏一支部队，突然出现在

① 《权书·攻守》。

② 《权书·攻守》。

平原地带，冲击敌人的心腹之处。

在苏洵看来，将帅指挥攻守作战，运用上述不同的方法，就会造成不同的结果：

兵出于正道，胜败未可知也；出于奇道，十出而五胜矣；出于伏道，十出而十胜矣。何则？正道之城，坚城也；正道之兵，精兵也。奇道之城，不必坚也；奇道之兵，不必精也。伏道，则无城也，无兵也。①

这就是说，运用正常的战法，胜败不可预料；运用出奇的战法，十次作战会有五次胜利；运用埋伏的战法，十次作战能够全胜。因为运用正常的战法，攻击的目标是敌人防坚守固的城邑，攻击的军队是敌人的精锐部队；运用出奇的战法，攻击的目标不一定是敌人防守坚固的城邑，攻击的军队不一定是敌人的精锐部队；运用埋伏的战法，进攻时敌人就没有城邑可防守，没有部队可使用，所以定能取得胜利。

此外，在城邑攻守战中，防守的一方“背城而战，阵欲方、欲距、欲密、欲缓，夫方而距，密而缓，则士心固，固而不慑”；进攻的一方“面城而战，阵欲直、欲锐、欲疏、欲速，夫直而锐，疏而速，则士心危，危则致死”②。这些论断出自文学家的笔下，实在是难能可贵。

四、“攻战”和“守战”

南宋后期，《百战奇法》作为一部综合性的军事著作，介绍冷兵器

① 《权书·攻守》。

② 《权书·法制》。

时代的作战方法。其中列出“攻战”“守战”，把“攻守”当作“战”的两种形式，并且作了具体的解释。

凡战，所谓攻者，知彼者也。知彼有可破之理，则出兵以攻之，无有不胜。法曰：可胜者攻也。

所谓“攻战”，即进攻作战的方式，关键在于熟悉敌方的情况。知道敌方有可以攻破的可能性，就出兵进攻敌人，没有不胜的道理。

凡战，所谓守者，知己者也。知己未有可胜之理，则我且固守，待敌可破之时，则出兵以攻之，无有不胜。法曰：知不可胜则守。

所谓“守战”，即防守作战的方式，关键在于了解我方的实力。知道我方有不可战胜的条件，就暂且采取守势，等到敌人有可以攻破的时机，再出兵进攻敌人，没有不胜的道理。这里讨论进攻和防守作战，着眼于孙子所谓“知彼知己”，所以说进攻的诀窍在于了解敌人，防守的关键在于了解我方。

从这里往前看，先秦兵家论述“战”的作战方式，本来是与“攻”“守”相区别，那是对车战时代战争经验的总结。宋代车战已经退出战争舞台，“战”作为车战条件下的兵家关键词随之失去了必要的语境，因而在讨论战争的基本方式时，就只说“攻”“守”而不再提“战”。这一兵家关键词的演变凸显出“攻守”一词的转义性。

第五节　明清兵家论攻守

一、《草庐经略》论“攻击”

晚明时期成书的《草庐经略》，作为一部独特的军事著作，详细地论述了进攻作战方式，罗列出“击虚”“击强”“击众”“逆击”“邀击”“横击”“夹击”“反击”“首尾击”“击后”“掩击”“突击”“先击强”“先击弱”14个题目，逐一加以阐述。先看《夹击》曰：

兵家夹击，欲分其势也。彼势既分，其阵自弱。御前则后不支，御左则右不支；无所不御，则无所能支，所以胜也。况彼之趋战，前阵方锐，我之夹击，无处不锐；受敌之处既多，固备之势不密；以我之锐，击彼无备，自应倾败矣。①

这说明夹击的目的，在于分散敌人的兵力。敌人的力量被分散，它的战阵就会削弱。防御前面，后面就支持不住；防御左侧，右侧就支持不住；每一处都防御，每一处都支持不住，所以我方能取得胜利。何况敌人急促交战，只有前阵气势正旺，我方发起夹击，到处都很犀利；敌人受到多处攻击，防御就不会周密；用我方的精锐部队，攻击没有防备的敌人，敌人必然会覆灭。

次看《反击》曰：

唐之太宗，善兵者也。常语群臣曰：“朕每观敌阵，便知

① 《草庐经略》卷一一《夹击》。

强弱。常以吾弱当其强，吾强当其弱。彼乘吾弱，追奔不过数步；吾乘彼弱，必出其营后反击之，无不摧败。所以取胜，多在于此。”及观其破窦建德、宗罗睺，皆此法以倾其强，而非弱之谓也。盖敌势虽强，志在前御，我出其后，彼所不虞。因其不虞而击之，其神摇而气自夺。此必大军在前，而以精锐击后以应之也。敌既惊奔，急乘此机疾趋而追，使其谋虑不暇，捍御不及，自得全胜矣。①

唐朝贞观十四年（640），唐太宗回顾戎马生涯，与群臣谈及作战方法："每执金鼓，必自指挥。习观其阵，即知强弱，当取吾弱对其强，取吾强对其弱。敌犯我弱，奔命不逾百数十步；吾击其弱，必突过其阵，自背而反击之，无不大溃。"②《草庐经略》援引这一战法，解释"反击"的奥妙，应该说十分中肯。

再看《突击》曰：

将谋用密，攻敌欲速，是以兵家贵突击焉。乘人不备，遴选死士，冲突而前，其兵用少不用众。将必骁，士必勇，心必一，气必锐，力必蓄，敌必近。所谓近者，敌至三十步外，方始突之，远则敌既见而有备，我气竭而难入。势如旋风，疾若决机，或突其前，或突其胁，有进无退，使敌仓皇惊怖，无所措手。斯无坚不入，无阵不乱矣。③

这说明突击的要领，在于趁敌人没有防备，挑选敢于决死的士卒，

① 《草庐经略》卷一一《反击》。

② 《册府元龟》卷四四《帝王部·神武》。

③ 《草庐经略》卷一二《突击》。

向敌人发起冲锋。突击作战应使用较少兵力，不能用很多兵力。将帅必须骁勇，士卒必须勇敢，认识必须统一，气势必须旺盛，战斗力必须积蓄，必须靠近敌人。所谓靠近敌人，就是等敌人来到三十步外，才开始发起突击；如果距离太远，敌人发现我军的行动，就会加强防备，我军气势衰竭，就难以攻入敌阵。我军发起突击，保持旋风般的气势，像射箭一样迅疾，或突击敌人的前锋，或突击敌人的两胁，只有前进而不后退，使敌人仓皇惊恐，不知道怎样应付。这样一来，就没有攻不破的战阵，没有打不散的阵形。

依照《草庐经略》所言，进攻作战的要领，“总以所长攻所短，不以所短攻所长；勿舍易而图难，恒避难而图易。所以疾如风雨，势若泰山，矢戈所指，到处肃清矣”①。守城作战的关键，在于有救援的部队。“有必救之兵，然后有必守之城，谓其知救至而守愈坚也。”②然而，不是所有守城作战都能够得到救援，很多时候是困守孤城。所以，《草庐经略》又说：“守城不如守险，以敌攻城易而攻险难，而我守险易而守城难也。”③这样论述进攻方式，使其内容更加丰富。

此外，《草庐经略》论述进攻作战，还很重视虚张声势、声东击西等权谋。《虚声》曰：

> 善兵者，诡张远诳，能以虚声怵敌之心，而乖其所向，使东西顾盼，进退踌躇，心摇而弗能定，见利而不敢趋；低徊延缓，然后我得乘间抵隙，以战则利，以攻则取矣。其间或声东击西，或声彼击此，或声远击近，或声近击远，俾敌不知所

① 《草庐经略》卷五《进兵》。

② 《草庐经略》卷七《救援》。

③ 《草庐经略》卷九《守险》。

备，则我所攻者，敌所不守也。①

善于用兵的人，往往采用诡秘手段，故意地诓骗敌人，能以虚假的声势，使敌人心惊胆战，而乖其所向；使敌人左顾右盼，进退无法决断，思想发生动摇，而不能安定下来；看到有利的目标，而不敢迅速争取，行动徘徊迟缓，然后我军得以抓住有利的时机，利用敌人的弱点，与敌人交战就会胜利，向敌人攻击就会成功。在这类行动中，或者声东击西，或者声彼击此，或者声远击近，或者声近击远，使敌人不知道防备，这样我军进攻的方向，敌人都无法防守。

二、郑若曾论“海防”

晚明时期，郑若曾在直浙总督胡宗宪部下担任幕僚，除出谋划策之外，集中精力收集海防资料，编纂出《筹海图编》。其中，针对东南沿海防务，郑若曾综合当时朝野各种筹策，提出了海陆策应、攻守并用的海防战略，其核心是“御海洋”“固海岸”“严城守”。这三条防线内外相连，互相依托，构成了一个纵深防御体系。

“御海洋”是纵深防御的前端。明王朝建立之后，对东南沿海防务虽有各种筹策，却未形成一个战略框架，直到胡宗宪总领海防，才提出了“御海洋”方略。“防海之制，谓之海防，则必宜防之于海，犹江防者，必防之于江。”②然而，这一方略的实施，遇到了许多困难，主要是“离内地太远，声援不及，接济不便，风潮有顺逆，碇舶有便否，蛟龙之惊，触礁之险，设伏击刺之难，将官之命危于磊卵”③，因而使人产

① 《草庐经略》卷八《虚声》。

② 《筹海图编》卷一二《经略二·御海洋》。

③ 《筹海图编》卷一二《经略二·御海洋》。

生质疑。面对困难和质疑，郑若曾据理反驳说："自御海洋之法立，而倭至必预知为备，亦甚易。非若乙卯以前，倭舶岸，人犹未觉其为寇也。苟因将官之不欲，而遂已之，是因咽而废食也。"依照胡宗宪的观点，进一步作出论断："哨贼于远洋，而不常厥居；击贼于近洋，而勿使近岸。"① 透过这一论断来看，"御海洋"方略十分清楚。

"固海岸"是纵深防御的中坚。在郑若曾之前，唐顺之讨论海防战略，认为"贼至，不能御之于海，则海岸之守为紧关第二义。贼新至饥疲，巢穴未成，击之犹易；延入内地，纵尽歼之，所损多矣"，"宜分定沿海保护内地，内地策应沿海地方。沿海力战，损兵折将，宜坐内地不能策应之罪；内地残破，沿海幸完，宜坐沿海纵贼之罪"②。郑若曾赞同这一论断，并且作出补充说明，把加强哨探和会哨，重视近邻支援，瓦解倭寇党羽，招抚离散民众，慎重选用地方长官等，视为巩固海岸的重要条件。

"严城守"是纵深防御的后劲。郑若曾认为："城一也，有关系一方之利害，有关系数十里、数百里之利害者。关系一方之利害者，一守令慎之而足矣，此守令之事也。关系数十里、数百里之利害者，岂以一守令支之乎？为将帅者，须提重兵以镇之，合群帅以援之，其城无恙，则敌人不敢越此而他攻，即有所攻，亦无关系，而非敌之所必欲取以为巢者矣。是所守者虽一城，而所庇者，吾不知其若干城也，此将帅之事也。"③ 所以，就海防战略而言，加强城守的关键，在于确保重要城邑的安全。

惟谅倭所从来之道，哨之于远洋，剿之于近洋。倭在洋先后而来，星散而行，风涛惊其心，跼蹐苦其形，吾以众而待其

---

① 《筹海图编》卷一二《经略二·御海洋》。

② 《筹海图编》卷一二《经略二·固海岸》。

③ 《筹海图编》卷一二《经略二·严城守》。

寡，以逸而待其劳。以饱而待其饥，以备而待其所未备，至简至易之道也。若其近岸也，惟择总要之处，为水寨、陆寨，以扼其冲，以遏其入，其余港堡坚营清野，贼进不得攻，退无所掠，计自穷矣。①

总起来说，郑若曾的海防战略以纵深防御为根本，即在远洋使用哨探，侦察倭寇的动向；在近海予以截击，不允许倭寇靠岸；在沿海要地设防，对付靠岸的倭寇；而对入侵的倭寇，各地官府应当同心协力，严守紧要的城镇，实行坚壁清野，使倭寇无计可施。从此以后，"海防"作为一个重要关键词，得到了较为清晰的解释。

三、焦勖论"火攻"

明朝末年，焦勖供职于工部兵仗局，与耶稣会士汤若望（Johann Adam Schall）有交往，他们讨论火器制造和使用方法，撰成《火攻挈要》。其中，总结以往的作战经验，深入地论述了"火攻"的方法。

在焦勖看来："自蚩尤始变，造五兵以胜徒手；黄帝再变，造甲胄以胜五兵。至春秋渐变而制弓弩、砲石远击之技，又以胜短兵矣；孙子更变而用火攻，焚人马，焚粮草，焚辎重，焚府库，焚营寨，谓之五火，更胜于兵器之利矣。"尤其是到明朝，"更制有神威发、灭虏狼机、三眼快枪等器，置之军中，更觉随时可用，随地可施，又胜于焚烧之技绝相远矣。近来购来西洋大铳，其精工坚利，命中致远，猛烈无敌，更胜诸器百千万倍，若可恃为天下后世镇国之奇技矣"②。有鉴于此，焦勖极力

① 《筹海图编》卷一二《经略二·严城守》。

② 《火攻挈要》卷上《概论火攻总原》。

倡导仿效西法，改进旧有的火器，以提高军队战斗力。

焦勖认为，在所有兵器中间，火器是最锐利的兵器；在所有战法里面，火攻是最有效的战法。但是，在晚明的军队中，徒有火攻的虚名，并无火攻的实效。究其原由，主要是明朝廷承平日久，将帅疲敝，士卒骄悍，一味地粉饰虚文，而不讲究实用。若论火器研制和使用，主要有三种原因：

> 铸铳无法，不谙长短、厚薄、度数之节，不能命中致远，或横颠倒坐，及崩溃炸裂，而反伤我军。造药无法，不谙分两、轻重之数，配合研捣之工，不能摧坚破锐，或损枪坏铳，及收晾失事，而延祸极惨。装放无法，不谙远近之宜，众寡之用，循环之术，或先期妄发，贼至而反致缺误；或发而不继，乘间而冲突可入；或仓皇失火，未战而本营自乱。①

这说明铸造火器，不熟悉长短、厚薄的标准，就不能击中目标，或者发生铳体炸裂，反而伤害自身；制造火药，不熟悉合理的配方，就不能发挥威力，或者损坏枪炮；装放弹药，不熟悉射程的远近、循环射击的方法，就不能有效打击敌人。就明朝军队来说，存在这样的弊病，哪能取得胜利呢？

针对这些弊病，焦勖提出六项要求：（1）铸造火铳，要符合长短、厚薄的标准，尽量使铳体不动，没有颠倒、炸裂现象，以便射击炮弹，迅速而准确，射程远而猛烈。（2）制造火药，要按照合理的配方，试燃手心不热，纸上不焦，以免损坏枪炮。（3）收藏火药，要选干燥之处，使过夏不潮，久贮无疏失。（4）装放弹药，要分仰、平、倒三种方法，务必使弹铳相宜，确定最佳射程，保证循环射击。（5）使用火铳，必须

---

①《火攻挈要》卷上《详察利弊诸原以为改图》。

运重为轻，可以疾趋；转动灵活，可以迎凑；能升高渡隘，不至于阻滞。（6）临阵作战，要掌握击毙个体、消灭全军、防止敌人轮番进攻、遏止骑兵突击等方法。

焦勖认为，使用火攻的效果，大体上“以大胜小，以长胜短，以多胜寡，以精胜粗，以善用胜不善用”①。但是，敌我都使用火器，就会有别的效果。“若两火相敌，惟用长器而远击者胜；若两长相敌，惟装放有法而疾速者胜；若两法相敌，惟胆壮心齐而用命者胜。”② 依此说来，火攻之法对战争的胜败，只能起到一定的作用。

尽管火攻威力大，但在实施火攻之际，还要使用各种兵器，使它们互相配合，“长技与短技间迭而出，兵器与火器互相为助，击法与卫法兼资以用”③。特别是作为将帅，必须熟练运用兵法，“部伍营阵之制，形名分数之法，劝谕鼓舞之方，临敌战斗之秘，数者之于兵法，孰非紧要之机宜乎？”④ 依照焦勖的看法，在实战过程中，无论火器的优劣，使用火攻的关键，还在于人的素质，在于将帅的才能。

> （火攻）根本至要，盖在智谋良将，平日博选壮士，久练精艺，胆壮心齐，审机应变，如法施用，则自能战胜守固，而攻克矣。不则，徒空有其器，空存其法，而付托不得其人，是犹以太阿利器，而付婴孩之手，未有不反以资敌，而自取死耳。⑤

这说明使用火器的效果，主要在于将帅节制有方，使士卒胆壮心

---

① 《火攻挈要》卷上《审量敌情斟酌制器》。

② 《火攻挈要》卷下《火攻问难》。

③ 《火攻挈要》卷下《救卫之备》。

④ 《火攻挈要》卷下《火攻需备》。

⑤ 《火攻挈要》卷中《火攻根本总说》。

齐。而欲达到这一点，“恩信结之于里，功利诱之于前，严刑迫之于后”[①]，则是最为有效的手段。所以在焦勖看来，优秀将帅的军事才能，影响国家的兴衰存亡。

第六节 近代军事转型中的“攻守”

19 世纪初期，随着世界军事变革的迅猛展开，作战方式发生了巨大变化。德国军事学家克劳塞维茨、瑞士军事学家约米尼分别撰著《战争论》《战争艺术》，深入分析战争中的攻守问题，认为进攻和防御两种作战形式相互联系，相互转化，全局为防御，局部可为进攻；进攻中含有防御因素，防御中含有进攻因素；进攻可转变为防御，防御可转变为进攻，并且从实战的角度对攻守的具体方法，进行了深入细致的论述。

1857 年，恩格斯为《美国新百科全书》撰写了一系列条目，其中包括“攻击”“会战”等。他解释“攻击”时说：“按其总的战略意义，是指在任何一次遭遇、战斗、交战或激战中争取主动权的行动；而且，在任何场合，开始时总是一方采取进攻作战而另一方采取防御作战。”[②]这是把夺取主动权视为攻击的本质。他还论述了攻击的方法，包括全正面攻击、侧翼攻击、中央攻击和斜形攻击。他给“会战”的定义是：“敌对双方军队的主力之间，或至少是在单独的战区内独立行动的两军集团之间的交战，叫做会战。”[③]这里对会战的重视反映了欧美国家战争指导

---

① 《火攻挈要》卷中《火攻推本》。

② ［德］弗·恩格斯：《攻击》，《马克思恩格斯全集》第 16 卷，人民出版社 2007 年版，第 180 页。

③ ［德］弗·恩格斯：《会战》，《马克思恩格斯全集》第 16 卷，人民出版社 2007 年版，第 388 页。

思想的特点。

20 世纪三四十年代，正值抗日战争时期，毛泽东适应战争实践的基本要求，吸收西方近代军事理论，系统地阐发了人民战争的战略战术，强调在敌强我弱的客观条件下，战略防御阶段必须实行战略上的内线的持久的防御战和战役战斗上的外线的速决的进攻战，通过战役战斗上的歼灭战达到战略上不断消耗敌人，借以改变战争力量的总体对比，最终把战略防御推向战略进攻。这一积极防御的战略思想，成为中国人民赢得抗日战争的重要法宝。

1982 年，中国军事科学院编撰和出版《中国人民解放军军语》，其中解释“进攻”是“军队主动进击敌人的作战，是基本作战类型之一，是消灭敌人的主要手段”；“防御”是“军队抗击敌人进攻的作战，是基本作战类型之一，是直接为了保存自己和辅助进攻或准备转入进攻的一种手段”。这就从作战形式和目的上把进攻与防守清楚地区别开来。

最后值得一提，“攻守”本是军事术语，经过跨学科的语义转换，还经常运用于非军事领域。如通常说“攻读学位”“技术攻关”，其中的“攻”指致力于达到某一目标；又如说“职业操守”，其中的“操守”指个人的品德和气节。

第八章　胜败：战争的结局

关于“胜败”的含义及其成因，在历代兵家的经典阐释中，是一个见仁见智的话题。胜利有胜利的原因，失败有失败的原因。人们通过分析和研究，可以预测战争的胜败。失败有可能出于决策失误，但决策正确依然会有失败，因为有许多不稳定的因素会不断地发生变化，往往令人无法改变。胜利可能是一种侥幸，预想不到的各种情形，能够帮助陷入绝境的军队化险为夷。战争的胜败尽管难以把握，但不妨碍人们使用一切可以使用的手段去争取胜利，并且总结每一次胜利和失败的经验教训。

第一节　释胜败

胜，是一个形声字，与“败”相对。《易经·遯》曰：“六二，执之用黄牛之革，莫之胜说。”《诗经·周颂·武》曰：“胜殷遏刘，耆定尔功。”《说文解字》曰：“胜，任也。”《尔雅》曰：“胜，克也。”《礼记·聘仪》曰：“勇敢强有力者，天下无事则用之于礼义，天下有事则用之于战胜。”郑玄注：“胜，克敌也。”据此，“胜”的本义是胜任。在兵家元典中，常用作动词，指打胜、战胜；作名词，指胜利、成功。

败，是一个会意字，与“胜”相对。甲骨文作，表示以手持棍击鼎。篆文作䝼。《诗·大雅·民劳》曰："式遏寇虐，无俾正败。"《说文解字》曰："败，毁也。"据此，"败"的本义是毁坏、败坏。在兵家元典中，常用作动词，指打败、战败；作名词，指失败。

胜败，由"胜""败"二字合成，指胜利和失败。因为胜败作为一对矛盾范畴，处于对立统一的关系，彼此相互依存，相互排斥，在一定条件下相互转化，中国兵家在讨论战争和战争指导问题时，不独追求战争的胜利而避免战争的失败，还总是把"胜""败"连在一起考虑，故而"胜败"就成了一个核心关键词。

中国兵家元典所论"胜败"，大多数情况下为预测性之"胜败"，即在战争决策时对战争胜败的预测，也讨论到指导性之"胜败"，即在战争指导中对战争胜败的认识，而较少关注检讨性之"胜败"，即在战争结束后对战争胜败的分析。如果说预测性之"胜败"属于未来时，指导性之"胜败"属于现在时，那么，检讨性之"胜败"则属于过去时。中国兵家经过反复的论证和诠释，建构了一个系统的胜败理论。

这一理论以"胜败"为核心关键词，形成了一个关键词群，包括《孙子兵法》的"胜兵""败兵""不战而屈人之兵""知彼知己，百战不殆"，《吴子兵法》的"以治为胜"，《孙膑兵法》的"恒胜""恒不胜"，《尉缭子》的"兵胜于朝廷"，《六韬》的"全胜"，以及《老子》的"柔弱胜刚强"，《商君书》的"政胜"，《吕氏春秋》的"决胜"，《百战奇略》和《三十六计》的"胜战""败战"等，在中国兵学史上占据重要的位置。

第二节　孙子论胜败

通检《孙子兵法》，"胜"先后出现 83 次，用作名词、动词和副词，主要有五种含义：一是胜利，与"败""负"相对，如《谋攻篇》曰："知胜有五。”二是战胜、取胜，如《计篇》曰：“将听吾计，用之必胜，留之。”三是速战速胜，如《作战篇》曰：“兵贵胜，不贵久。”四是指克制、忍受，如《谋攻篇》曰：“将不胜其忿而蚁附之。”五是指尽、全，如《势篇》曰：“声不过五，五声之变，不可胜听也；色不过五，五色之变，不可胜观也；味不过五，五味之变，不可胜尝也；战势不过奇正，奇正之变，不可胜穷也。”“败”出现的次数较少，主要有两种含义：一是失败，与“胜”相反，如《计篇》曰：“将不听吾计，用之必败，去之。”二是指失败的机会，如《形篇》曰：“不忒者，其所措必胜，胜已败者也。”

“胜败”作为一对矛盾范畴，也在《孙子兵法》中反复地出现。如《计篇》曰：“吾以此知胜负矣。”“吾以此观之，胜负见矣。”《形篇》曰：“善用兵者，修道而保法，故能为胜败之政。”《虚实篇》曰：“以吾度之，越人之兵虽多，亦奚益于胜败哉?”《九地篇》：“众陷于害，然后能为胜败。”孙子重视“胜败”的预测性和指导性，因而对“胜败”做出了深刻的阐述。

一、庙算

大体说来，战争既是敌我双方物质力量的较量，又是敌我双方物质力量的比拼。孙子着眼于决定战争胜败的物质力量，论述了战争胜败的基本原理：

> 兵法：一曰度，二曰量，三曰数，四曰称，五曰胜。地生度，度生量，量生数，数生称，称生胜。①

依照孙子的解释，战争的基本因素有五项：一是土地面积的“度”，

---

① 《孙子兵法·形》。

二是物质资源的“量”，三是兵员众寡的“数”，四是军事力量强弱的“称”，五是胜负优劣的“胜”。敌我所处地域的不同，产生双方土地面积大小不同的“度”；敌我土地面积大小的“度”的不同，产生双方物质资源多少不同的“量”；敌我物产资源多少的“量”的不同，产生双方军事力量强弱不同的“称”；敌我军事力量强弱的“称”的不同，最终决定战争的胜负成败。

在敌我双方力量对比的基础上，战争指导者可以预测战争的胜败。《孙子兵法》开篇讨论战争胜败问题，认为战争决策的依据有“五事”“七计”。所谓“五事”，是指“道”“天”“地”“将”“法”五个决定战争胜败的基本因素：

> 道者，令民于上同意也，可以与之死，可以与之生，而不畏危。天者，阴阳、寒暑、时制也。地者，远近、险易、广狭、死生也。将者，智、信、仁、勇、严也。法者，曲制、官道、主用也。凡此五者，将莫不闻，知之者胜，不知之者不胜。①

这里所谓“道”，是使民众顺从君主的意志，可以与君主同生共死，不怕任何危险。“天”，指昼夜、阴晴、寒暑等天候季节的变化。“地”，指地貌的高低、起伏，道路的远近，地势的险要与平坦，地域的广阔与狭窄，阵地可否攻守进退自如等地形条件。“将”，指将帅具备的智慧、诚信、仁爱、勇敢和严明等品质。“法”，指军队的组织编制、将吏的管理、军需的掌管等制度情况。这五个基本因素，所有将帅都要了解。能了解这些因素的，就有可能打胜仗；反之，就不能打胜仗。

---

① 《孙子兵法·计》。

春秋时期，战争决策要在庙堂上进行，因而被称作“庙算”。“庙算”的内容即“七计”：“主孰有道？将孰有能？天地孰得？法令孰行？兵众孰强？士卒孰练？赏罚孰明？”① 这都是战争双方各种情形的对比结果。在孙子看来，依据“五事”“七计”，可以预测战争的胜败，因而强调战争预测说：“夫未战而庙算胜者，得算多也；未战而庙算不胜者，得算少也。多算胜，少算不胜，而况于无算乎！”② 这里的“胜”和“不胜”，都是指战争的结局。

上述“五事”“七计”之外，孙子审视战争胜败的主观条件，还做出了重要的论述。《谋攻篇》曰：

> 知胜有五：知可以战与不可以战者胜；识众寡之用者胜；上下同欲者胜；以虞待不虞者胜；将能而君不御者胜。

这是说有五种情况可以预见胜利：知道在什么情况下可以与敌作战，什么情况下不能与敌作战，就能够胜利；懂得根据兵力多少，采取不同战法，就能够胜利；全军上下团结一致，就能够胜利；经过周密的准备对付没有准备的敌人，就能够胜利；将帅有指挥才能而君主不加牵制，就能够胜利。

二、“不战而屈人之兵”

战争作为暴力的对抗，会给战争双方造成损失。所以，在战争指导方面，就有一条铁的规则，即以最小的代价换取最大的收获。如果不付

---

① 《孙子兵法·计》。

② 《孙子兵法·计》。

出任何代价，就能取得战争的胜利，那自然是完全的胜利。孙子站在这一高度，宣扬“不战而屈人之兵”，把“全胜”当作最高原则：

百战百胜，非善之善者也；不战而屈人之兵，善之善者也。①

在孙子看来，像这样的“善之善者”，不用直接交战，就能降服敌人的军队；不用强行攻击，就能夺取敌人的城邑；不用旷日持久，就能毁灭敌人的国家。所以，只有用全胜的原则，军队才不至于疲惫受挫，而能得到最大的收获。

根据“全胜”的原则，孙子把战争胜利的途径，区分为四个等次。《谋攻篇》曰：

上兵伐谋，其次伐交，其次伐兵，其下攻城。

故善用兵者，屈人之兵而非战也，拔人之城而非攻也，毁人之国而非久也，必以全争于天下，故兵不顿而利可全。

最好的作战方法，是在谋略上战胜敌人，其次是通过外交战胜敌人，再次是使用武力打败敌人的军队，最下策是攻击敌人的城邑。攻城是不得已而采取的作战方法。制造攻城的楼车和四轮车，准备各种器械，要经过三个月才能完成；构筑攻城用的土山，又要三个月才能竣工。倘若将帅抑制不住愤怒的情绪，驱使士卒像蚂蚁一样去爬梯攻城，结果士卒伤亡三分之一，而城邑还攻不下来，这就是攻城的祸害。所以，善于用兵作战的人，不用直接交战就可使敌军屈服，不用强攻就可

① 《孙子兵法·谋攻》。

夺取敌人的城邑，不需旷日持久就可毁灭敌人的国家。所以，用兵作战必须用全胜的方略争胜于天下。只有这样，军队才不至于疲惫受挫，胜利才能够圆满获得。

三、知彼知己，百战不殆

战争胜败的预测，既然体现在敌我双方的力量对比上，就要求战争指导者对敌我双方有充分的认知。

> 知彼知己者，百战不殆；不知彼而知己，一胜一负；不知彼，不知己，每战必殆。①

这就是说既了解敌方，又了解自己，就不会有失败；不了解敌方，只了解自己，胜败各占一半；不了解敌方，不了解自己，每战都要失败。与此相似的表述还有：

> 知吾卒之可以击，而不知敌之不可击，胜之半也；知敌之可击，而不知吾卒之不可以击，胜之半也；知敌之可击，知吾卒之可以击，而不知地形之不可以战，胜之半也，故知兵者，动而不迷，举而不穷。故曰：知彼知己，胜乃不殆；知天知地，胜乃不穷。②

只知道自己的部队能打，而不了解敌人不可以打，胜利的可能只有

---

① 《孙子兵法·谋攻》。

② 《孙子兵法·地形》。

一半；知道敌人可以打，而不了解自己的部队不能打，胜利的可能也只有一半；知道敌人可以打，也了解自己的部队能打，但不了解地形条件不利于打，胜利的可能也只有一半。懂得用兵的人，行动不会迷惑，战术变化无穷。所以说，既了解敌方，又了解自己，胜利就可以确保；既了解天时，又了解地利，胜利就不会穷尽。

从知彼知己来说，知彼较之知己更为重要。为了充分地了解敌人，孙子重视开展情报工作，分出五种间谍和间谍活动，认为真实的军事情报是展开军事行动的前提条件。“惟明君贤将，能以上智为间者，必成大功。”① 所以说，用兵作战的关键，在于依据间谍提供的情报来决定军事行动。

四、“胜兵”与“败兵”

孙子在论述战争指导问题时，还阐释了“胜兵”“败兵”等一系列关键词，分析了作战失败的不同情形。《形篇》曰：

> 胜兵先胜而后求战，败兵先战而后求胜。
>
> 胜兵若以镒称铢，败兵若以铢称镒。胜者之战民也，若决积水于千仞之溪者，形也。

这里的“镒”和“铢”，都是一种重量单位，1 镒等于 24 两（一说为 20 两），1 两等于 24 铢。孙子用镒和铢的比率来形容“胜兵”和“败兵”，说明“胜兵”较之于“败兵”，有如以“镒”称“铢”那样的绝对优势；而“败兵”较之于“胜兵”，就像以“铢”称“镒”那样处于绝对劣势。

---

① 《孙子兵法·用间》。

所以，“胜兵”之所以能取得胜利，就像在万丈悬崖决开积水一样，完全处于绝对优势的作战态势。

至于“败兵”的失败，孙子通过综合的考察，认为有“走”“弛”“陷”“崩”“乱”“北”六种情形，分析了造成失败的原因。《地形篇》曰：

> 夫势均，以一击十，曰走。卒强吏弱，曰弛。吏强卒弱，曰陷。大吏怒而不服，遇敌怼而自战，将不知其能，曰崩。将弱不严，教道不明，吏卒无常，陈兵纵横，曰乱。将不能料敌，以少合众，以弱击强，兵无选锋，曰北。

依此说来，凡是势均力敌而以一击十的，必然败逃，叫作“走”。士卒强悍，军官懦弱的，指挥必然松弛，叫作“弛”。军官强悍，士卒懦弱的，战斗力必然差，叫作“陷”。偏将怨怒而不服从指挥，遇到敌人擅自率军出战，主将又不了解他们能否取胜，必然如山崩溃，叫作“崩”。将帅懦弱又无威严，治军没有章法，组织编制混乱，布阵杂乱无章，必然自己搞乱自己，叫作“乱”。将帅不能正确判断敌情，以少击众，以弱击强，作战又没有突击分队，必然失败，叫作“北”。在孙子看来，这六种情形导致作战失败，也是将帅的重大责任，不能不认真做出研究。

五、“战胜不复”

除了预测性之“胜败”之外，《孙子兵法》也论及指导性之“胜败”。如《虚实篇》曰：

> 因形而错胜于众，众不能知；人皆知我所以胜之形，而莫

知吾所以制胜之形。故其战胜不复，而应形于无穷。

把根据敌情变化而灵活运用的战术摆在众人面前，众人也不能认识其中的奥妙。人们只知道我用以战胜敌人的方法，却不知道我怎样运用这些方法取胜。因此，每次取胜都不是重复使用某一种作战方式，而是适应具体情况的变化而变化。

《地形篇》曰：

战道必胜，主曰无战，必战可也；战道不胜，主曰必战，无战可也。

这里提出了“必胜”和“不胜”、“必战”和“无战”两对概念。照理说是“必胜”则“必战”，“不胜”则“无战”。然而，面对君主的瞎指挥，将帅必须作出相反的决定，有必胜把握的时候，即使君主说不打，也一定坚持打；没有必胜把握的时候，即使君主说必须打，也可以不打。这样的将帅，“进不求名，退不避罪，唯人是保，而利合于主”①，才是国家的宝贵财富。

昔之善战者，先为不可胜，以待敌之可胜。不可胜在己，可胜在敌。故善战者，能为不可胜，不能使敌之可胜。故曰：胜可知而不可为。②

从前善于打仗的人，先要创造条件，使敌人不可战胜自己，然后等

① 《孙子兵法·地形》。

② 《孙子兵法·形》。

待敌人暴露弱点，我发动进攻，就可以战胜敌人。不会被敌战胜的主动权操在自己手中，能否战胜敌人则在于敌人是否有隙可乘。所以，善于打仗的人，能够创造不被敌人战胜的条件，而不可能做到使敌人必定被我所战胜。所以说，胜利可以预见，但不可强求。

孙子讨论战争的胜败，比较在意作战时间的长短。《作战篇》曰：

> 其用战也胜，久则钝兵挫锐，攻城则力屈，久暴师则国用不足。夫钝兵挫锐、屈力殚货，则诸侯乘其弊而起，虽有智者，不能善其后矣。
>
> 故兵贵胜，不贵久。

这两个“胜”字，不是指取胜或胜利，而是指速战速决。孙子认为出动十万大军去作战，就要力求速战速决。旷日持久，会使军队疲惫，锐气挫伤，武器装备耗损；强行攻城，就会耗尽战斗力；军队长期在外作战，会使国家的财政发生困难。如果军队疲惫、锐气挫伤、战斗力耗尽、国家财政枯竭，别的诸侯国就会乘机前来进犯，那时即使再高明的人，也无法挽回危局。所以，用兵作战贵在速胜，不应当旷日持久。

第三节　战国兵家论胜败

一、《吴子兵法》：“以治为胜”

战国前期，吴起在魏国辅佐过魏文侯、武侯两代君主，经常跟他们谈论军事问题，从不同的角度涉及战争的胜败。

君能使贤者居上，不肖者处下，则陈已定矣。民安其田宅，亲其有司，则守已固矣。百姓皆是吾君而非邻国，则战已胜矣。①

吴起认为，君主能重用贤能的人，不重用平庸的人，战阵就已经稳定。民众安居乐业，亲近和尊重官府，防守就已经巩固。百姓拥护自己的君主，反对临近的国家，作战就已经胜利。

魏武侯从军事的角度询问吴起：军队靠什么打胜仗？吴起回答道："以治为胜。"那什么是"治"呢？吴起解释说：

所谓治者，居则有礼，却则有威，进不可当，退不可追，前却有节，左右应麾，虽绝成陈，虽散成行。与之安，与之危，其众可合而不可离，可用而不可疲。投之所往，天下莫当。②

依照吴起的解释，所谓"治"，就是平时守礼法，战时有威势，前进时锐不可当，后退时速不可追，前进后退有节制，左右移动听指挥，虽被冲散仍能恢复行列。上下之间同安乐，共患难，这种军队，能团结一致而不会离散，能连续作战而不感疲惫，无论用它指向哪里，谁都不能抵挡它。

战胜易，守胜难。故曰天下战国，五胜者祸，四胜者弊，三胜者霸，二胜者王，一胜者帝。是以数胜得天下者稀，以亡者众。③

① 《吴子兵法·图国》。

② 《吴子兵法·治兵》。

③ 《吴子兵法·图国》。

这是说打败敌人容易，巩固胜利却很困难。所以，天下从事战争的国家，五战五胜的，会招来祸患；四战四胜的，会国力疲敝；三战三胜的，可能称霸；二战二胜的，可能称王；一战一胜的，可能成就帝业。靠多次战争的胜利取得天下的少，由此亡国的多。

二、孙膑论“恒胜”

孙膑撰著《孙膑兵法》，论述战争的胜败问题，认为“兵之胜在于篡卒，其勇在于制，其巧在于势，其利在于信，其德在于道，其富在于亟归，其强在于休民，其伤在于数战”[①]，针对“恒胜”“恒不胜”的原因，作出了概括性说明。《篡卒篇》曰：

恒胜有五：得主剸（专）制，胜。知道，胜。得众，胜。左右和，胜。量敌计险，胜。

恒不胜有五：御将，不胜。不知道，不胜。乖将，不胜。不用间，不胜。不得众，不胜。

战争总能胜利的因素，主要包括五种：将帅受君主的信任，拥有独立指挥的权力；将帅懂得用兵的方法；将帅得到士卒的拥护；将帅和部属同心协力；将帅能够判断敌情，熟悉地形情况。战争不能胜利的因素，也主要有五种：将帅受君主的控制；将帅不懂得用兵的方法；将帅之间不团结；将帅不能使用间谍；将帅得不到士卒的拥护。

为了强调民众对战争胜败的作用，《奇正篇》曰：

---

① 《孙膑兵法·篡卒》。

战势，胜者益之，败者代之，劳者息之，饥者食之。故民见人而未见死，蹈白刃而不旋踵。故行水得其理，漂石折舟；用民得其性，则令行如流。

从作战形势来看，作战胜利者会增加兵力，扩大战果；失败者会更换部队，挽回战事；疲劳者要进行休整，饥饿者要得到饮食。这样，民众面对敌人，就会忘却死亡；脚踏利刃，也不会后退。照理说，河水按规律向下流动，就能冲走石头，毁灭船只；战争迎合士卒的心意，就能贯彻执行命令。

孙膑认为，战争胜败的决定因素，不在于兵众国富、武器装备精良，而在于“道”。这里所谓“道”，可以解释为战争规律。“众者胜乎？则投算而战耳。富者胜乎？则量粟而战耳。兵利甲坚者胜乎？则胜易知矣。故富未居安也，贫未居危也；众未居胜也，少未居败也。以决胜败安危者，道也。”① 所以，英明的君主和知晓战争规律的将帅首先周密计划，做好战争准备，因而一旦开战，就有了胜利的把握。

战者，以形相胜者也。形莫不可以胜，而莫知其所以胜之形。形胜之变，与天地相敝而不穷。……故善战者见敌之所长，则知其所短；见敌之所不足，则知其所有余。见胜如见日月，其错胜也，如以水胜火。②

这是说作战是敌我双方有形力量的较量，有形的事物无不可以战胜，但未必知道用什么办法去战胜。万事万物的变化与天地共始终，因

① 《孙膑兵法·客主人分》。

② 《孙膑兵法·奇正》。

而无穷无尽。……善于打仗的人，看到敌人的长处，就知道它的短处；看到敌人的短处，就知道它的长处。所以预见胜利，就像看太阳和月亮一样清楚；夺取胜利，就像用水灭火一样有把握。

在论述地形时，孙膑提出了“五地之胜”“五壤之胜”“五草之胜”“五地之败”等概念：

> 五地之胜曰：山胜陵，陵胜阜，阜胜陈丘，陈丘胜林平地。五草之胜曰：藩、棘、椐、茅、莎。五壤之胜：青胜黄，黄胜黑，黑胜赤，赤胜白，白胜青。五地之败曰：溪、川、泽、斥。五地之杀曰：天井、天宛、天离、天隙、天柖。①

五种作战地形优劣的比较是：高山比大山好，大土山比小土山好，小土山比起伏连绵的土丘好，连续的土丘又比有树木的平坦地好。五种植物生长地的优劣比较是：篱笆似的丛树地最好，其次是带刺的草木地，再其次是小乔木地和茅草地，最次的是莎草地。五种土壤的优劣比较是：青土比黄土好，黄土比黑土好，黑土比红土好，红土比白土好，白士比青土好，它们循环相克。五种不利于作战的地形是；山涧、大河、沼泽地、盐碱地。五种极端不利的地形是：四边有高山中间低洼像天井那样的地形，深山峡谷中烟雾朦胧笼容易迷失方向的地形，草木茂密行动困难的地形，沟坑交错难以通过的地形，地势低洼道路泥泞的地形。

特别要说的是，在《孙膑兵法·将失》一篇中，作者从指挥作战的角度，罗列出 32 种作战失败的情形，如军队行动漫无目的；召集乱民来使用，收编败兵去再战，战斗力根本不足；是非争执不休，谋略论辩

---

① 《孙膑兵法·地葆》。

不决；命令不能执行，军队行动不一；下级不服从，士卒不效力；民众痛恨军队；长期作战，军队疲惫；士卒都想家；士卒逃亡；军队不团结；军队屡次惊扰；行军道路泥泞，士卒困苦；军队构筑坚固城寨，士卒劳累过度；疏于戒备；日暮路远，士卒恐惧；命令反复改变，士卒敷衍应付；军心离散，士卒不尊重将吏；将帅不公，士卒懈怠；将帅犹豫不决，士卒无所适从；将帅不愿意别人指出其错误；亲近无能的人；军队长期在国外作战，士气挫伤；临战之前，军心涣散；指望敌军士气消沉侥幸取胜；将帅行事伤人，只凭阴谋诡诈；将帅刻薄对待下面的士卒，大家都恨他；不能以整齐的队形通过狭路山口；军队前行和后行的兵器，不能相互配合而发挥威力于阵前；战时，瞻前顾后，忧虑太多。这样论述作战失败的原因，可以说再细致不过。

三、尉缭："兵胜于朝廷"

任何一次战争的胜败，都有一定的物质基础。尉缭着眼于城邑建筑，从土地、城邑和居民、粮食的关系来讨论战争胜败的物质基础，非常明确地指出："量土地肥瘠而立邑建城，以城称地，以地称人，以人称粟。三相称，则内可以固守，外可以战胜。战胜于外，备主于内，胜备相应，犹合符节，无异故也。"① 这说明城邑的兴建要与土地的质量和面积相适应，城邑的大小要与人口的多少相适应，人口的多少要与粮食的供应相适应。这三者互相适应，对内就可以稳固防御，对外就可以战胜敌人。能够战胜敌人于国外，主要在于国内有充分的准备，胜利和战备完全一致，就像符节相吻合那样，这两者没有一点差异。

怎样在进行战争之前，为胜利创造条件呢？尉缭提出了两种措施：

① 《尉缭子·兵谈》。

一方面采取安抚措施，来稳定社会秩序；一方面通过开垦土地，来发展农业生产。依靠稳定和富裕，增强国家的综合实力，以便在兼并战争中，占据绝对的优势。

明乎禁舍开塞，民流者亲之，地不任者任之。夫土广而任则国富，民众而制则国治。富治者，民不发轫，甲不出暴，而威制天下，故曰兵胜于朝廷。①

依此说来，治理国家的关键，在于明确各种制度，该禁止的禁止，该舍弃的舍弃，该提倡的提倡，该杜绝的杜绝；必须安抚流离失所的人口，开垦还没有利用的土地。土地辽阔而又能充分利用，国家就会富裕；人口众多而又能妥善管理，国家就会安定。富裕而安定的国家，不必动员民众，不用出动军队，凭借强大的威慑力，就能使天下归附。所以说，军事上的胜利取决于朝廷政治。

尉缭认为，战争胜利有三种途径："道胜""威胜""力胜"，每一种途径的开启，都有一种关键因素。《尉缭子·战威》曰：

讲武料敌，使敌之气失而师散，虽形全而不为之用，此道胜也。审法制，明赏罚，便器用，使民有必战之心，此威胜也。破军杀将，乘闉发机，溃众夺池，成功乃返，此力胜也。

据此可知，所谓"道胜"，就是加强军事力量，准确判断敌情，设法打掉敌人士气，使其军心涣散，以至完全丧失战斗力；所谓"威胜"，就是健全法制，严明赏罚，改善武器装备，使人人都有必胜的决心；所

---

① 《尉缭子·兵谈》。

谓“力胜”，就是击破敌军，斩杀敌将，使用各种攻城器械强攻敌城，粉碎敌人防御，占领敌国土地，功成之后班师回国。在尉缭看来，战争决策者懂得这些道理，就能够取得战争胜利。

从军队的管理与法制的关系来看，尉缭非常重视赏罚的作用，认为战争胜利需要法制的保障。

> 今以法止逃归，禁亡军，是兵之一胜也。什伍相联，及战斗则卒吏相救，是兵之二胜也。将能立威，卒能节制，号令明信，攻守皆得，是兵之三胜也。①

所谓“兵之三胜”，包括利用军事法令，禁止士卒逃亡；同一什伍的士卒，平时相互连保，战时相互救援；将帅能树立威信，士卒能听从指挥，号令明确坚定，攻守运用得当。这是强调军令的作用，都是以法治军的结果。从战争指导的角度来说，尉缭认为“战胜在乎立威，立威在乎戮力，戮力在乎正罚”，即把树立军威、将士同心协力和严赏明罚连在一起，当作战胜敌人的重要保证。

尉缭认为，在军事行动开始之前，就能够胜过敌人，主要有五个条件，“一曰庙胜之论，二曰受命之论，三曰逾垠之论，四曰深沟高垒之论，五曰举陈加刑之论”②。换言之，“高之以廊庙之论，重之以受命之论，锐之以逾垠之论，则敌国可不战而服”③。也就是说朝廷决策高明，将帅选用慎重，进入敌国境内行动迅速，不经过与敌人交战，就可以使敌国屈服。

---

① 《尉缭子·兵令》。
② 《尉缭子·战威》。
③ 《尉缭子·战权》。

四、《六韬》论“全胜”

在战争胜败问题上，《六韬》继承孙子的“全胜”思想，提出了“全胜不斗，大兵无创”的观点，认为无论战争决策，还是指挥作战，都必须了解敌情，适时地把握战机，利用敌人的败端，有效地打击敌人。《龙韬·军势》曰：

天道无殃，不可先倡；人道无殃，不可先谋。必见天殃，又见人灾，乃可以谋。必见其阳，又见其阴，乃知其心；必见其外，又见其内，乃知其意；必见其疏，又见其亲，乃知其情。

这里战争决策，必须审时度势，上天未降下灾害，就不能倡导征伐；民众未出现骚乱，就不能谋划征伐。只有天灾人祸并行，才能进行征伐。具体到讨伐商纣，既看他的正面，又看他的反面，才能了解他的心思；既看他的表现，又看他的本质，才能知道他的意图；既看他疏远的人，又看他亲近的人，才能认识他的统治。通过正确的判断，就可以进行战争。

在指挥作战方面，《六韬》要求将帅准确地把握战机，必须观察敌人的动静，分析敌我的强弱，预料战争的胜败。依据作战的态势，着眼于精神因素，列出四种征候：“强征”“弱征”“大胜之征”“大败之征”，并且分别予以论述。就前面两种征候，《六韬·龙韬·兵征》曰：

凡三军说怿，士卒畏法，敬其将命，相喜以破敌，相陈以勇猛，相贤以威武，此强征也。三军数惊，士卒不齐，相恐以敌强，相语以不利，耳目相属，妖言不止，众口相惑，不畏法令，不重其将，此弱征也。

这是说军队上下欢快，士卒畏惧法令，遵从将帅意志，以破敌为乐事，以勇猛为美德，以威武为荣耀，表明战斗力较强。军队常被惊动，士卒散乱不整，谈到敌人就害怕，只议论不利情形，谣言四起，相互欺蒙，不畏惧法令，不尊重将帅，表明战斗力较弱。关于胜败的征候，《六韬·龙韬·兵征》曰：

三军齐整，阵势已固，深沟高垒，又有大风甚雨之利；三军无故，旌旗前指，金铎之声扬以清，鼙鼓之声宛以鸣，此得神明之助，大胜之征也。行阵不固，旌旗乱而相绕，逆大风甚雨之利，士卒恐惧，气绝而不属，戎马惊奔，兵车折轴，金铎之声下以浊，鼙鼓之声湿以沐，此大败之征也。

这说明军队步调一致，战阵稳定，既有坚固的工事，又得风雨的便利，金铎高亢而清晰，鼙鼓婉转而响亮，受到神明的保佑，就能取得胜利。如果战势不稳，旌旗纷乱，又遭风雨的阻碍，士卒畏惧，军心涣散，金铎低沉而浑浊，鼙鼓沉闷而微弱，就会导致失败。

《六韬》认为，将帅指挥作战，通过分析强弱、预测胜败以后，必须抓住有利的态势，迅速地采取行动，猛烈地打击敌人。

善战者，居之不挠，见胜则起，不胜则止。故曰无恐惧，无犹豫。用兵之害，犹豫最大；三军之灾，莫过狐疑。善战者见利不失，遇时不疑。失利后时，反受其殃。故智者从之而不失，巧者一决而不犹豫。是以疾雷不及掩耳，迅电不及瞑目。赴之若惊，用之若狂，当之者破，近之者亡，孰能御之？①

① 《六韬·龙韬·军势》。

照此说来，善于用兵的人处在待机状态，不会受任何干扰；若有胜利的把握，就迅速发起进攻；缺乏胜利的把握，就立即停止行动。作战的害处，莫大于犹豫；军队的灾祸，莫过于狐疑。因为失去有利的条件，或者错过有利的时机，反而会使自己受害。所以，高明的将帅，一旦抓住战机，就决不会放过；一旦作出决定，就决不会犹豫。这样指挥作战，军队行动起来，就会非常迅疾，前进如惊马奔驰，战斗如暴风骤雨，阻挡者就被击破，靠近者就被消灭，谁能抵抗得住呢？《六韬·龙韬·军势》曰：

> 善战者，不待张军；善除患者，理于未生；善胜敌者，胜于无形；上战无与战。故争胜于白刃之前者，非良将也；设备于已失之后者，非上圣也；智与众同，非国师也；技与众同，非国工也。事莫大于必克，用莫大于玄默，动莫神于不意，谋莫善于不识。夫先胜者，先见弱于敌而后战者也，故事半而功倍焉。

这是说善于指导战争的人，取胜于战斗开始之前；善于消除祸患的人，防止祸患于萌芽之前；善于获取胜利的人，获胜于无形之中。最高明的战法，是不战而屈人之兵。所以靠死拼硬斗来取胜的将领，不是优秀的将领；失败之后再加强防守的将领，不是明智的将领。才智与一般人等同，不能称之为国家的导师；技术与一般人等同，不能算是能工巧匠。作战最重要的莫过于战则必胜，指挥最重要的莫过于保守机密，行动最重要的莫过于出敌不意，谋略最重要的莫过于高深莫测。预先获胜的根本方法，是首先示弱于敌人，而后与敌人交战，这样就可以事半而功倍。

第四节 先秦诸子的胜败观

在中国军事史上，对待战争胜败的问题，主要有三种观点：政治制胜论、军事制胜论和技术制胜论。就先秦诸子而言，如果说兵家是军事制胜论者，墨家是技术制胜论者，那么，道家、法家都是政治制胜论者。从《老子》的“柔弱胜刚强”到《商君书》的“政胜”，再到《孟子》的“仁者无敌”，都体现出政治制胜的观点。

一、《老子》：“柔弱胜刚强”

先秦道家主张“清静无为”，基于反对战争的理念，不太关注军事的话题，较少论及战争的胜败。《老子》论及战争的胜败，只是停留在理论层面，笼统地提出了一些观点。

> 善为士者，不武；善战者，不怒；善胜敌者，不与；善用人者，为之下。①

这是从政治来说，善于打仗的武士，并不靠武力逞强；善于作战的军队，并不会轻易动怒；善于制胜的将帅，并不与敌人相斗；善于用人的君主，往往会礼贤下士。《老子》第三十章曰：

> 以道佐人主者，不以兵强天下，其事好还。师之所处，荆棘生焉，大军之后，必有凶年。

---

① 《老子·六十八章》。

这是从战争来说，军队所到的地方，总是荆棘丛生，经过大战之后，必定出现饥荒。所以，用道辅佐君主的人，不能依靠暴力逞强，因为使用暴力手段，总会得到报应。

《老子》提出了“哀兵必胜”的观点。《老子》第六十九章曰：

用兵有言：“吾不敢为主而为客，不敢进寸而退尺。”是谓行无行，攘无臂，扔无敌，执无兵。祸莫大于轻敌，轻敌几丧吾宝。故抗兵相若，哀者胜矣。

这是从攻守来说，“我不敢进攻，而采取防守，不敢前进一寸，而要后退一尺。”这意味着虽然有阵势，却像没有阵势可摆；虽然要奋臂，却像没有臂膀可举；虽然面对敌人，却像没有敌人对峙；虽然有兵器，却像没有兵器可用。所有的祸患莫大于轻敌，轻敌会丧尽我的法宝。所以，当两军相持的时候，慈悲的一方能取得胜利。

二、《管子》论“胜败”

《管子》讨论预测性之胜败，比较重视战争与经济的关系，认为经济实力的增强，对于夺得战争胜利，显得十分重要。据《管子》记述，管子曾经与齐桓公讨论国家积蓄问题，其中谈道：

国有十年之蓄，富胜贫，勇胜怯，智胜愚，微胜不微，有义胜无义，练士胜驱众。凡十胜者尽有之，故发如风雨，动如雷霆，独出独入，莫之能禁止，不待权与。①

① 《管子·事语》。

国家有十年的积蓄，就能做到以富胜贫，以勇胜怯，以智胜愚，以用兵巧妙胜不巧妙，以有义胜不义，以训练有素的士卒胜乌合之众。这些制胜要素全都具备，就能发兵如风雨，行动如雷霆，独出独入，没有谁能阻止，也就不需要外国援助。否则，国家不重视积蓄，百姓就不能安居乐业，就会造成强盗横行、农民离散的局面。

> 轻民处，重民散，则地不辟；地不辟，则六畜不育；六畜不育，则国贫而用不足；国贫而用不足，则兵弱而士不厉；兵弱而士不厉，则战不胜而守不固；战不胜而守不固，则国不安矣。①

这是说农民离散的结果，就是土地得不到开垦，土地不开垦则六畜不能繁育，六畜不繁育则国家财用不足，国家财用不足则军队士气不振，军队士气不振，则战不能胜、守不能固，战不胜而守不固，国家就不会安定。

三、商鞅："战法必本于政胜"

商鞅论述战争指导问题，注重战争和政治的关系，把战争问题纳入政治的范畴，把政治视为战争胜败的关键。《商君书·战法》曰：

> 凡战法必本于政，胜则其民不争；不争则无以私意，以上为意。故王者之政，使民怯于邑斗，而勇于寇战。

照此说来，战争指导必须以政治为基础，国家的法令能约束民众，

① 《管子·七法》。

民众就不会相互争斗；民众不相互争斗，就会遵从统治者的意志。所以，要保持政治上的优势，就必须制定相关的法令，使民众怯于跟乡邻斗殴，勇于同外敌作战。这样一种战争观，体现出“政本”的理论特质。

为了保证战争的胜利，商鞅要求确立政治上的优势，有计划、有步骤地进行战争准备，尤其是通过推行法制，培养民众坚强勇敢的精神。《商君书·立本》曰：

凡用兵，胜有三等：若兵未起则错法，错法而俗成，而用具。此三者行于境内，而后兵可出也。……故曰：强者必刚斗其意，斗则力尽，力尽则备，是故无敌于海内。

显然，在商鞅看来，决定进行战争之前，国家就要推行法制；国家推行法制，能使民众养成积极务农、勇敢战斗的习俗；这种习俗形成之后，作为战争的有利条件，就可以进行战争。战争中较强大的国家，必定使民众具备坚强勇敢的精神；民众具备这种精神，就会全力以赴地投入战争；民众全力以赴地投入战争，就会成为战争的有力工具，所以能无敌于天下。

在作战指挥方面，商鞅强调掌握敌情，根据敌我力量的对比，来预测战争的胜败。“兵起而程敌，政不若者勿与战，食不若者勿与久，敌众勿为客，敌尽不如，击之勿疑。故兵大律在谨，论敌察众，则胜负可先知也。”① 可见政治不如敌国，就不能同敌人交锋；粮食储备不如敌国，就不能同敌人长久相持；如果敌人人多势众，就不能轻易地做进攻者。用兵的原则在于谨慎，仔细地考察和分析敌情，才能预测战争胜败。《商君书·战法》又曰：

① 《商君书·战法》。

王者之兵，胜而不骄，败而不怨。胜而不骄者，术明也；败而不怨者，知所失也。若兵敌强弱，将贤则胜，将不如则败。若其政出庙算者，将贤亦胜，将不如亦胜。

这是说称王于天下的君主，打胜仗而不骄傲，打败仗而不抱怨。胜利而不骄傲，是因为胜利出自战术高明；失败而不抱怨，是因为知道自己失误的地方。如果敌我兵力相当，将帅的才能超过对方，就能取得胜利；将帅的才能不如对方，就会遭到失败。如果战争决策出自朝廷，将帅的才能超过对方，能够取得胜利；将帅的才能不如对方，也能够取得胜利。

四、孟子：天时地利人和

战国时代，面对战争纷繁的处境，孟子作为一个思想家，不能不考虑战争问题，尤其是战争胜败问题。经过他的解释，决定战争胜败的主要有三种因素："天时""地利""人和"，而"人和"是根本因素。

天时不如地利，地利不如人和。三里之城、七里之郭，环而攻之而不胜。夫环而攻之，必有得天时者矣，然而不胜者，是天时不如地利也。城非不高也，池非不深也，兵革非不坚利也，米粟非不多也，委而去之，是地利不如人和也。故曰：域民不以封疆之界，固国不以山溪之险，威天下不以兵革之利。得道者多助，失道者寡助。寡助之至，亲戚畔之；多助之至，天下顺之。以天下之所顺，攻亲戚之所畔，故君子有不战，战必胜矣。①

① 《孟子·公孙丑下》。

孟子举例来说，一座城邑每边长三里，外郭长七里，敌人四面围攻它，不能取得胜利。在围攻过程中，一定有符合天时的机会，然而不能取得胜利，说明天时不如地利。另一座城邑，城墙不是不高，护城河不是不深，武器装备不是不坚固和锐利，粮食不是不多，当敌人来犯时，马上弃城逃走，说明地利不如人和。所以，限制民众不必用国家的疆界，保卫国家不必靠山川的险阻，威行天下不必用锐利的武器。推行仁政的君主，就会得到较多的支持；不推行仁政的君主，只能得到较少的支持。得到最少的支持，连亲戚都会背叛他；得到最多的支持，天下人都会顺从他。凭借天下人的顺从，去攻打连亲戚都背叛的人，所以君子不喜欢战争，如果发动战争，就一定会取得胜利。

在孟子之后，尉缭论述战争胜败问题，也谈及天时、地利、人和的话题。《尉缭子》开篇说："天官时日，不若人事。"① 与其依靠天官时日那些无法捉摸的东西，不如重视发挥人的作用。尉缭明确地指出："举贤用能，不时日而事利；明法审令，不卜筮而获吉；贵功养劳，不祷祠而得福。"就是说只要任用贤能，不需要选择吉日，做事也会顺利；只要法令严明，不需要求神问卜，也会获得吉祥；只要奖赏优厚，不需要祈求祷告，也会享受福祉。所以说，"天时不如地利，地利不如人和。"②

其实，在孟子、尉缭之前，孙膑论述战争胜败的决定因素，已经谈到这个话题。"间于天地之间，莫贵于人。""天时、地利、人和，三者不得，虽胜有殃。"③ 这是特别重视人的作用，把"天时""地利""人和"三者的统一，当作战争胜利的根本条件。这表明孟子、尉缭的观点有可能受着孙膑的启发，而不是他们个人的理论创新。

较之孙膑更早一些，孙子论述战争胜败的决定因素，包括

① 《尉缭子·天官》。

② 《尉缭子·武议》。

③ 《孙膑兵法·月战》。

“道”“天”“地”“将”“法”五个方面。这里所谓“道”，是指君臣、军民上下齐心协力，同心同德，也就是“人和”。所谓“天”，是指天气的变化，如风雨阴晴之类，也就是“天时”。所谓“地”，是指战场的地形、地貌，道路的远近、险易等，也就是“地利”。孙子重视这三者的作用，更是强调“道”的决定作用。

诚然，对战争胜败而言，“人和”与“天时”“地利”相比，最为重要。“人和”意味着得民心。民众是社会的主体，是国家兴亡的根本。从治国的角度看，治国的落脚点在于民众。君主要统一天下，不光靠坚甲利兵，不光靠攻城略地，更要担当社会责任，关心民众的利益，消除民众的祸害。只有这样，国家遇到危难，民众才会拼死效命。“天时不如地利，地利不如人和”的论断，反映出儒家和兵家对于战争胜败问题，有着一定的共识。

五、《吕氏春秋》论“决胜”

在战争胜败问题上，儒家往往重视战争性质，而不太注意军队建设，甚至认为靠疲弱的民众，可以击败优良的军队；靠散乱的囚徒，可以打垮整齐的战阵；靠简陋的木棒，可以战胜锋利的兵刃。吕氏门客认为这种论调不符合客观实际，不通晓用兵之道，因而予以批驳说：

> 今有利剑于此，以刺则不中，以击则不及，与恶剑无择，为是斗因用恶剑则不可。简选精良，兵械铦利，发之则不时，纵之则不当，与恶卒无择，为是战因用恶卒则不可。①

---

① 《吕氏春秋·仲秋纪·简选》。

依照这一批驳，严格地选拔士卒，装备精锐的武器，能够造就优良的军队。用这样的军队作战，如果总不合时宜，就与用劣等的军队没有什么区别。但不能仅此一点，就去用劣等的军队。因为用劣等的军队必定打败仗。历史上，商汤王战胜夏桀，周武王打败商纣，齐桓公重建邢、卫两国，吴王阖闾攻破楚国，都有赖于优良的军队。

不过，从“义兵”观念出发，“简选精良，兵械铦利”，仅有助于战争胜利，不能决定战争胜利。要夺取战争胜利，只有优良的军队，还是很不够的。“凡兵势险阻，欲其便也；兵甲器械，欲其利也；选练角材，欲其精也；统率士民，欲其教也。此四者，义兵之助也，时变之应也，不可为而不足专恃。”[①] 吕氏门客认为决定战争胜败的因素，主要是“义”“智”和“勇”，所以接着解释说：

> 夫兵有本干：必义、必智、必勇。义则敌孤独，敌孤独则上下虚，民解落；孤独则父兄怨，贤者诽，乱内作。智则知时化，知时化则知虚实盛衰之变，知先后远近纵舍之数。勇则能决断，能决断则能若雷电飘风暴雨，能若崩山破溃、别辨陨坠，若鸷鸟之击也，搏攫则殪，中木则碎。[②]

这就是说，用兵作战的根本，在于符合正义、足智多谋和勇敢。因为符合正义，就能使敌人孤立无援，缺乏斗志，甚至发生内乱，分崩离析；因为足智多谋，就能掌握时势的发展，懂得虚实、盛衰的变化，熟悉先后、远近和进退的谋略；因为作战勇敢，就能处事果断，像暴风骤雨、山崩河决一样，向敌人发起进攻，谁都无法阻挡。

---

① 《吕氏春秋·仲秋纪·简选》。

② 《吕氏春秋·仲秋纪·决胜》。

在实际作战过程中，军队的士气、士卒的斗志往往决定最终的胜败。《吕氏春秋·仲秋纪·决胜》曰：

夫民无常勇，亦无常怯。有气则实，实则勇；无气则虚，虚则怯。怯勇虚实，其由甚微，不可不知。勇则战，怯则北。战而胜者，战其勇者也；战而北者，战其怯者也。

这是说民众的勇敢会变化，民众的怯弱也会变化。士气旺盛就充实，充实就会勇敢；士气丧失就空虚，空虚就会怯弱。怯弱和勇敢、空虚和充实的产生，都有微妙的缘由。勇敢就能奋力作战，怯弱就会临阵逃跑。战争胜利的一方，是凭着勇敢而作战；战争失败的一方，是怀着胆怯而作战。

吕氏门客继承《孙子兵法》的观点，继续论述说：

凡兵，贵其因也。因也者，因敌之险以为己固，因敌之谋以为己事。能审因而加胜，则不可穷矣，不可穷之谓神，神则能不可胜也。夫兵贵不可胜，不可胜在己，可胜在彼。圣人必在己者，不必在彼者，故执不可胜之术，以遇不胜之敌，若此则兵无失矣。凡兵之胜，敌之失也。胜失之兵，必隐必微，必积必抟。隐则胜阐矣，微则胜显矣，积则胜散矣，抟则胜离矣。①

这是说用兵之道，贵在善于凭借，利用敌人的险阻作为自己的要塞，利用敌人的谋划达到自己的目的。能够明察所凭借的条件而后行动，胜利就不可穷尽。用兵贵在不可被敌人战胜。不可被战胜的主动权

---

① 《吕氏春秋·仲秋纪·决胜》。

操在自己手中，能否战胜敌人在于敌人。圣人会把握自己的主动权，不依赖敌人的过失，所以掌握不可被战胜的方法，与可以战胜的敌人交锋，这样用兵就万无一失。凡是用兵获胜，都是敌人有过失的缘故。战胜有过失的军队，一定要行动隐蔽，方法微妙，一定要有所积蓄，集中兵力。行动隐蔽，就能战胜公开的敌人；方法微妙，就能战胜暴露的敌人；有所积蓄，就能战胜零散的敌人；集中兵力，就能战胜疏离的敌人。

诚然，战争胜败的外在表现，通常是暴力冲突。吕氏门客反对“非攻救守”，并非一味地宣扬暴力，而能谨慎地对待战争，认为在战争状态下，最好是依靠威慑手段，取得战争的胜利。

> 凡兵，天下之凶器也；勇，天下之凶德也。举凶器，行凶德，犹不得已也。举凶器必杀，杀所以生之也；行凶德必威，威所以慑之也。敌慑民生，此义兵之所以隆也。故古之至兵，士民未合，而威已谕矣，敌已服矣，岂必用桴鼓干戈哉？故善谕威者，于其未发也，于其未通也，窅窅乎冥冥，莫知其情，此之谓至威之诚。①

这里把兵器视为凶器，把勇武视为凶德，战争出于不得已，可谓继承道家的观点。吕氏门客认为，使用凶器除掉恶人，是让民众生存的方式；利用凶德显示威力，是使敌人屈服的手段。敌人畏惧屈服，民众得以生存，正是“义兵”兴盛的原因。历史上的“义兵”，还没有正式交锋，就能使敌人屈服，即善于显示威力。只有善于显示威力，才能以威慑制胜。

① 《吕氏春秋·仲秋纪·论威》。

六、《韩非子》："胜在诈敌"

在先秦法家中间，韩非比较重视政治权谋，较少瞩目于军事领域，但在讨论战争指导问题时，仍能够从民众治理的角度，分析战争胜败的根本因素。《韩非子·心度》曰：

> 治民者，禁奸于未萌；而用兵者，服战于民心。禁，先其本者治；兵，战其心者胜。圣人之治民也，先治者强，先战者胜。

这里，战争胜败的根本因素被归结为对民众的治理。韩非站在君主的立场上，强调治理民众，要把邪恶禁止在萌发状态；用兵打仗，要使民众的心理适应战争。禁止邪恶，在邪恶萌发之前才能见效；用兵打仗，适应民众心理才能取胜。所以，圣人治理民众，首先禁止邪恶，国家就能够强大；用兵打仗，强调适应民众心理，战争就能够胜利。

战争的胜败决定国家的兴亡，韩非明白这个道理，所以特别期待战争的胜利，提出了"胜在诈敌"的观点。《韩非子·难一》曰：

> 战而胜，则国安而身定，兵强而威立，虽有后复，莫大于此，万世之利奚患不至？战而不胜，则国亡兵弱，身死名息，拔拂今日之死不及，安暇待万世之利？待万世之利，在今日之胜；今日之胜，在诈于敌；诈敌，万世之利而已。

战争取得胜利，国家就会安宁，君主的地位就会稳定；军队就会强大，君主的权威就会确立，虽然以后还能重演，也比不上这次战胜敌人，还担心长远的利益得不到吗？战争不能取胜，国家就会灭亡，军队就会衰弱，君主就会身死名裂，想避开眼前的死亡都来不及，哪还有空等待长远的利益呢？要得到长远的利益，关键在于眼前的胜利；要得到眼前的利益，关键在于欺诈敌人；所以欺诈敌人，就能得到长远的利益。

第五节　汉代以降的胜败观

西汉王朝建立之后，刘邦与群臣谈论楚汉战争的胜败缘由，从“人谋”的角度说：“夫运筹策帷帐之中，决胜于千里之外，吾不如子房。镇国家，抚百姓，给馈饷，不绝粮道，吾不如萧何。连百万之军，战必胜，攻必取，吾不如韩信。此三者，皆人杰也，吾能用之，此吾所以取天下也。”① 这一番对楚汉战争的检讨，道出了刘邦战胜项羽的主观条件。张良、萧何、韩信分别为汉王朝的建立贡献了战争决策、军事后勤、作战指挥诸方面的智谋，这是刘邦战胜项羽的关键因素。其中刘邦对张良的称道，被概括为“运筹帷幄，决胜千里”一语，竟然在此之后流传千载，成为人们解释战争胜败的一个重要关键词。

一、《淮南子》论“政胜”

在战争胜败问题上，《淮南子》坚持政治制胜论的观点，认为“兵之所以佐胜者众，而所以必胜者寡”。“甲坚兵利，车固马良，畜积给足，士卒殷轸，此军之大资也，而胜亡焉。明于星辰日月之运，刑德奇赅之数，背向左右之便，此战之助也，而全亡焉。”② 像精良的武器装备、充

① 《史记》卷八《高祖本纪》。

② 《淮南子·兵略训》。

裕的物资储备、众多精壮的士卒及有利的天候时日和地理条件，都不能决定战争的胜败，只是战争胜败的辅助因素。《淮南子·兵略训》又曰：

神莫贵于天，势莫便于地，动莫急于时，用莫利于人。凡此四者，兵之干植也，然必待道而后行，可一用也。夫地利胜天时，巧举胜地利，势胜人。故任天者可迷也，任地者可束也，任时者可迫也，任人者可惑也。……由此观之，则兵以道理制胜，而不以人才之贤，亦自明矣。

用兵作战，精神没有比合天道更可贵的，形势没有比占据有利地形更方便的，行动没有比抓住时机更急切的，功用没有比得人和更有利的。这四个方面，是决定战争胜败的主要因素，但一定得依赖于道而后行动，才能发挥其中一种因素的作用。地利胜过天道，人的巧妙举动胜过地利，时势胜过人和。所以，利用天道的人可以被天道迷惑，凭借地利的人可以受地形束缚，依赖时机的人可以受时机逼迫，依靠人和的人可以被人际关系困惑。

既然如此，那什么是战争胜败的决定因素呢？淮南门客解释说：

兵之胜败，本在于政。政胜其民，下附其上，则兵强矣；民胜其政，下畔其上，则兵弱矣。故德义足以怀天下之民，事业足以当天下之急，选举足以得贤士之心，谋虑足以知强弱之势，此必胜之本也。①

这是说战争的胜败，根本在于政治。政治能够驾驭人民，人民亲附

① 《淮南子·兵略训》。

君王，那么军队就强大；人民左右了政局，百姓背叛君王，那么军队就弱小，所以德政和道义足以感怀天下百姓，功业成就足以对付天下的紧急事件，选用人才足以得贤士的拥护，谋虑足以了解敌我力量强弱的形势，这些才是必胜的根本因素。

既然是政治决定战争胜败，淮南门客就很重视政治因素，因而提出了“存政”“亡政”的概念。“地广人众，不足以为强；坚甲利兵，不足以为胜；高城深池，不足以为固；严令繁刑，不足以为威。为存政者，虽小必存；为亡政者，虽大必亡。”① 这是说土地辽阔，人口众多，不足以逞强；铠甲坚固，兵刃锋利，不足以制胜；高高的城墙，深深的壕沟，不足以固守；严厉的命令，繁杂的刑罚，不足以显威。国家实行仁政，虽然力量弱小，一定能生存下去；实行暴政，虽然力量强大，一定会遭到灭亡。

那么，什么是“存政”呢？“存政”在于“积德”。“善为政者积其德，善用兵者畜其怒。德积而民可用，怒畜而威可立也。故文之所加者浅，则势之所胜者小；德之所施者博，而威之所制者广。威之所制者广，则我强而敌弱矣。故善用兵者，先弱敌而后战也，故费不半而功自倍也。”在刘安看来，千乘小国推行德政，就可以称王；万乘大国穷兵黩武，也必然灭亡。

基于“政胜”的思想，刘安论述战争指导性之胜败，划分出上、中、下三种方略。

兵有三诋：治国家，理境内，行仁义，布德惠，立正法，塞邪隧，群臣亲附，百姓和辑，上下一心，君臣同力，诸侯服其威，而四方怀其德，修政庙堂之上，而折冲千里之外，拱

① 《淮南子·兵略训》。

揖指扮而天下响应，此用兵之上也。地广民众，主贤将忠，国富兵强，约束信，号令明，两军相当，鼓錞相望，未至交兵接刃，而敌人奔亡，此用兵之次也。知土地之宜，习险隘之利，明奇正之变，察行阵解赎之数，维桴绾而鼓之，白刃合，流矢接，涉血属肠，舆死扶伤，流血千里，暴骸盈场，乃以决胜，此用兵之下也。

依此而言，战争指导有三种方略：一是以治国为基础，注重推行仁义，健全法制，上下同心，君臣协力，在朝廷上修明政治，使敌人不敢侵犯，而能怀柔天下；二是加强军队建设，务求纪律严格，号令明确，军容整齐，使敌人迫于威慑，不战而退；三是从战争指导出发，了解战场的环境，熟悉有利的地形，掌握奇正的变化，运用分合的方法，经过激烈的厮杀，最后取得胜利。刘安着眼于现实，认为天下人只晓得以力服人，不懂得以德服人，就如同砍掉树根，而去培植树枝，实在是本末倒置。

二、《将苑》：“以整为胜”

《将苑》成书于汉魏时期，专门列出《胜败》一篇，论述战争胜败的征兆。其中写到：

贤才居上，不肖居下，三军悦乐，士卒畏惧，相议以角斗，相望以威武，相劝以刑赏，此必胜之征也。三军数惊，士卒惰慢，下无礼信，人不畏法，相恐以敌，相语以利，相嘱以祸福，相惑以妖言，此必败之征也。

德才兼备的人担任要职，德薄才疏的人身处低位，军队团结和睦，士卒敬畏长官，大家谈论的是怎样战斗，期望的是威武健壮，经常以刑赏相规劝，这都是必胜的征兆。军队屡次出现惊扰，士卒懒惰散漫，下属不遵守礼义，不害怕法令，而总是害怕敌人，谈论的是谋求私利，嘱咐的是避祸得福，经常以妖言相煽惑，这都是必败的征兆。

> 夫出师行军，以整为胜。若赏罚不明，法令不信，金之不止，鼓之不进，虽有百万之师，无益于用。所谓整师者，居则有礼，动则有威，进不可当，退不可逼，前后应接，左右应麾，而不与之危，其众可合而不可离，可用而不可疲矣。①

军队行军作战，以严整为优胜。如果赏罚不够明确，法令失去权威，鸣金后不停止，击鼓后不前进，虽然有百万大军，也起不到作用。所谓整饬军队，是指平时遵守纪律，行动产生威势，进攻时不可抵挡，撤退时不可追赶，前后相互呼应，左右相互配合，而不会遇到危险。这样的军队能形成整体的合力，而不会分崩离析；能发挥最大的效用，而不会精疲力竭。

在预测战争胜败方面，《将苑》祖述《孙子》的观点，加以引申说：

> 古之善用兵者，揣其能，而料其胜负。主孰圣也，将孰贤也，吏孰能也，粮饷孰丰也，士卒孰练也，军容孰整也，戎马孰逸也，形势孰险也，宾客孰智也，邻国孰惧也，财货孰多也，百姓孰安也。由此观之，强弱之形，可以决矣。②

---

① 《将苑·整师》。

② 《将苑·揣能》。

孙子预测战争胜败，依据的是“五事”“七计”。《将苑》预测战争胜败，增加了一些对比条件，如哪一方官吏有才能，哪一方幕僚有智谋，哪一方财物富足，哪一方百姓安定。不过，孙子和《将苑》同样强调，只有全面地了解敌我双方的情况，然后加以对比，才能客观地判断敌我双方的优劣，准确地预测战争胜败。

在作战指挥方面，优秀的将帅充分发挥个人的才能，是取得胜利的重要保证，所以《将苑》解释说：

> 夫以愚克智，命也；以智克愚，顺也；以智克智，机也。其谓道有三：一曰事，二曰势，三曰情。事机作而不能应，非智也；势机动而不能制，非贤也；情机发而不能行，非勇也。善将者必因机而立胜。①

这是说作战指挥，用愚笨战胜聪明的，是颠倒常理；用聪明战胜愚笨的，是顺理成章；用聪明战胜聪明的，是依靠战机。要想识别战机，必须把握三种因素：一是事态的变化，二是形势的变化，三是敌我军队士气的变化。事态变化造成有利的战机，而不能采取相应的对策，是因为智谋不足；形势变化造成有利的战机，而不能加以利用，是因为才能不强；军队士气变化造成有利的战机，而不能展开行动，是因为勇敢不够。善于指挥作战的将帅，一定会依靠战机，去夺取战争胜利。

三、“古今胜败，率由一误”

关于指导性之胜败，在唐太宗、李靖两人之间，有过一次简洁的对

① 《将苑·机形》。

话。《李卫公问对》卷下曰：

> 太宗曰："朕观千章万句，不出乎'多方以误之'一句而已。"
>
> 靖良久曰："诚如圣语。大凡用兵，若敌人不误，则我师安能克哉？譬如弈棋，两敌均焉，一着或失，竟莫能救。是古今胜败，率由一误而已，况多失者乎！"

这里，唐太宗把"多方以误之"当作指挥作战的唯一法宝，李靖表示赞同。因为用兵作战，如果敌人没有失误，就不能打败敌人。这就好比下棋，双方势均力敌，只要一着失误，就会全盘没救。所以，历来战争的胜败，大都由于一着失误，何况屡次失误呢！

经过具体的分析，李靖明确地指出："军有贤智，而不能用者败；上下不相亲，而各述己长者败；赏罚不当，而众多怨言者败；知而不敢击，不知而击之者败；地利不得，而卒多战厄者败；劳逸无别，不晓车骑之用者败；觇候不审，而轻敌懈怠者败；行于险道，而不知深沟绝涧者败；阵无选锋，而奇正不分者败。"① 这九种失误的情形，都是作战失败的原因。

在实战过程中，怎样才能做到"多方以误之"？在唐太宗和李靖之前，本来有孙子所谓"诡道"："能而示之不能，用而示之不用，近而示之远，远而示之近；利而诱之，乱而取之，实而备之，强而避之，怒而挠之，卑而骄之，佚而劳之，亲而离之，攻其无备，出其不意。"② 其实，唐太宗认识到"多方以误之"的奥妙，也是受着《孙子兵法》的启迪。

① （清）汪宗沂辑：《卫公兵法辑本》，另见《太平御览》卷三二三。

② 《孙子兵法·计》。

在唐太宗和李靖之后，又有明代佚名氏的《草庐经略》，论及多方误敌之法。其中谈道：

> 从古兵家之取败，率由一误。误则斯须之错谬，胜负之相悬。譬若弈者，两敌相当，并称国手，其下人误下一著，敌必乘之，而全局皆失。故良将之于敌，每多方以误之。误敌之法，难容悉数：或激之使躁于动，或诱之使人贪于得，或迫之使不得不往，或缓之使坐安其患；或欲东而佯击其西，或实进而谬为之退；使敌当守而不守，当趋而不趋，或趋其所不必趋，守其所不必守。我有无不如意之算，彼有不可复追之悔。①

这是说自古以来，战争指导者遭受失败，大都因为一个失误。失误出现在顷刻之间，却关系到战争的胜败。优秀的将帅对付敌人，每每设法使敌人失误。使敌人失误的方法，难以一一叙述：或者刺激敌人，使他们躁动不已；或者利诱敌人，使他们贪得无厌；或者逼迫敌人，使他们不得不往；或者迟滞敌人，使他们坐守不动；或者想要向东进攻，却假装攻击西面；或者想要前进，却假装后退；使敌人应当防守而不防守，应当靠近而不靠近，或者向不必靠近之处靠近，在不必防守之处防守。我方有无不如意的计算，敌人就有不可追回的悔恨。

四、《虎钤经》论“先胜”

宋代兵学家许洞撰著《虎钤经》，其中有《先胜》《胜败》两篇，专

① 《草庐经略》卷九《误敌》。

门论述战争胜败的问题。许洞继承孙子的军事思想，强调“胜兵先胜”的原则，认为要想稳操胜券，就必须“先务三和，次务三有余，次务三必行”①。

所谓“三和”，是指国家稳定，然后可以出兵；军队团结，然后可以列阵；战阵和谐，然后可以交战。否则，国家不稳定，人心就会离散；军队不团结，号令会不一致；战阵不和谐，队列就不整齐。所谓“三有余”，是指军事力量强大，粮食供给充足，战争具有正义性。否则，军事力量弱小，作战就会困难；粮食供给不足，就不能长期作战；战争缺乏正义性，将士就会抱怨。所谓“三必行”，是指必须运用谋略，使敌人的诡计不能得逞；必须实行奖赏，使希望立功的人不怕死；必须实行惩罚，使有过失的人不推诿。

> 善务和者，公无私，舍小惠，务大惠；善务有余者，力诸事而不自怠；善务必行者，兴勇断，去犹豫之谓也。举是九者，务令预定之于前，则万变千机，然后动乎其中矣。率此以御敌，未有不胜者也。②

这就是说，做到“三和”，就能大公无私，牺牲个人的利益，追求国家的利益；做到“三有余”，在整个作战过程中，就不会力不从心；做到“三必行”，就能勇敢果断，而不是犹豫不决。这九项重要措施，如果在战前得以落实，战争即使千变万化，都能在我控制之下。所以，靠这些条件与敌人对抗，没有不稳操胜券的。

许洞认为，战争指导的奥妙，在于“战胜不可专，专胜有必败之理；

---

① 《虎钤经》卷三《先胜》。

② 《虎钤经》卷三《先胜》。

战败不可专，专败有反胜之道”①。在实战过程中，处于有利的态势，如果将帅临机不断，犹豫不决；行动迟缓，贻误战机；泄露秘密；似勇非勇，似怯非怯；军权不集中，就会反胜为败。处于不利的态势，如果将帅慷慨解囊，犒劳士卒；奋勇当先，激励士气；斩杀亲信，树立军威；稳定军心，就能反败为胜。由此可见，战时要想稳操胜券，是一件很难的事情。

五、“胜战”与“败战”

南宋时期，谢枋得编撰《百战奇略》，论述作战方式和指导原则，其中列出“胜战”“败战”二题，专门阐释不同的战争形势下的作战方法。

《胜战》曰：

> 凡与敌战，若我胜彼负，不可骄惰，当日夜严备以待之。敌人虽来，有备无害。法曰：既胜若否。

这是说与敌人交战，我军获胜而敌人失败，不可骄傲和松懈，应当日夜严加防备，即使敌人再来进攻，也能做到有备无害。谢枋得列举项梁败亡的战例，给“胜战”作注脚。秦朝末年，项梁受封武信君，派遣刘邦、项羽攻取定陶，向西进兵至雍丘，大破秦军，斩杀三川郡守李由，因而开始轻视秦军，显露出骄傲的神色。宋义进劝项梁说：“战胜而将骄卒惰者败。今兵少惰矣，而秦兵日益，臣为君畏之。”项梁不听，而派宋义出使齐国。宋义在途中遇到齐国使者高陵君显，又劝人家说：“今武信君必败，公徐行即免死，疾行则及祸。”秦朝廷果然增派援兵，

① 《虎钤经》卷三《胜败》。

章邯率军攻击项梁，大败楚军，项梁战死。这里强调“既胜若否”，是提醒为将者作战获胜，不可掉以轻心，而要时刻保持警惕。

《败战》曰：

凡与敌战，若彼胜我负，未可畏怯，须思害中之利，当整饬器械，激扬士卒，候彼懈怠而击之，则胜。法曰：因害而患可解也。

这是说与敌人交战，我军失败而敌人获胜，不可畏缩和怯懦，必须在不利情况下考虑到有利因素，应当整理武器装备，激发士卒的斗志，等待敌人懈怠而后进行反击，也能取得胜利。谢枋得列举张方战胜司马乂的战例，给“败战”作证。西晋末年，张方奉河间王司马颙之命，征讨长沙王司马乂，自函谷关攻入洛阳城。司马乂与张方在城内交战，张方的部下望见晋惠帝的乘舆，稍为往后退却。张方制止不住，就被司马乂打败，被迫撤退到十三里桥，安营扎寨。这时候，因为作战失利，将士缺乏斗志，许多人劝张方赶快逃走。张方却说：“兵之利钝是常事，贵因败以为成耳。我更前作垒，出其不意，此兵法之奇也。”于是连夜进逼洛阳城。司马乂刚刚获胜，根本不以为意，忽然听说张方布好战阵，急忙出战，结果被打败。这里强调“因害而患可解”，是提醒为将者作战失利，要在不利情况下考虑到有利因素，就能够解除祸患。

六、《阵纪》论胜败

晚明时期，何良臣撰著《阵纪》，对于战争指导和军队建设问题，从多方面作出了论述。基于对战争指导的理解，何良臣坚持“全胜”观念，注重用非军事手段去争取战争胜利，反对一味地残酷拼杀，进而把战争的胜败区分为不同的等次，借以表彰作战有功人员。

> 能以威德服人，智谋屈敌，不假杀戮，广致投降，兼得敌之良将者，为不世功。兵不赤刃，军不称劳，而得敌之土地数千里、人民数十万者，为不世功。矢石锋交，突入敌阵，辄斩敌将及部曲之长，因而摧破敌营，以致大胜，多获敌之粮草头畜者，为奇特功。敌势强盛，我军力竭，心怖欲走，有能急出奇兵，遏斩欲走之长，反兵死战，因而决溃大敌者，为奇特功。得敌之山川险易、进退利钝之情，因而斩关夺帜，屠城捣垒，威慑远境者，为上功。伏路出奇，生擒敌首及奸细人员，因得机情而偷营斫寨，致敌自扰，而我兵乘进者，为上功。别部受敌困危，有能引军力救，各保无虞，及夺回被掳，扶救伤残者，为中功。敌至境内，而高垒深沟，坚利甲兵，仅能固守，不致人民伤死者，为中功。奋力抵敌，或因救护而致重伤，或带重伤而复得敌级，并获敌中利用器具之类者，为下功。三数人共擒一敌，或共斩三五级，或人各得一二级者，为下功。①

这里所谓“不世功”，建树于以威德服人，以智谋屈人，从而兵不血刃，军无劳顿；所谓“奇特功”，建树于冲锋陷阵，斩将杀敌，或者以弱胜强，出奇制胜；所谓“下功”，建树于奋力抗敌，身负重伤，却有所俘获。如果把“不世功”“下功”相比较，从战争胜败的角度来看，彼此则有天壤之别。

在作战指挥方面，何良臣一方面着眼于敌我双方的力量对比，来说

---

① 《阵纪》卷一《赏罚》。

明战争胜败的基本因素：

善兵者，必使其兵利也，甲坚也，力治也，令信也，机得也，乃量彼己之势，而后握必胜之权，故士卒倚其必胜，而自轻斗。①

这是说善于用兵的人，必须拥有锐利的兵器，坚固的甲胄，强大的战斗力，必须命令有权威，抓住有力的战机，能够根据敌我形势，稳操胜券去指挥作战，而所有士兵都倚重于将帅，怀着必胜的信念，勇敢地投入战斗。

另一方面，何良臣着眼于军事谋略，注重顺应敌方的情势，认为“用兵之术，惟因字最妙：或因敌之险，以为己固；或因敌之谋，以为己计；或因其因，而复变用其因；或审其因，而急乘其所因，则用因而致胜者，不可言穷矣”②。这一系列制胜方法，应该源自《孙子兵法》所谓“兵无常势，水无常形，能因敌变化而取胜者，谓之神”，只因为强调一个“因”字，更是简单明快。

值得一提的是，何良臣对一些非军事人员参战，也能够从克敌制胜的角度，提出一些具体的应对措施。

欲驱老幼，用乌合，集市人，而能必胜克敌者，大抵不出：致之以死地，而使其人自为战也；重诱以爵赏，而使其慕战乐斗也；激发以忠义，而启之以怨仇也；悚告以利害，而悟之以多方也。③

---

① 《阵纪》卷三《战机》。

② 《阵纪》卷四《因势》。

③ 《阵纪》卷一《募选》。

这是一些特殊的战法，驱使老弱之人，使用市井之人，召集乌合之众作战，而能克敌制胜，大抵有以下办法：置之于死地，使人自为战；诱之以重赏，使人乐为战；用忠义观念激发士卒，用同仇敌忾扇动士卒，用利害得失晓喻士卒，用多种手段开导士兵。这些特殊的指挥方法，可以归为指导性之胜败。

七、《三十六计》论胜败

人们常说："三十六计，走为上策。"这话出自《南齐书·王敬则传》。经过千百年的流传，大概到晚明时期，有人编撰出《三十六计》。今通行本《三十六计》，注有"秘本兵法"字样。这本记述权谋的通俗读物，将兵家权谋分为六套，即胜战计、敌战计、攻战计、混战计、并战计和败战计。

所谓"胜战计"，是指处于优势条件下所使用的计谋，包括瞒天过海、围魏救赵、借刀杀人、以逸待劳、趁火打劫、声东击西。这都是趁势而上，或转危为安的计谋。《三十六计》对每一个计谋，都作了简要的解释。如解释"以逸待劳"说：

> 困敌之势，不以战，损刚益柔。

这是说迫使敌人陷入围顿的境地，可以采用积极防御的谋略，逐渐消耗敌人的有生力量，使敌人由强变弱，而我方因势利导，又可以变被动为主动，不用直接进攻的方法，同样能够战胜敌人。

解释"趁火打劫"说：

> 敌之害大，就势取利，刚决柔也。

当敌人遇到困难的时候，就要乘机进兵，夺取胜利。《孙子兵法·计》曰："乱而取之。"杜牧注："敌有昏乱，可以乘而取之。"说的就是这个道理。

所谓"败战计"，是指处于劣势条件下所使用的计谋，包括美人计、空城计、反间计、苦肉计、连环计和走为上。这都是反败为胜，或转危为安的计谋。《三十六计》对每一个计谋，都作了简要的解释。如解释"美人计"说：

兵强者，攻其将；将智者，伐其情。将弱兵颓，其势自萎。利用御寇，顺相保也。

这是说对付强大的敌人，就要打击它的将帅；对付明智的将帅，就要打击他的情绪。将帅斗志消沉、军队士气低落，就会自行萎缩。据《易经·渐》所言，利用敌人的弱点来控制敌人，就能够保存自己。

解释"苦肉计"说：

人不自害，受害必真。假真真假，间以得行。童蒙之吉，顺以巽也。

在正常的情况下，人不会自我伤害，倘若受到伤害，必定是真情。利用这一常理，以假作真，或者以真作假，就可以离间敌人。据《易经·蒙》所言，这样欺骗敌人，能使敌人柔顺服从。

综上可知，无论"胜战计"还是"败战计"，这些计谋讨论的"胜败"，都是指导性之胜败。在中国历代战争史上，这些计谋曾经被运用于指挥作战，经过战争实践的检验，因而备受一些兵家的青睐。

八、《兵经》论胜败

明清之际，揭暄作为一位兵学家，总结和借鉴前人的兵学理论，揭示了战争胜败的规律性，提出了一系列独到的见解。如论战争胜败的途径说：

凡胜者，有以勇胜，有以智胜，有以德胜，有以屡胜，有以一胜。胜勇必以智，胜智必以德，胜德务祈修。善胜不务数胜，而务全胜，务为保胜。若觊小利，徒挑敌之怒，坚敌之心，骄我军之气而轻进，堕我军之志而解纽，是为不胜。①

依此说来，战争胜利有许多途径：有的人靠勇敢取胜，有的人靠谋略取胜，有的人靠政治清明取胜，有的人是屡战屡胜，有的人毕其功于一役。战胜勇猛的敌人，一定要靠足智多谋；战胜足智多谋的敌人，一定要靠政治清明；战胜政治清明的敌人，一定要靠更加清明的政治。所以，善于打胜仗的人，不是追求百战百胜，而是追求完全胜利，务必以国家利益为准则。如果只顾眼前的利益，忘记国家的长远利益，就只会激怒敌人，促使敌人更加团结，如果产生骄傲情绪，轻率地进攻敌人，就根本不能取得胜利。

《孙子兵法》注重战争胜败的预测，提出了“先知”“先胜”等概念，揭暄接着这一话题，对战争决策之“知”作出了全面的解释：

微乎微乎！惟兵之知。以意测，以识悟，不如四知之廉得其实也。一曰通，二曰谍，三曰侦，四曰乡。通，知敌之计

① 《兵经·法部·胜》。

谋；谍，知敌之虚实；侦，知敌之动静出没；乡，知山川蓊翳、里道迂回、地势险易。知计谋则知所破，知虚实则知所击，知动静出没则知所乘，知山川里道形势则知所行。①

这是说要了解敌情，单凭主观臆想来猜测，或者根据经验来推断，不如依靠与敌方有关系的人员，派遣间谍，组织侦察，利用向导。第一种方法是从敌方内部人员那里了解敌人的计谋，第二种方法是从谍报人员那里了解敌人的虚实，第三种方法是通过侦察了解敌人的具体行动，第四种方法是通过用当地人做向导，了解作战地域的山川地形，道路的曲直，地势的险易等情况。了解到敌人的计谋，就知道怎样去打破它；了解到敌人的虚实，就知道怎样去攻击它；了解到作战地域的山川、道路和地势，就知道怎样选择进攻的方向，并且利用有利的地势战胜敌人。

至于决定战争胜败的因素，揭暄从战争双方力量对比出发，充分肯定战争指导者的主观能动作用，因而明确地指出：

较器不如较艺，较艺不如较数，较数不如较形与势，较形与势不如较将之智能。智能胜而势不胜者，智能胜；势胜而形不胜者，势胜；形胜而数不胜者，形胜；形与数胜而艺疏器窳者，形与数胜。我胜乎至胜，彼胜乎小胜，敌虽有几长，无难克也。②

这分明是说，比较武器装备的优劣不如比较军事技能的强弱；比较

① 《兵经·智部·知》。

② 《兵经·法部·较》。

军事技能的强弱不如比较军队数量的多寡；比较军队数量的多少不如比较战争形势的利弊；比较战争形势的利弊不如比较将帅才能的高低。将帅才能高于敌人，尽管形势有些不利，也能够取得胜利；战争形势有利于敌方，而军队数量较少，也能够取得胜利；军队数量多于敌方，而军事技能稍差，也能够取得胜利；军事技能强于敌方，而武器装备较劣，也能够取得胜利。战争胜败会有多种原因，却都在双方对比中产生。

第六节 胜败乃兵家常事

人们通常说："胜败乃兵家常事。"这不仅表现为战争的结果，任何一次战争都会分出胜利和失败；而且体现出兵家对战争的态度，既然任何一次战争都会分出胜利和失败，胜利固然是追求的目标，而失败可以当作成功之母。更进一步，这句话还标示着兵家对战争的瞩目，因为成功有成功的经验，失败有失败的教训，通过对战争指导的分析论证，可以预测战争的胜败并借以指导战争，可以指导战争尽可能摆脱失败而取得胜利，可以检讨战争的胜败为后人作鉴戒。于是兵家围绕战争的胜败问题，作出了深入持久的理论探索。

孙子讨论战争的胜败，区分出五种基本因素：道、天、地、将、法。"道"是使民众顺从君主的意志，可以与君主同生共死，不怕任何危险；"天"是指昼夜、阴晴、寒暑等天候季节的变化；"地"是指地貌的高低、起伏，道路的远近，地势的险要与平坦，地域的广阔与狭窄等地形条件；"将"是指将帅具备的智慧、诚信、仁爱、勇敢和严明等品质；"法"是指军队的组织编制、将吏的管理、军需的掌管等制度情况。就一场战争而言，孙子认为预测战争的胜败，又取决于五个方面：知道在什么情况下可以与敌人交战，什么情况下不能与敌人交战，就能够胜利；懂得根据兵力多少，采取不同的战法，就能够胜利；全军上下团结一致，就能够胜利；经过周密准备对付没有准备的敌人，就能够胜利；将帅有组织指挥才能，君主不加牵制，就能够胜利。反过来说，君主不了解作战态势，随意下达军事命令，就会束缚军队行动；不熟悉军队的各种事务，而干预军队的组织管理，将士就会迷惑不解；不熟悉军队的权宜手段，随意指挥军队作战，将士就会产生疑虑。这一系列扰乱军队的做法，都会导致战争的失败。

自从战国以降，作为兵家元典的主要撰著者，吴起站在政治的高度审视战争的胜败问题，认为打败敌人容易而巩固胜利困难。一个国家若是五战五胜，就会招来祸患；四战四胜，就会国力疲敝；三战三胜，就可以称霸；二战二胜，就可以称王；一战一胜，就可以创立帝业。所以，君主频频发动战争，即使每一次都能胜利，也难以取得天下。孙膑继承孙子的思想，认为战争总能取得胜利有五种因素：将帅受君主的信任，拥有独立指挥的权力；将帅懂得用兵的方法；将帅得到士卒的拥护；将帅和部下同心协力；将帅能够判断敌情，熟悉地形情况。战争总是遭到失败也有五种因素：将帅受君主的制约；将帅不懂得用兵的方法；将帅之间不和谐；将帅不能使用间谍；将帅得不到士卒的拥护。其后，尉缭基于战争双方的对比研究，认为决定战争胜败的因素，主要包括道义、威势和实力。加强军事力量，准确判断敌情，设法打掉敌军士气，使敌人军心涣散，完全丧失战斗力，是凭道义取胜。健全规章制度，严明赏罚，改善武器装备，使每个人都有必胜的决心，是借威势取胜。击破敌军，斩杀敌将，使用各种器械攻城，粉碎敌人防御，占领敌国土地，然后班师回国，是靠实力取胜。君主如果懂得这些道理，就能够无往而不胜。到了秦汉之际，《黄石公三略》的作者着眼于历史经验，探讨国家的兴衰存亡，非常明确地指出："能柔能刚，其国弥光。能弱能强，其国弥彰。纯柔纯刚，其国必削。纯刚纯强，其国必亡。”① 这就从强弱、刚柔的辩证关系，揭示了国家治理的基本方针。经过隋末战争的考验，唐太宗与李靖讨论作战指挥问题，一个把“多方以误之”当作胜利的唯一法宝，一个把“致人而不致于人”视为胜利的关键因素。这些观点的提出和阐释，对认识和理解战争胜败问题，都有重要的理论价值。

进入 20 世纪以后，伴随中国军事近代化的进程，有关战争问题的研究取得了突破性的进展。蒋方震依据国是、政略、战争、战略、军队五者的关系，揭示了新的战争观；着眼于增强国力、武力、兵力的方法，阐述了新的国防论；从“以必战之志，策必胜之道”原则出发，提出了新的军队建设方针；在“人事得其道，经理得其法”的基础上，制定了新的的军政纲领。毛泽东无论是领导井冈山革命斗争，还是指挥抗日战争和解放战争，都以睿智的目光关注着战争的胜败问题，提出了一系列重要的论断，最终阐明了“保存自己，消灭敌人”的战争原则，制定了以积极防御为主的战略思想，确立了运动战、阵地战、游击战等作战形式，建构了集中优势兵力，各个歼灭敌人等作战原则。这些战争原则和作战方法的形成，为中国革命战争的胜利提供了重要保证。

总括上述，作为中国兵学元典的核心关键词，“胜败”在其生命历程中饱含着三种意涵：预测性之胜败、指导性之胜败和检讨性之胜败。从孙武子到毛泽东，中国历代兵家不仅在军事学术上对胜败理论作出了深刻的阐释，而且在战争实践中对胜败理论进行了反复的检验。预测性之胜败观得到日益完善，指导性之胜败观得到不断发展，检讨性之胜败观得到精彩呈现。因此，经过两千多年不断的阐释和检验，中国兵家构筑了一个内涵丰富的胜败理论。

① 《三略·上略》。

参考文献

（一）

B

白居易著，朱金城笺校：《白居易集笺校》，上海古籍出版社 1988 年版。
《百战奇法》，《中国兵书集成》第 5 册，解放军出版社、辽沈书社 1988 年版。
班固撰，颜师古注：《汉书》，中华书局 1962 年版。

C

曹操：《曹操集》，中华书局 1974 年版。
《草庐经略》，《中国兵书集成》第 26 册，解放军出版社、辽沈书社 1994 年版。
晁公武撰，孙猛校证：《郡斋读书志校证》，上海古籍出版社 1990 年版。
陈傅良：《历代兵制》，《中国兵书集成》第 7 册，解放军出版社、辽沈书社 1992 年版。
陈鼓应：《老子今注今译》，中华书局 1983 年版。

陈济康、吴建华:《白话武经七书》，中国青年出版社 1992 年版。

陈亮:《陈亮集》，中华书局 1974 年版。

陈奇猷:《吕氏春秋校释》，学林出版社 1984 年版。

陈寿撰，裴松之注:《三国志》，中华书局 1982 年版。

陈振孙:《直斋书录解题》，《丛书集成新编》第 2 册，新文丰出版公司 1985 年版。

程树德:《论语集释》，中华书局 1990 年版。

褚良才:《中国古代军语研究导论》，浙江教育出版社 1998 年版。

D

丁福保编纂:《说文解字诂林》，中华书局 1988 年版。

丁世尤主编:《毛泽东军事辩证法思想研究》，江西人民出版社 1983 年版。

杜牧:《樊川文集》，四部丛刊本。

杜佑:《通典》，中华书局 1988 年版。

F

范文澜、蔡美彪等:《中国通史》（10 册），人民出版社 1994 年版。

范晔撰，李贤等注:《后汉书》，中华书局 1965 年版。

房玄龄等:《晋书》，中华书局 1974 年版。

冯友兰:《中国哲学史新编》（6 册），人民出版社 1982—1989 年版。

冯天瑜:《中华元典精神》，上海人民出版社 1994 年版。

G

高似孙:《子略》，四部备要本。

顾祖禹撰，贺次君、施和金点校:《读史方舆纪要》，中华书局 2005 年版。

郭化若:《孙子译注》，上海古籍出版社 1984 年版。

郭沫若:《郭沫若全集》(历史编),人民出版社 1982 年版。

国家语言文字工作委员会、国家标准局编:《现代汉语字频统计表》,语文出版社 1992 年版。

H

何良臣:《阵纪》,《中国兵书集成》第 25 册,解放军出版社、辽沈书社 1994 年版。

何宁:《淮南子集释》,中华书局 1998 年版。

何去非:《何博士备论》,《中国兵书集成》第 6 册,解放军出版社、辽沈书社 1992 年版。

何守法:《投笔肤谈》,《中国兵书集成》第 26 册,解放军出版社、辽沈书社 1994 年版。

侯昂好:《中国近代军事学的兴起》,军事科学出版社 2007 年版。

侯外庐等:《中国思想通史》(5 卷),人民出版社 1956—1960 年版。

黄朴民:《刀剑书写的永恒》,国防大学出版社 2002 年版。

黄朴民、魏鸿、熊剑平:《中国兵学思想史》,南京大学出版社 2018 年版。

黄震:《黄氏日抄》,宋板较刻本。

胡厚宣主编:《甲骨文合集释文》,中国社会科学院出版社 2009 年版。

胡应麟:《少室山房笔丛》,上海书店出版社 2009 年版。

J

蒋方震、刘邦骥:《孙子浅说》,民国四年房西民抄本。

蒋礼鸿:《商君书锥指》,中华书局 1986 年版。

焦勖:《火攻挈要》,《中国兵书集成》第 40 册,解放军出版社、辽沈书社 1994 年版。

焦循:《孟子正义》,中华书局 1987 年版。

焦玉:《火龙神器阵法》,《中国兵书集成》第 17 册,解放军出版社、辽沈书社 1994 年版。

吉天保辑:《十一家注孙子》,上海古籍出版社 1978 年版。

纪昀等:《钦定四库全书总目》,中华书局 1997 年版。

揭暄:《兵经百言》,《中国兵书集成》第 41 册,解放军出版社、辽沈书社 1995 年版。

金观涛、刘青峰:《观念史研究:中国现代重要政治术语的形成》,法律出版社 2010 年版。

军事科学院:《中国军事通史》(17 卷),军事科学出版社 1998 年版。

L

黎翔凤:《管子校注》,中华书局 2004 年版。

李炳彦、崔彧臣:《兵经释评》,解放军出版社 1987 年版。

李炳彦、孙兢:《军事谋略学》,解放军出版社 1989 年版。

李发:《甲骨军事刻辞整理与研究》,中华书局 2018 年版。

李际均:《军事战略思维》,军事科学出版社 1998 年版。

李建中主编:《中国文化:元典与要义》,北京师范大学出版社 2016 年版。

李镜池:《周易通义》,中华书局 1981 年版。

李圃主编:《古文字诂林》(修订本),上海教育出版社 2019 年版。

李筌:《太白阴经》,《中国兵书集成》第 2 册,解放军出版社、辽沈书社 1988 年版。

《李卫公问对》,《中国兵书集成》第 2 册,解放军出版社、辽沈书社 1988 年版。

李贽:《孙子参同》,《中国兵书集成》第 12 册,解放军出版社、辽沈书社 1990 年版。

李宗焜编著:《甲骨文字编》,中华书局 2012 年版。

林伯野主编:《军事辩证法教程》,解放军出版社 1985 年版。

刘安等:《淮南子》,中华书局 1978 年版。

刘宝楠:《论语正义》,中华书局 1990 年版。

刘化绵、单秀法:《毛泽东军事辩证法思想研究》,湖北人民出版社 1984 年版。

刘庆、皮明勇:《军事学志》,上海人民出版社 1998 年版。

刘肃:《大唐新语》,中华书局 1984 年版。

刘熙撰,毕沅疏证,王先谦补:《释名疏证补》,中华书局 2008 年版。

刘昫等:《旧唐书》,中华书局 1975 年版。

刘寅：《武经七书直解》，岳麓书社 1992 年版。

《六韬》，《中国兵书集成》第 1 册，解放军出版社、辽沈书社 1987 年版。

罗大经：《鹤林玉露》，中华书局 1983 年版。

罗竹风主编：《汉语大词典》，汉语大词典出版社 1997 年版。

M

马端临：《文献通考》，中华书局 1986 年版。

《毛泽东选集》，人民出版社 1991 年版。

茅元仪：《武备志》，《中国兵书集成》第 27—36 册，解放军出版社、辽沈书社 1994 年版。

糜振玉主编：《中国军事学术史》，解放军出版社 2008 年版。

O

欧阳修：《欧阳修全集》，中华书局 2001 年版。

欧阳修等：《新唐书》，中华书局 1975 年版。

P

皮锡瑞：《经学历史》，中华书局 2004 年版。

Q

戚继光：《纪效新书》，《中国兵书集成》第 18 册，解放军出版社、辽沈书社 1994 年版。

戚继光：《练兵实纪》，《中国兵书集成》第 19 册，解放军出版社、辽沈书社 1994 年版。

钱基博：《孙子章句训义》，华中师范大学出版社 2011 年版。

钱穆：《先秦诸子系年考辨》，上海书店 1992 年版。

钱文子：《补汉兵志》，《丛书集成初编》第 956 册，商务印书馆 1937 年版。

钱锺书：《管锥编》，中华书局 1986 年版。

秦彦士：《古代防御军事与墨家和平主义——〈墨子备城门〉综合研究》，人民出版社 2008 年版。

全祖望撰，朱铸禹汇校集注：《全祖望集汇校集注》，上海古籍出版社 2000 年版。

R

阮元校刻：《十三经注疏》，中华书局 1980 年版。

S

《三略》，《中国兵书集成》第 2 册，解放军出版社、辽沈书社 1988 年版。

《三十六计》，《中国兵书集成》第 40 册，解放军出版社、辽沈书社 1994 年版。

商务印书馆编辑部编：《辞源》，商务印书馆 1979 年版。

邵青：《民国时期孙子学研究》，军事科学出版社 2011 年版。

沈德符：《万历野获编》，中华书局 1959 年版。

沈定平：《明清之际中西文化交流史——明季：趋同与辨异》，商务印书馆 2012 年版。

沈约：《宋书》，中华书局 1974 年版。

施子美：《施氏七书讲义》，《中国兵书集成》第 8 册，解放军出版社、辽沈书社 1992 年版。

史美珩：《古典兵略》，辽宁教育出版社 1993 年版。

《司马法》，《中国兵书集成》第 1 册，解放军出版社、辽沈书社 1987 年版。

司马光编著，胡三省音注：《资治通鉴》，中华书局 2012 年版。

司马迁撰，裴骃集解，司马贞索隐，张守节正义：《史记》，中华书局 1982 年版。

苏轼:《苏轼文集》，中华书局 1986 年版。

苏轼:《东坡志林》，中华书局 1981 年版

苏洵撰，曾枣庄、金成礼笺注:《嘉祐集笺注》，中华书局 1993 年版。

孙膑:《孙膑兵法》，《中国兵书集成》第 1 册，解放军出版社、辽沈书社 1987 年版。

孙承宗:《车营扣答合编》，《中国兵书集成》第 37 册，解放军出版社、辽沈书社 1994 年版。

孙武撰，曹操等注，杨丙安校理:《十一家注孙子校理》，中华书局 1999 年版。

孙诒让撰，孙启治点校:《墨子间诂》，中华书局 2017 年版。

T

汤志钧、汤仁泽编:《梁启超全集》，中国人民大学出版社 2018 年版。

唐顺之:《武编》，《中国兵书集成》第 13、14 册，解放军出版社、辽沈书社 1989 年版。

脱脱等:《宋史》，中华书局 1977 年版。

W

汪绂:《戊笈谈兵》，《中国兵书集成》第 44、45 册，解放军出版社、辽沈书社 1990 年版。

汪民安主编:《文化研究关键词》，江苏人民出版社 2011 年版。

王符著，汪继培笺，彭铎校正:《潜夫论笺校正》，中华书局 1985 年版。

王力:《汉语史论文集》，科学出版社 1958 年版。

王鸣鹤:《登坛必究》，《中国兵书集成》第 20—24 册，解放军出版社、辽沈书社 1990 年版。

王启兴主编:《校编全唐诗》，湖北人民出版社 2001 年版。

王先谦:《荀子集解》，中华书局 1988 年版。

王先慎:《韩非子集解》，中华书局 1998 年版。

王余佑:《乾坤大略》，《中国兵书集成》第 41 册，解放军出版社、辽沈书社

1995 年版。

王筠：《说文句读》，中国书店 1983 年版。

王真：《道德经论兵要义述》，《中国兵书集成》第 2 册，解放军出版社、辽沈书社 1988 年版。

尉缭：《尉缭子》，《中国兵书集成》第 1 册，解放军出版社、辽沈书社 1987 年版。

魏鸿：《宋代孙子兵学研究》，军事科学出版社 2011 年版。

魏禧：《兵迹》《兵谋》《兵法》，《中国兵书集成》第 41 册，解放军出版社、辽沈书社 1995 年版。

魏源：《海国图志》，岳麓书社 1998 年版。

魏征等：《隋书》，中华书局 1973 年版。

吴九龙主编：《孙子校释》，军事科学出版社 1991 年版。

吴起：《吴子兵法》，《中国兵书集成》第 1 册，解放军出版社、辽沈书社 1987 年版。

吴如嵩：《孙子兵法新论》，解放军出版社 1989 年版。

X

夏征农、陈至立主编：《辞海》，上海辞书出版社 2009 年版。

解文超：《先秦兵书研究》，上海古籍出版社 2007年版。

徐光启：《徐光启集》，上海古籍出版社 1984 年版。

徐光启：《兵机要诀》，《中国兵书集成》第 40 册，解放军出版社、辽沈书社 1994 年版。

徐中舒主编：《甲骨文字典》，四川辞书出版社 2006 年版。

许保林：《中国兵书通览》，解放军出版社 2002 年版。

许洞：《虎钤经》，《中国兵书集成》第 6 册，解放军出版社、辽沈书社 1992 年版。

许慎：《说文解字》，中华书局 1963 年版。

许慎撰，段玉裁注：《说文解字注》，上海古籍出版社 1981 年版。

Y

严可均辑：《全上古三代秦汉三国六朝文》，中华书局 1958 年版。

杨炳安：《孙子会笺》，中州古籍出版社 1986 年版。

杨伯峻译注：《论语译注》，中华书局 1980 年版。

杨伯峻译注：《孟子译注》，中华书局 1960 年版。

杨伯峻编著：《春秋左传注》，中华书局 1981 年版。

姚鼐：《惜抱轩全集》，四部备要本。

叶子奇：《草木子》，中华书局 1959 年版。

永瑢等：《四库全书总目》，中华书局 1965 年版。

于省吾主编：《甲骨文字诂林》，中华书局 1996 年版。

于汝波、黄朴民主编：《中国历代军事思想教程》，军事科学出版社 2000 年版。

于汝波主编：《孙子兵法研究史》，军事科学出版社 2001 年版。

余嘉锡：《四库提要辨证》，中华书局 1980 年版。

岳珂：《桯史》，中华书局 1981 年版。

Z

曾公亮等：《武经总要》，《中国兵书集成》第 3—5 册，解放军出版社、辽沈书社 1988 年版。

张舜徽：《说文解字约注》，华中师范大学出版社 2009 年版。

张廷玉等：《明史》，中华书局 1974 年版。

张预：《百将传》，《中国兵书集成》第 9 册，解放军出版社、辽沈书社 1991 年版。

张震泽：《孙膑兵法校理》，中华书局 1984 年版。

章学诚：《校雠通义》（附于《文史通义校注》），中华书局 1985 年版。

赵本学：《孙子书校解引类》，《中国兵书集成》第 12 册，解放军出版社、辽沈书社 1990 年版。

赵德馨主编：《张之洞全集》，武汉出版社 2008 年版。

赵国华：《中国兵学史》，福建人民出版社 2004 年版。

郑良树:《竹简帛书论文集》，中华书局1982年版。

郑樵:《通志二十略》，中华书局1995年版。

郑若曾:《筹海图编》，《中国兵书集成》第15、16册，解放军出版社、辽沈书社1990年版。

郑文翰主编:《军事科学概论》，军事科学出版社1994年版。

朱墉:《武经七书汇解》，《中国兵书集成》第42、43册，解放军出版社、辽沈书社1992年版。

诸葛亮:《将苑》，《中国兵书集成》第2册，解放军出版社、辽沈书社1988年版。

中共中央编译局编译:《马克思恩格斯全集》，人民出版社2003年版。

中共中央编译局编译:《列宁全集》，人民出版社2017年版。

中国大百科全书出版社《简明不列颠百科全书》编辑部译编:《简明不列颠百科全书》，中国大百科全书出版社1985年版。

中国人民解放军军事科学院:《中国人民解放军军语》，战士出版社1982年版。

中国社会科学院语言研究所词典编辑室编:《现代汉语词典》，商务印书馆1996年版。

（二）

[德]埃里希·冯·鲁登道夫:《总体战》，戴耀先译，解放军出版社2005年版。

[德]卡尔·冯·克劳塞维茨:《战争论》，中国人民解放军军事科学院译，解放军出版社2010年版。

[古罗马]塞·尤·弗龙蒂努斯:《谋略》，袁坚译，解放军出版社1991年版。

[荷]胡果·格劳秀斯:《战争与和平法》，何勤华等译，上海人民出版社2013年版。

[美]阿尔文·托夫勒、海迪·托夫勒:《未来的战争》，阿笛、马秀芳译，新华出版社1996年版。

[美]小戴维佐克、罗宾海厄姆:《简明战争史》，军事科学院外国军事研究部译，商务印书馆1982年版。

[日]服部千春:《孙子兵法校解》，军事科学出版社1987年版。

［瑞士］安东·约米尼：《战争艺术》，钮先钟译，战士出版社 1981 年版。

［瑞士］胜雅律：《智谋》，袁志英等译，上海人民出版社 2006 年版。

［英］巴兹尔·亨利·利德哈特：《战略论》，中国人民解放军军事科学院译，战士出版社 1981 年版。

［英］雷蒙·威廉斯：《关键词：文化与社会的词汇》，刘建基译，生活·读书·新知三联书店 2005 年版。

后　记

本书是国家社科重大项目“中国文化元典关键词研究”之子课题“兵家元典关键词研究”的最终成果。在长达7年的课题研究过程中，笔者得到项目主持人、武汉大学文学院李建中教授的悉心关照，得到武汉大学文学院罗积勇教授、刘金波教授、高文强教授和袁劲博士、李远博士的多方帮扶，得到华中师范大学历史文化学院尤学工教授、叶秋菊副教授和在读博士生张桂、翟士航、张亚伟、杨志昆、张盼盼等人的尽心协助，还得到人民出版社马列部崔继新主任、曹歌博士的大力支持，谨此表示衷心的感谢！

赵国华

2019年12月23日

责任编辑：崔继新
文字编辑：陈来胜
编辑助理：邓浩迪
封面设计：汪　莹

图书在版编目（CIP）数据

兵家元典关键词研究／赵国华 著．—北京：人民出版社，2021.6
（中国文化元典关键词研究丛书／李建中 主编）
ISBN 978－7－01－022042－0

I. ①兵…　II. ①赵…　III. ①兵法－关键词－研究－中国－古代
IV. ① E892

中国版本图书馆 CIP 数据核字（2020）第 064629 号

兵家元典关键词研究

BINGJIA YUANDIAN GUANJIANCI YANJIU

赵国华　著

人民出版社 出版发行

（100706　北京市东城区隆福寺街 99 号）

环球东方(北京)印务有限公司印刷　新华书店经销

2021 年 6 月第 1 版　2021 年 6 月北京第 1 次印刷
开本：710 毫米 ×1000 毫米 1/16　印张：23.75
字数：395 千字

ISBN 978－7－01－022042－0　定价：68.00 元

邮购地址 100706　北京市东城区隆福寺街 99 号
人民东方图书销售中心　电话（010）65250042　65289539